説話社 占い選書 12

大地からの16の神託
ジオマンシー占い

高橋桐矢

はじめに

英雄ナポレオンをとりこにした神秘のジオマンシー

ジオマンシー、という占いをご存じでしょうか？　9世紀頃にアラビア半島で生まれた古い占いで、直訳すれば「土占い」です。この名称は、もともとジオマンシーが、大地を棒で突いて、または大地に線を描くことによって、運勢を読み解く占いであったことに由来します。

この占いは日本ではあまり知られていませんが、中世とルネサンス期のヨーロッパで大流行し、貴族から庶民まで、あらゆる階級の人達をとりこにしました。詳しくは第1章でご紹介しますが、あのナポレオンもジオマンシーを愛好していたという伝説が残っているほどで、欧米では、とても有名な占いの一つといえるでしょう。また近年では、アメリカの著名なオカルティストで作家でもあるジョン・マイケル・グリアらの作品の中でジオマンシーが紹介され、かつての勢いを再び取り戻そうとしています。

大地を棒で突いて神託を得る占術といわれても、ピンとこない方も多いことでしょう。実は、ジオマンシーのスタイルは、時代とともに変化し、棒の代わりにペンを、大地の代わりに紙を使って「点」を打ち、その結果をシンボルに変換して、神託を得るようになったのです。ジオマンシーがヨーロッパに伝わった11世紀にはもう、紙とペンを用いるスタイルが標準的なものになっていました。この方法なら、紙とペンさえあれば、ナポレオン同様に、戦場でもベッドサイドでも占うことができるので、現代日本に生きる私達にとっても大変便利です。

さて、本書を通じて、ぜひジオマンシーをご紹介したいと思った最大の理由は、この占いがとにかく、「当たる」からです。私自身、占い師として20年以上、古今東西のいろいろな占いを学び、試し、実践してきましたが、ジオマンシーはその中でも特に「当たる」という実感があります。

では、ジオマンシーは、なぜ当たるのでしょうか？

それは、この占いがその人の内なる「霊感」をキャッチするのに、最適な方法を用いているからです。ここでいう「霊感」とは、霊能者や優れた占い師だけが持っているものではありません。誰もが多かれ少なかれ持っている直観や超感覚に近いものです。

実際にジオマンシーを試していただくとわかりますが、手にしたペンで無心に「点」を打っていると、意識が軽いトランス状態に移行します。その軽いトランス状態こそが、日常的な意識や自我を手放し、無意識の世界とダイレクトにつながる鍵となるのです。

無意識の世界にたくわえられているさまざまなメッセージは、筋肉の微細な動きによって表現されることが知られています。例えば、代替療法の一つであるキネシオロジー（筋肉の反射を調べながら心身の不調を癒やしていくメソッド）や、キネシオロジーを発展的に応用したOリングテストなどは、そうした特性を利用したものといえるでしょう。

1970年代には、CIA（アメリカ中央情報局）も、これに関連した技術の開発に乗り出しました。スタンフォード研究所に依頼し、リモート・ビューイング（遠隔透視）の研究と実用化に着手したのです。遠隔透視とは、文字通り、遠く離れたターゲットを透視することですが、透視によってキャッチした情報を表現する際には、言葉にする前に、「絵を描く」という手段が採用されました。また、絵を描く際には「手を止めないこと」がポイントで、手が止まりそうになったら、無意味な線を描いたり、点を打ったりすることが推奨されたそうです。つまり、無意識の世界――超感覚的知覚の世界といってもいいと思いますが、そうした世界とつながるには、単純な動作をくり返し行うことが有効なのです。ジオマンシーが当たるのは、ここに秘密があるのかもしれません。

ジオマンシーには、もう一つ、とても優れた点があります。

それは現実の生活をよりよいものにしていくために、地に足の着いたアドバイスが得られるということです。

これは、「土占い」という名を持つジオマンシーが、大地の力を用いる占いであることと無関係ではありません。占いが大好き、という方達の中には、残念なことですが、現実の問題から目をそむけ、占いの世界に没入してしまう人がいます。そんな時も、ジオマンシーという占いが内包する大地の力は、その人をふと現実に立ち返らせてくれる効果があります。

さらに占い結果を生かせば、実際に豊かになることも可能です。大地の力を用いるジオマンシーはとても実用的で、現実的な占いなのです。そのため、お金の損得にかかわることは特によく当たります。また、どこでも気軽に面倒な準備なしに占えるので、占機《せんき》（占うべきタイミング）を逃すこともありません。

私自身、外出先でも手帳とペンを使って、思い立った時に占っています。俗っぽい例で恐縮ですが、バーゲン会場で買うべきかどうかを占って、買った方がよいという結果を得たので購入し、後で調べてみたら大変なお買い得品で「得した！」ということもあります。

アラブ文化圏では、ジオマンシーを「砂の科学」と呼びます。1200年以上という長い時間の中で鍛えられ、美しい二進法のシンボルによって運勢を語るジオマンシーは、占いであると同時に、現実をよりよく生きるための「科学」なのでしょう。

私が初めてジオマンシーという言葉を知ったのは、20年以上前、占い専門誌「エルフィン」のオリエンタル占い特集でした。簡単なシンボル紹介のみの内容でしたが、エキゾチックなシンボル名と、独特の占い手法がなぜか心に残っていました。

その時、何となく目にとまったシンボルは、「フォーチュナ・メジャー」。「大いなる幸運」という意味です。もしかしたら、今こうしてジオマンシーをご紹介できるという幸運につながっていたのかもしれません。

ジオマンシーに初めて出会う読者の皆様にも、素晴らしい未来が訪れますように！

高橋桐矢

改訂版発刊に当たって

本書は、2013年に出版された『秘密のジオマンシー占い』（学研パブリッシング）を底本として、加筆・修正を行った改訂版です。

前著は、ありがたいことに発売後まもなく完売となりましたが、ジオマンシーを取り巻く日本の状況は、その後の5年間で劇的に変わりました。5年前は名前さえ知られていなかったジオマンシーが、新しい「使える占い」として確実に浸透してきていることを、実感しています。2017年夏のジオマンシー講習会には、予定人数の数倍の申込者が殺到しました。

このたび、ジオマンシーテキストの再版を切望する多くのお声にお応えして、改訂版をお届けできることを、心より嬉しく思います。

今回の改訂で大きく変えた部分があります。それは、シンボルの名称です。底本ではラテン語名だったところを、日本語名に変更しました。「大吉」「小吉」、「少年」「少女」など、シンボルの意味そのままの名称ですから、ジオマンシーを、さらに身近に理解しやすくなっていることと思います。

基本的なシンボル解説部分は底本と同じですが、シンボルの出し方や二つずつ対にして覚える方法、Q&A、実占例などを新しく加筆しました。底本で好評だった護符も、新しく多数収録しました。一方で、実占に用いにくいホロスコープ法は割愛し、より実用的なテキストになっています。

ジオマンシーをたとえて、「地上の星座」と呼ぶことがあります。ドットをつないだジオマンシーの形はなるほど、星座のように見えます。

地上の星座はまた、私達の心の中に象徴として存在する星座でもあるのだと思います。夜空の星が、数千年の時を経て変わらないように、心の中の象徴としての形も、これからも変わらずあり続けるでしょう。

ジオマンシーの16のシンボルが教えてくれるのは、根源的で変わらない真理とダイナミックなエネルギーの動きです。

例えば、始まり「竜の頭（カプト・ドラコニス）」は終わり「竜の尾（カウダ・ドラコニス）」に向かい、終わりはまた新たな始まりにつながっています。

5年前の底本の最後の言葉から始めたいと思います。

「私の望みはただ一つ。どうぞ、ジオマンシーを楽しんでくださいますように！」

２０１８年　立春

本書の使い方

ジオマンシーについて、歴史などの知識を得てから占いを実践してみたいと思われましたら、第1章「ジオマンシーとは何か」からお読みください。

仕組みや歴史よりとにかく占ってみたいという方は、第2章「シンボルの出し方」へどうぞ。シンボルを出してから第3章「基本となる16のシンボルを解読する」を見れば、すぐに占うことができます。

第4章「シールドチャートで運勢を読む」は、さらに奥深いジオマンシーの世界が体験できる応用編です。四つのシンボルをもとに128種類の結果を導き出します。

目次

第4章　シールドチャートで運勢を読む　117

巻末436ページと437ページにシールドチャート記入用紙とジオマンシー記入用紙のオリジナルフォーマットを掲載しております。コピーをしてお使いください。

（本書は高橋桐矢・著、ヘイズ中村・監修『運命の裁判官が告げる128通りの未来　秘密のジオマンシー占い』学研を加筆・修正を加えて再編集したものです）

第1章

ジオマンシーとは何か

1 ジオマンシーの故郷はアラブ世界

ある日のこと、こやつは砂を占い盤に投げて、形象を現わさせました。アラーッ・ディーンが死んで、かのランプは地下に保存されていることを確かめてみるために、啓示された形象をよく整えて、はっきりした形にし、つらつらと眺め入りましたが、見えたのは母親達と娘達の姿でした。
(東洋文庫『アラビアン・ナイト別巻』所載)

これは、誰もが知る「アラビアン・ナイト(千夜一夜物語)」の中でも、特に有名な「アラジンと魔法のランプ」の一場面。アフリカの悪い魔法使いが、アラジン(アラーッ・ディーン)のゆくえをジオマンシーによって占うシーンです。

「アラビアン・ナイト」は、アラブ世界に伝わる説話を集めたもので、9世紀頃には原型が出来上がっていたとされています。そこに登場するのは、ランプの魔神、砂漠の精霊(ジン)、そして、いにしえの魔法……。エキゾチックで、素朴な信仰心に満ちた世界が、ジオマンシーの故郷なのです。

この場面では、魔法使いが「砂を占い盤に投げて」いますが、これは、ジオマンシーがアフリカ西南部や西洋に伝わる過程で、その手法にさまざまなバリエーションが生じたためです。ただ、大地(砂)から神託を得るという根本は変わっていません。

9世紀に誕生し、1200年以上の長い歴史を持つジオマンシーは、「アラビアン・ナイト」をはじめ、さまざまな伝説に彩られています。

その中でもとりわけファンタジックなものを挙げるとすれば、天使ジブリール(ガブリエルのアラビア語読み)が、賢者イドリース(ヘルメス・

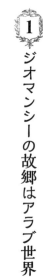

トリスメギストス）に授けた秘法こそジオマンシーであるという、アラブ世界の伝説でしょう。これは、ジオマンシー研究者のスティーヴン・スキナーがその著書の中で紹介している逸話です。

ジブリールとは、イスラム教の教祖ムハンマドに『クルアーン（コーラン）』を筆記させた天使です。その天使が賢者イドリースの前に現れて、砂の上にジオマンシーのシンボルを描いてみせました。そのシンボルの秘密を習得するようにと命じられたイドリースは、遠くインドへと旅立ったのです。当時、インドはエジプトと同じく神秘が生まれる地とされていました。

とはいえ、これはやはり、あくまでも伝説です。イスラム教でもキリスト教でも、基本的に占いは禁じられているのですから。しかし、禁じられていても、いえ、禁じられているからこそ占ってみたいと思うのが、人情です。そこで天使ジブリールを持ち出し、ジオマンシーはそのお墨つきだから占っても大丈夫、というストーリーが作られたのでしょう。裏を返せば、禁忌を破らせるほど、ジオマンシーが魅力的だったということです。

このようにアラブ世界で生まれたジオマンシーは、その文化の中核をなすイスラム教の広がりとともに、各地へ伝播《でんぱ》していきました。サハラ砂漠より南のアフリカ各地へは10世紀に、そしてヨーロッパに上陸したのは11世紀のことです。

当時のヨーロッパは、中世といわれる時代で、キリスト教以外の価値観が排除されていました。もちろん、魔術や占いなどはもってのほか。人々の運命を握っているのは唯一神であり、神と人との仲介者である教会でなければなりませんでした。しかし、そんな時代にあってもジオマンシーは大流行を見たのです。

12世紀初頭には、スペインで最初の翻訳書『ジオマンシーの書』が出版されました。これは「サンタリャのフーゴー」と呼ばれる人物が訳した物です。フーゴーはアラビア語で「砂の科学」という名を持つこの占いを、四大元素(エレメント)(火・風・水・地)のうち、「地」のエレメントと結びつけ、「ジオマンシー(土占い)」と訳出しました。

やがてヨーロッパがルネサンス期を迎えると、中世的な抑圧から解放された人々の間で、ジオマンシーはいっそうさかんになりました。この頃には多数の書籍や論文が発表されましたが、なかでも特筆すべきは、ルネサンス期を代表する魔術師の一人、ハインリヒ・コルネリウス・アグリッパが、著書『隠秘哲学論』の中で、現代に伝わるジオマンシー理論を完成させたことです。

ハインリヒ・コルネリウス・アグリッパ

2 ナポレオンの栄光の陰にジオマンシーあり?!

ルネサンス期から時代が下り、19世紀になると、ナポレオンの栄光とジオマンシーとが結びつけられて語られるようになりました。

そのきっかけを作ったのは、ナポレオンの死の翌年（1822年）にロンドンで出版された2冊の本でした。その2冊とは、ロバート・クロス・スミスの『哲学的マーリン』と、ハーマン・キルフェンホッファの『運命の書』。いずれもナポレオンの愛読書だったという謳《うた》い文句つきで、世に送り出されたのです。前者は伝統的な16種のシンボルを使う方法の解説書、後者はシンボルを32種に増やして具体的な質問と答えを並べた実用書です。

この『運命の書』には、驚くべきことが記されていました。ナポレオンが連戦連勝を果たしたのは、ジオマンシーの導きがあったからだというのです。

ナポレオンは、1798年から1801年にかけて、フランス軍を率いてエジプトに遠征しました。彼は現地で、パピルスに描かれたジオマンシーの写本を見つけたといいます。そして以後はジオマンシーを作戦に用いるようになり、破竹の勢いを得たのだとか。ところが、その大事な写本をライプチヒの戦い（1813年）で紛失してしまい、その後は凋落《ぼつらく》の一歩をたどることに……。『運命の書』がベストセラーとなった当時のロンドン社交界では、そんな噂がささやかれていたそうです。

ジオマンシーは、社交界のディナーで必ず話題になるほど流行しました。パリで名を馳《は》せた占い師マドモワゼル・ルノルマンの名を冠した「グラン・ルノルマンカード」にも、ジオマンシーシンボルが取り入れられています。

やがて20世紀に入ると、魔術結社として名高いゴールデン・ドーン（黄金の暁団）が、ジオマンシーに着目しました。団員の一人であるフランツ・ハルトマンや、元団員で、日本でも多くの人が知る魔術師、アレイスター・クロウリーも、ジオマンシーに関する著作を出版しています。また、やはり、元団員ながら、ゴールデン・ドーンが門外不出としていた一連の文書をまとめ『黄金の夜明け』として出版したイスラエル・リガルディも、同書の中で、ジオマンシーに関する項目を設けています。

そして現代では、アメリカの作家で、神秘主義者でもあるジョン・マイケル・グリアや、ヘルメス主義の研究者で風水にも詳しいスティーヴン・スキナーらの精力的な著作活動により、ジオマンシーへの関心が再び高まっています。欧米の主だったオカルト・サークルでは、ジオマンシーが実践されているという話も聞きます。

さらには、あの「ハリー・ポッター・シリーズ」にもジオマンシーのシンボルが登場します。魔法学校の校長アルバス・ダンブルドアと、森番のルビウス・ハグリッド。彼らの名に、「白（アルブス）」と「赤（ルベウス）」というシンボルが使われていて、性格も象意の通りとなっています。ぜひ、第3章の該当ページをご覧ください。

このようにジオマンシーは、9世紀から現代に至るまで、西洋とアラブ世界で愛され続けてきた希有《けう》な占いなのです。

3 ジオマンシーは実際的な答えを導き出す

広い地域で、長い年月にわたって継承されているものには、必ずそれなりの理由があります。ジオマンシーにその理由を求めるなら、土（大地）のパワーを用いる占いであるという点が、第一に挙げられるでしょう。

伝統的な西洋隠秘学では、世界は四つの要素（火・風・水・地）で成り立っているとしています。この四つの中で、「地」は最も堅固で、物質的、現実的とされています。そんな地のパワーを利用するジオマンシーは、現実的で具体的な日常の問題を解決するのに適しています。

例えば、恋愛のゆくえを占う場合、気持ちがあろうとなかろうと、具体的な進展がないなら、「進展なし」という結果になります。目に見えない気持ちや、あるかどうかもわからない前世などに関わりなく、「実際にどうなるのか？」という具体的な結果を教えてくれるのです。

そのため、ジオマンシーの中世のテキストにも「お金持ちになれるか？」「泥棒に取られた物を取り返せるか？」「病気は治るか？」など、当時の人々にとって最も切実に知りたい現実的な質問への答えが記載されています。

現代日本を今生きる私達にとって切実な問題である「今度の合コンでステキな異性に出会えるか？」「次のボーナスはどのくらい入るか？」といった質問への見通しも、ジオマンシーによってあらかじめ得ることができます。それを踏まえて、「次の合コンは期待できそうだから積極的にアピールしていこう」「次のボーナスは減額されそうなので、無駄遣いを止めて引き締めよう」など、具体的な行動指針を決めればいいのです。

いにしえの土占い＝ジオマンシーは、大地を棒で突いて占うことでダイレクトに「地」のパワーとつながっていました。現代のようにペンと紙を用いて占う方法は、「地」のパワーと切り離されているのでしょうか？　いいえ、その心配はありません。なぜなら、最後には土に還《かえ》る私達の肉体もまた、「地」の要素に属するものだからです。

私達が自分自身の「手」を使ってジオマンシーを行うかぎり、大いなる「地」の力の助けを借りることができるのです。

4 自分を「空」にして無意識の世界にアクセスする

ジオマンシーの的中率は、私自身も強く実感していますが、この占いの精度を上げる最大のポイントは、自分を「空《くう》」にすることです。もう少しわかりやすくいうと、何も考えないで無心に占いをすることです。

　例えば「両思いになれるでしょうか？」という質問をするなら「何としても両思いにしてみせる！」とか「なれるわけがない、とても無理」などと思わずに、完全に中立的な立場で、頭を空にして占わなければなりません。

　そうはいうものの、頭を空にして無心になるのは、意外に難しいことです。瞑想をしたことある人ならおわかりでしょうが、「何も考えまい」と思うほど、次から次へと雑念が湧いてくるものです。

けれどそこはさすがに１２００年以上の歴史を持つジオマンシー。定められた手順に従って占いを進めていくうちに、自然と頭が空になるような仕組みを備えています。

　その決め手となるのは、トントントン……と「点を打つ」という、単純な動作の繰り返しです。誰しも心当たりのあることと思いますが、単純な動作を繰り返したり、単調な音を聞き続けたりすると、軽いトランス状態に入りやすくなります。

　例えば、お坊さんの読経を聞いているうちに、意識がぼんやりして、つい居眠りをしてしまうことがあります。もっと身近な例では電車の座席に座り、単調な揺れと、カタンカタンという音の繰り返しに身をゆだねているうちに、だんだん眠くなるというのは、多くの人が経験していることでしょう。

　こうした単調な動きや音の繰り返しには、意識レベルを低下させ、自然と変性意識に近い状態へと導く効果があるのです。

ジオマンシーでは、「繰り返し点を打つ」という作業をします。これによって、実践者は、日常的な意識を手放して軽いトランス状態に入り、無意識の世界に参入して、神託を受けることが可能になります。

古来、占い師や呪術師は、意識をもうろうとさせるハーブを使用したり、滝に打たれたり絶食したりして、心神を衰弱させてトランス状態を得ようとしてきました。しかし、ジオマンシーならばそのような危険を冒す必要はありません。誰でも安全に、しかも確実に、日常の向こう側にある見えない世界とつながることができるのです。

5 無意識の世界に眠る情報をダイレクトに汲み上げる

ところで、意識レベルが低下した占い師の手を動かしているのは、いったい、誰なのでしょうか。このような問いかけに、不安を感じる人がいるかもしれませんが、ご安心ください、あなたの身体が何者かに乗っ取られてしまうわけではありません。

ここが大事なところなのですが、ペンを動かしているのは間違いなく、あなた自身の腕の筋肉です。ペンには種も仕掛けもありません。けれど、「自分の意志」で動かしているわけではないのです。

では、腕の筋肉を動かしているものの正体は何かというと、日常的な意識に上らない、心の奥深くにある「無意識」です。そして、あなたの無意識は、あなたが意識しているより、ずっと多くのことを知っています。

さらに無意識は、個人で知ることのできる情報の枠を越えて、自然のエネルギーの流れや大地のバイオリズム、時代の空気などに同調して、ときには超自然的なメッセージを受け取ることもあります。

そのようなメッセージが、言葉や映像ではなく、「点を打つ」という手の動きによって受信されるということにもまた、重要な意味があります。

というのも、無意識からのメッセージを、言葉や映像に「翻訳」しようとすると、どうしても自分の意識が入り込んでしまい、せっかく得たメッセージが変形しやすくなるからです。

例えば、無意識が「赤」というメッセージをキャッチしたとしましょう。これを言葉や映像にしようとすると、「赤いからリンゴかな？　いや赤信号かな……」など、過去に自分が体験した「赤い」

ものと結びつけて解釈しがちです。実際には、燃えさかる炎かもしれませんし、赤ちゃんの赤、あるいは頭に血が上った状態かもしれません。そこへいくと、反射的な手の動きによって打ち出された点を数え、そのままシンボルに変換できるジオマンシーは、打算的な意識の入り込む余地がない分だけ、純粋な結果を得ることができます。

つまり、ジオマンシーをする者は、点を打つという行為によって、自分自身の心の奥底にある無意識世界とダイレクトにつながることができるのです。

6 世界との合一感の中で生きる指針を見い出す

最後にもう一つ。ジオマンシーが目指すのは、この世界との合一感の中で、よりよく生きるための未来の指針を得ることです。

私達人間は、他の生命と同じように母なる大地から生まれ、その懐に抱かれて育ってきたはずなのに、いつしか大地から離れ、人工的な「文明」に頼って生きるようになってしまいました。

そして文明化された環境の中で、どんどん「個(自分、自我)」という意識を肥大化させてきました。「個」は、「全体」から切り離された個別の存在です。近代的個人は、悩みも苦しみもすべて、自分一人で対応せねばなりません。

世界との合一感を常に感じている人は現代でもいますが、常に自分の考えが漏れ出し、また相手の考えも筒抜けであると感じ、日常生活を送るのも困難な状態です。

そうではなく、ときたま占い師や芸術家が、自分自身の個としての意識を手放した時や、たまさか訪れる、「世界との幸せな合一感」、それこそが超自然的知覚とされるものの正体なのです。特別な人だけの特別な力ではありませんし、インスピレーション、虫の知らせ、直観などの形で誰でも得ることができるものです。

もちろん、「個」としての自分をしっかりと生きることは大切です。けれどたまには、自分自身を世界に向けて解放し、すべてとつながっているという実感を得て、生命力をチャージするのも悪くはありません。何しろ無意識の世界では、私達は、時を超えて現在・過去・未来のすべてを知る、全知全能の存在なのですから。

すべての占いは、未来予測の手段であり、このうえないエンターテイメントであり、自分自身を見つめる行為であり、また同時に、世界と自分自身を結び直す手段でもあります。

なかでもジオマンシーは、瞑想や精神修業、各種魔術の奥義にも匹敵するような、世界との合一感が手軽に得られる、特別な占術といえます。

だからこそ、１２００年もの間、ほとんど変わらないかたちで、国や文化を越えて、現代に受け継がれてきたのです。


では、いよいよ次の章から、ジオマンシーを実践してみることにしましょう。難しい勉強も練習も要りません。ペンと紙さえあれば、誰でも今すぐに占えます。気軽に楽しみながらチャレンジしてみてください。

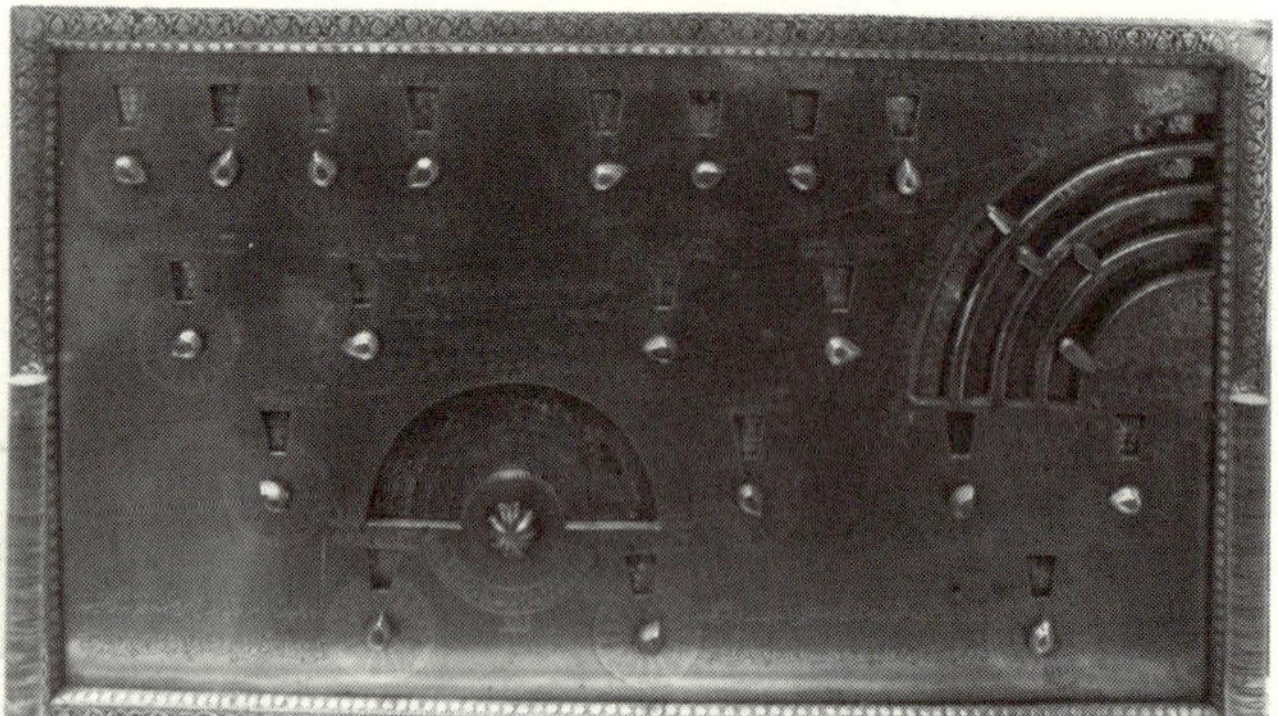

大英博物館所蔵のジオマンシー用装置。

第2章

シンボルの出し方

1 紙とペンで16種類のシンボルを導く

この章では、ジオマンシーの基本となる占い方をご紹介しましょう。

ジオマンシーで用いるシンボルは、全部で16種類（次ページ表参照）です。各シンボルは、奇数（・）または偶数（:）を表す4列のドットで構成されています。これら16種類のシンボルには個々に象意があり、占いたいテーマに対する答えを的確に示します。

さっそく、どのシンボルがあなたへの「答」であるかを調べることにしましょう。

そのための手順は以下に詳しく述べますが、まずは紙と筆記用具を用意します。次に質問を決め、筆記用具を持ち、手が動くままに4列の「点」を紙に打ちます。その後、各列の点が奇数か偶数かを調べ、奇数なら「・」、偶数なら「:」を書けば、シンボルが得られます。あとは、第3章の解説を読むだけです。

以上が大まかな流れです。非常にシンプルで、何の技術も知識も要らないことが、おわかりいただけたと思います。

それでは、用意するものや個々の手順について、より詳しく解説していきましょう。何しろジオマンシーは、いにしえの魔法に属する占いです。以下にご説明する占いの手順には魔術的な要素も混じっていますが、そうしたものをきちんと実践することで、ジオマンシーが持つ本来の力が発揮されるはずです。

ジオマンシーのシンボルと意味

人々 ポプラス ● ● ● ● ● ● ● ●	道 ヴィア ● ● ● ●	つながり コンジャンクショ ● ● ● ● ● ●	拘束 カルサー ● ● ● ● ● ●
大吉 フォーチュナ・メジャー ● ● ● ● ● ●	小吉 フォーチュナ・マイナー ● ● ● ● ● ●	獲得 アクウィシショ ● ● ● ● ● ●	喪失 アミッショ ● ● ● ● ● ●
喜び ラエティーシャ ● ● ● ● ● ● ●	悲しみ トリステシャ ● ● ● ● ● ● ●	少女 プエラ ● ● ● ● ●	少年 プエル ● ● ● ● ●
白 アルブス ● ● ● ● ● ● ●	赤 ルベウス ● ● ● ● ● ● ●	竜の頭 カプト・ドラコニス ● ● ● ● ●	竜の尾 カウダ・ドラコニス ● ● ● ● ●

シンボル名（ラテン名）	シンボルの形	対応天体	ドット合計数	最終結果
1 人々（ポプラス）	●● ●● ●● ●●	月	8	裁判官
2 道（ヴィア）	● ● ● ●	月	4	裁判官
3 つながり（コンジャンクショ）	●● ● ● ●●	水星	6	裁判官
4 拘束（カルサー）	● ●● ●● ●	土星	6	裁判官
5 大吉（フォーチュナ・メジャー）	●● ●● ● ●	太陽	6	裁判官
6 小吉（フォーチュナ・マイナー）	● ● ●● ●●	太陽	6	裁判官
7 獲得（アクウィシショ）	●● ● ●● ●	木星	6	裁判官
8 喪失（アミッショ）	● ●● ● ●●	金星	6	裁判官

シンボル名（ラテン名）	シンボルの形	対応天体	ドット合計数	最終結果
9 喜び（ラエティーシャ）	● ●● ●● ●●	木星	7	
10 悲しみ（トリステシャ）	●● ●● ●● ●	土星	7	
11 少女（プエラ）	● ●● ● ●	金星	5	
12 少年（プエル）	● ● ●● ●	火星	5	
13 白（アルブス）	●● ●● ● ●●	水星	7	
14 赤（ルベウス）	●● ● ●● ●●	火星	7	
15 竜の頭（カプト・ドラコニス）	●● ● ● ●	ドラゴンヘッド	5	
16 竜の尾（カウダ・ドラコニス）	● ● ● ●●	ドラゴンテイル	5	

※ 最終結果の「裁判官」については第4章で説明します。

2 用意するもの

筆記用具と紙。これだけです。

紙は白もしくは薄い色で、はがき程度の大きさがあれば大丈夫です。

巻末の437ページに、コピーして使っていただけるメモを用意しました。

要は、4列分の「点」が打てればいいので、罫《けい》線のあるノートやレポート用紙、チラシの裏でもかまいません。もちろん手帳の1ページでもいいのです。

筆記用具は、点を打ちやすいものならば何でもいいのですが、最初は、黒いフェルトペンやサインペンがおすすめです。わずかな筆圧でも、はっきりとした点を打つことができるからです。水性でも油性でもかまいません。

慣れてきたら、シャープペンやボールペンにもトライしてみるといいでしょう。芯が細い筆記用具は、ペン先を軽く紙に落としただけでは点を打ちにくいので、紙をひっかくようなつもりで数ミリの短い線を書くようにするとよいでしょう。

筆記用具の使い心地については個人の好みもありますから、何度か試してみて、自分に合う物を選んでください。

筆記用具の色についても、「絶対にこの色で」というものはありません。とっさの時には、何色の筆記用具であろうと、手元にある物を使って占うことができます。

ただ、ベースとなる色は黒です。あらゆる種類の質問に対して、偏りのない完全に公平な結果を得ることができます。

また、さまざまな色の筆記用具が用意できるなら、質問の内容によって使い分けるのもよいでしょう。各色には、それぞれ固有のパワーがありますから、その影響を受けて潜在意識が活性化し、よりよい結果を引き寄せることができます。
以下に、占うテーマごとに、おすすめの色を列記します。

恋愛運……赤（恋愛感受性と異性へのアピール力を高めます）
金運……オレンジ（精神と身体を活性化し豊かにしてくれます）
対人関係運…緑（協調性を高め、人間関係のバランスを取り戻します）
仕事運
学業運……青（知性を高め、冷静な判断力を与えてくれます）

以上が筆記用具に関する解説ですが、「このペンはジオマンシー専用」という物を1本、新調すると、魔術的な意味が強まるとともに、あなたの気持ちも高まることも、申し添えておきましょう。

３ 占いの手順

（１） 自分の手を聖別する

占いを始める前に、手をきれいに洗いましょう。流水で洗うだけで十分です。この行為によって、日常の雑事に使っている手が、神聖な占いに用いるための手となります。魔術的な用語では、この手順を「聖別《せいべつ》」といいます。

さらに、ジオマンシーに用いる「地」の力が、あなたを正しい答えへと導いてくれるように、母なる大地に祈りを捧げるとよいでしょう。祈りの言葉は、あなたが考えたもので結構ですが、言葉に迷うようなら、「母なる大地よ、われを正しき答えへと導きたまえ」と唱えてください。

（２） 質問を決める

ジオマンシーの精度を上げるためには、的確な質問を立てることがとても重要です。

例えば恋愛運を知りたいとします。

「私の恋はどうなるでしょうか？」

という曖昧《あいまい》な尋ね方では、片思いの相手の気持ちを聞きたいのか、それとも新しい出会いについて知りたいのか、あるいは自分自身の恋心が本物かどうかを確かめたいのか判然としません。これでは答えも、ぼんやりとしたものになってしまいます。

ですから、質問は具体的かつシンプルに。これが鉄則です。もっとわかりやすくいえば、イエスかノー、どちらかで答えられる内容なら大丈夫です。

「Ａさんを誘ったらＯＫしてくれるでしょうか？」

「忘年会で、Ａさんと楽しく話せるでしょうか？」

「Ａさんにお土産を渡したら喜んでくれるでしょょ

うか?」

など、相手がいるなら、想定して問いかけましょう。いない場合は

「次の合コンに好みの異性はいるでしょうか?」

「今月は結婚につながるような出会いはあるでしょうか?」

などと、シチュエーションや期間を具体的に設定します。

以上のような問いが、よい問いです。

地の要素のパワーを借りるジオマンシーは、具体的な問いにハッキリと答えてくれる実用的な占いです。占う前に、自分が何を知りたいのか、何を求めているのかを確かめておくのが、大事な準備の一つなのです。

(3) ペンで4列の点を打つ

ペンを軽く持ち、もう一方の手で紙の端を押さえ、呼吸を整えます。質問を心の中で整理し、口に出して尋ねます。

質問を言い終えたら、左から右へ紙に点を打っていきます。余計なことは考えず、軽く持ったペンを紙に落とすようにして、トントントン……と横に点を打っていきます。好きなだけ打ったら、1列分が終了です。ただちに、2列目の点を打ちましょう。こうして、4列分、点を打っていきます。

なお、アラビア式で行う場合は、右から左へと書き記すアラビア語と同様に、右から左へと点を打ちます。しかし、ヨーロッパ式に左から右へ書くようにと記されたテキストもあります。どちらでも、書きやすい方でかまいません。

（4）各列が奇数か偶数かを調べる

４列それぞれ、奇数か偶数かを調べ、奇数なら一つのドット（・）、偶数なら二つのドット（：）に変換して、列の順序通り並べると、シンボルが得られます。

奇数か偶数かを調べるには、点を二つずつ線でつなげていけば簡単です。二つずつ、全部つながったら、その列は偶数。一つだけ余ったら奇数です。

次に、占いの実例を挙げてみましょう。

（5）ケーススタディ
〜Aさんのボーナスを占う

Aさんは、デザイン会社で働いて３年目です。毎月、ぎりぎりの生活をしているので、金運がどうなるのか気になります。一番知りたいのは次のボーナスがどれくらい出るかということです。

ペンと紙を用意します。ペンを持ち、聞きたいことを頭の中で整理したら、質問を言葉に出して尋ねます。

「次のボーナスはどのくらいですか？」

手に持ったペンでトントントンと左から右へ４列の点を打ち、奇数か偶数かを調べます。

１列目は二つずつ全部つながりました。↓偶数（：）
２列目は一つ、点が余りました。↓奇数（・）
３列目は二つずつ全部つながりました。↓偶数（：）
４列目は一つ、点が余りました。↓奇数（・）

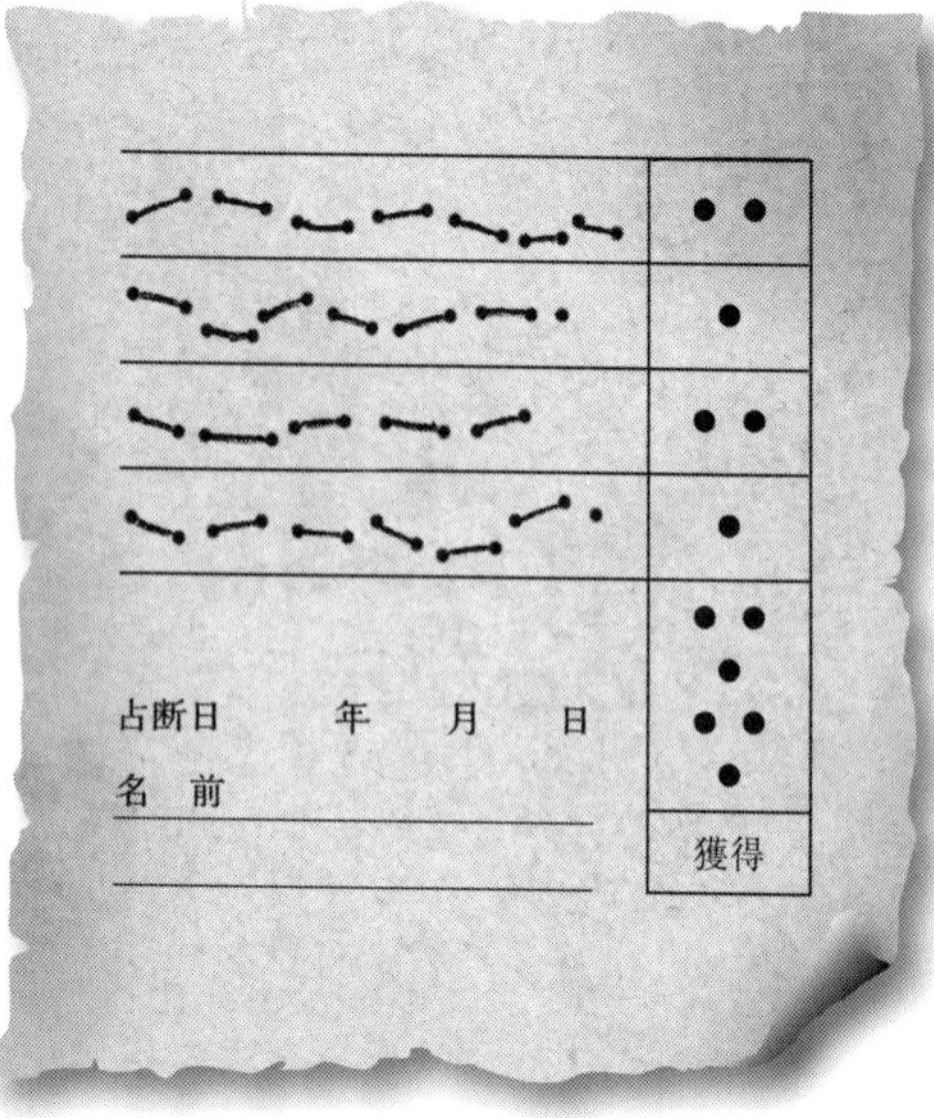

上から偶数、奇数、偶数、奇数なので「⁚·⁚·」。シンボルは「獲得」です。第3章の「獲得」のページに解説が記されていますので、そこを読むと以下のように解読できます。

「獲得」は、満たされた杯を示すシンボルで、この場合、金銭的な豊かさを表しています。Aさんの次のボーナスはかなり期待できそうです。Aさんには今、ボーナスが出たら買いたいものがあるのではないでしょうか。ボーナスの金額は、それをためらいなく買えるのに十分な金額のはず。

受け身で幸せになれるシンボルですから、ボーナス前にガツガツと仕事をして自分をアピールしなくても、今のまま待っているだけで大丈夫です。ボーナスを得て、心も体もほかほかに温かく喜びに満たされるでしょう。

4 ジオマンシーシンボルについて

ジオマンシーのシンボルは、奇数または偶数を表す4列の記号から成り立っています。

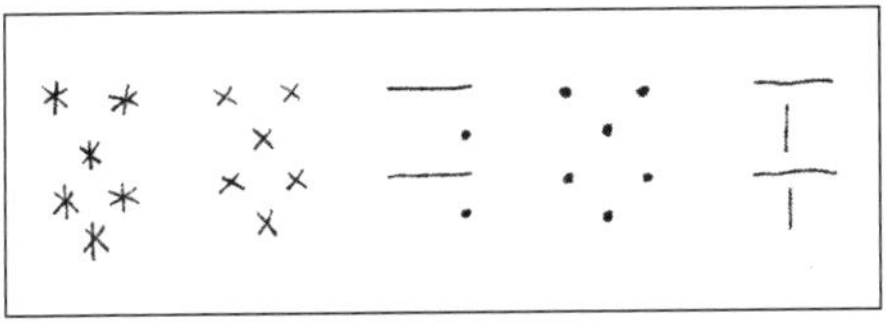

本書では、シンボルの各列が奇数か偶数かをドット（・または：）で示しましたが、ドットの代わりに「×」や「＊」を用いたり、偶数を「—」で表したりするなど、表記法にはいくつかのバリエーションがあります。

また4列は、上から順に「頭」または「火」、「首」または「風」、「胴」または「水」、「足」または「地」と呼びます。頭は直観を表す火の要素、首（喉）は言葉とコミュニケーションをつかさどる風の要素、胴（腹）は心と情愛をつかさどる水の要素、大地に接する足は物質的な地の要素に対応しています。

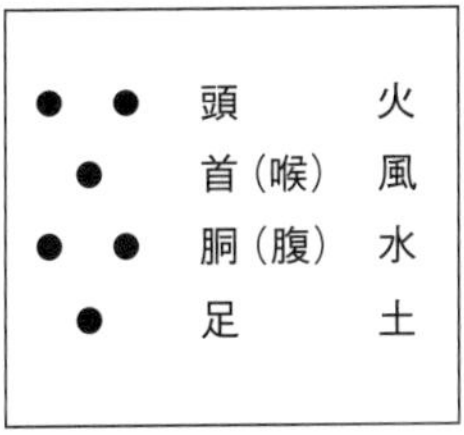

ほか、各列のドットが偶数なら受動性を、奇数なら能動性を表します。シンボルを構成するドットの数の合計は、最小四つ、最大で八つとなります。とりあえずここでは、16種類のシンボルがあるということと、それぞれに象徴的な意味があるということを押さえてください。

5 シンボルを導くためのさまざまな方法

ジオマンシーのシンボルを求めるには、紙とペンを使うのが最も手軽ですが、紙とペン以外の物を使って、あるいは全く何も使わずに、シンボルを求めることもできます。

例えば、美しいさざれ石を、アラベスク模様のケースに入れて用いれば、見た目にも華やかで、雰囲気もあります。中世のエジプトでは、歯車が内蔵された美しく精巧な金属製のジオマンシー乱数生成機械（26ページ写真）も作られていました。

占い道具に凝ろうと思えばいくらでも凝ることができて、反対に手軽に占おうと思えば、限りなくシンプルに占える、この自由度の高さもジオマンシーの魅力の一つでしょう。

なお、どの方法であっても、事前に質問を決め、奇数か偶数を四つ出してシンボルを求めるという手順に変わりはありません。用具が紙とペンから、それぞれの物に代わったと考えて占いを進めてください。

（1）さざれ石を使う方法

水晶などのさざれ石を、適量（10グラム以上）用意します。

小さな袋、またはカップやケースなどに入れます。

指先で、ひとつまみ、さざれ石を取り出し、まとめておいておきます。続いてもうひとつまみ取り出し、別の場所にまとめます。あと2回繰り返し、合計4か所のさざれ石のまとまりを作ります。

4か所のさざれ石のまとまりを、それぞれ奇数か偶数か調べます。

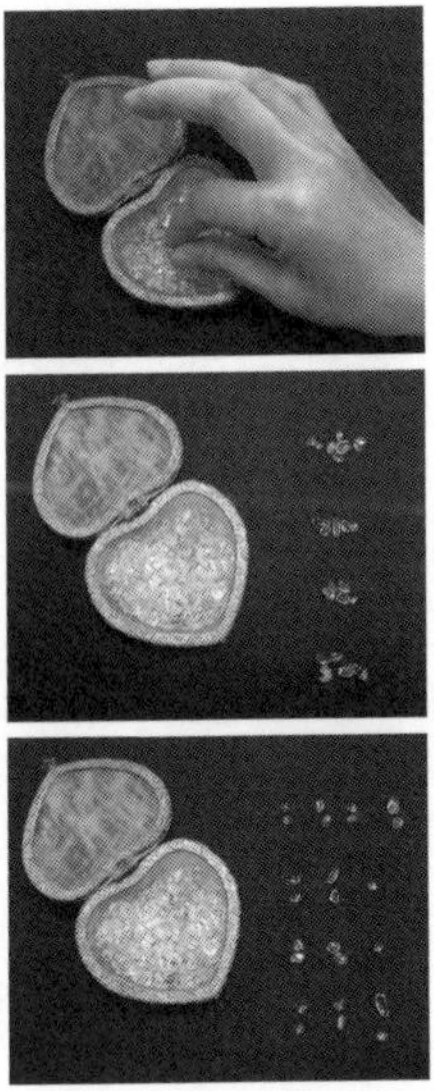

かき混ぜてつまむので、硬度の低い石だと傷がついてしまいます。ローズクォーツ、シトリン、アメシストなど水晶系の石なら問題なく使えます。

大地のかけらである鉱物を用いる、大地の力によって神託を得るジオマンシーにふさわしい方法です。

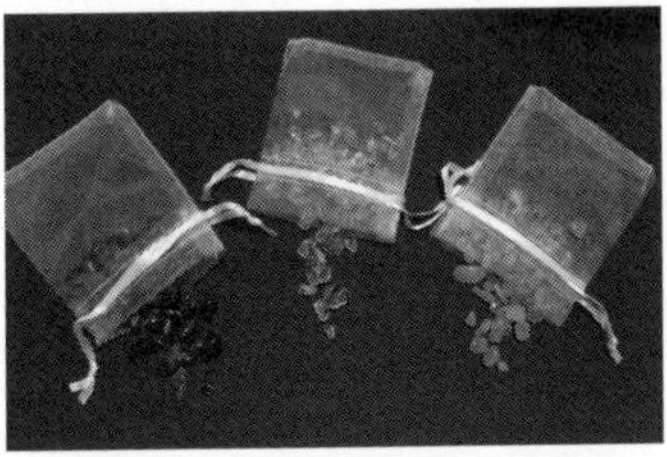

占う内容によって使う石を変えてもよい。

（2）米粒・大豆・種やナッツを使う方法

おちょこ一杯程度の米粒を用意します。

米粒をひとつまみ取り出し、1か所にまとめておきます。続いてもうひとつまみ取り出し、先ほどのひとつまみとは別の場所へまとめます。あと2回繰り返し、合計4か所の米粒のまとまりを作ります。

4か所のまとまりに含まれる米粒の数が、それぞれ奇数か偶数かを調べます。

大豆や種なども、同様に使うことができます。黒米がよいという人もいます。ジオマンシーと共通の起源を持つアフリカの占術でパームナッツを用いるものがあります。

米や大豆、種は大地の産物です。これまたジオマンシーにふさわしいアイテムといえるでしょう。

（3）コインを使う方法

コインを1枚用意し、それを4回投げ、表が出るか裏が出るかを調べます。

表を奇数、裏を偶数として、シンボルを求めます。

外出先などで、ペンと紙がない時にも、コイン1枚あれば、占うことができます。

4種類のコインがあれば、一度に投げて、いっぺんに出すこともできます。その場合、各コインがどの列に対応するか、1～4の順番をあらかじめ決めておきます。

コインは、火風水地のエレメントの、「地」を象徴するアイテムです。ジオマンシーに使うのに適しています。

（４）ダイスを使う方法

ダイスを1個用意し、それを４回投げ、奇数が出るか偶数が出るかで、シンボルを求めます。

４色のダイスがあれば、一度に投げて、いっぺんに出すこともできます。その場合、何色のダイスがどの列に対応するか、あらかじめ決めておきます。「火風水地」に対応させるなら「赤黄青黒」となります。

（５）地面に点を打つ方法

地面をならして平らにします。砂地で行う場合、さらさらに乾いていると跡がつきにくいので、少し湿った場所を選んだ方がよいでしょう。

適度な棒があればそれを用います。指先を使ってもかまいません。大地の力が体に流れ込むのを感じながら、静かに呼吸を整えます。

棒または指先を、地面にトントントンと突き刺すか、あるいはごく短い線をスッスッと描いていきます。ペンと紙を使って行う時のように、４列分、繰り返します。

点（あるいは線）を二つずつつなぎ、奇数か偶数か調べてシンボルを出します。

これが、ジオマンシーの最も古典的な方法です。地面さえあればどこでも占うことができます。

(6) お盆と砂、または小麦粉を使う方法

お盆の上に、砂または小麦粉を薄く敷きつめます。

指で、お盆の上に、ぎざぎざの横線を描きます。4本のぎざぎざの横線を描きます。

ぎざぎざの山を二つずつ区切って、山の数が偶数か奇数か調べて、シンボルを出します。

これはアフリカで用いられている方法です。

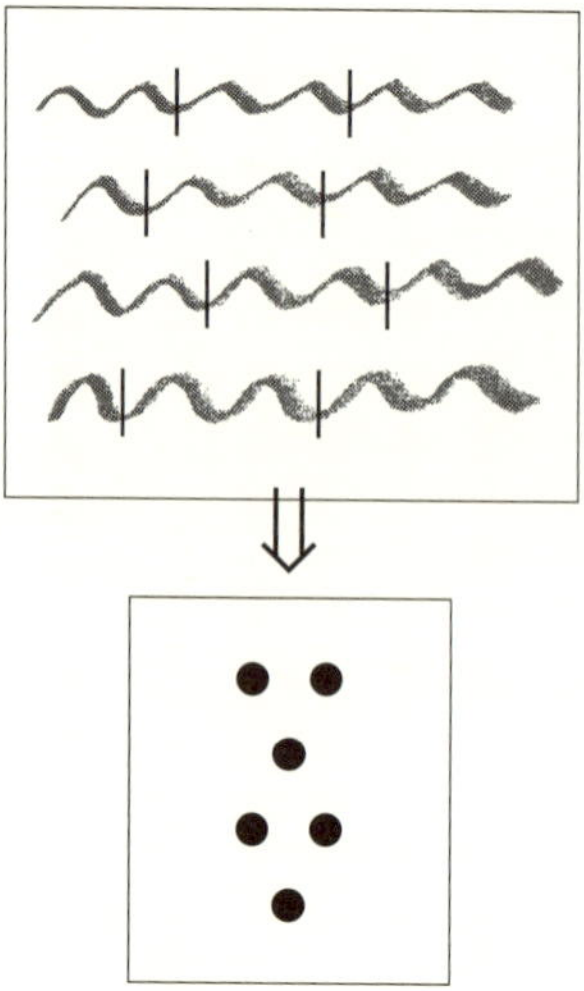

(7) アプリまたはソフトを使う方法

ダイスアプリ、またはコインアプリを用います。

アプリ上で、ダイスを投げて偶数奇数を出すか、コインを投げて裏表を出して、シンボルを求めます。

複数のダイスやコインを一度に投げられる設定にできるならば、いっぺんに求めることも可能です。

スマートフォンにアプリを入れておけば、外出先でも手軽に占うことができます。

（8）四つの任意の数を使う方法

ランダムな4桁の数、車のナンバーや携帯番号などを、奇数と偶数に変換して、シンボルを求めることができます。

例えば、携帯電話の090−○○○○−××××、の場合、○○○○を表の顔で、××××を裏の顔とします。

また、頭に思い浮かんだ、四つの数字で占うこともできます。

（9）見立てによる方法

最後にご紹介するのは、見立てによる方法ですが、これは「達人」のレベルに達した人向けです。ご参考までにお読みください。

ジオマンシーシンボルにはそれぞれ独自の「形」があり、この形にも意味があります。

シンボルのドットを星座のように線で結ぶと、よりくっきりと形が見えてきます。

例えば「つながり」は、真ん中がくびれた花瓶のようです。また、「白」はシャンパングラスを思わせます。

ジオマンシーの達人になると、これらのシンボルが、ふと目の前に現れてくることがあるのです。

例えば、何かの悩みを抱えている時に、たまたま見かけた公園の木が、「喪失」に見えたり、夜の散歩中に目にした街灯の光が、まるで「竜の頭」

のように見えたり……そんなふうに自然や風景の中に見つけたシンボルを問いへの答えとするのが、「見立て」による占いです。

誰にでも簡単にできる方法ではないのですが、ジオマンシーにはこのような奥深い世界もあることを知っていただけたらと思います。

第3章

基本となる16のシンボルを解読する

1 シンボルの解読方法

第2章で紹介した手順に従って得たシンボルは、そのままあなたの運勢を表すものとなります。また、各シンボルの解説は、占いの結果を示すものであると同時に、それぞれのシンボルの意味を深く知るためにも役立ちます。

ジオマンシーの習得を目指す方は、折りに触れてこの章を開いていただきたいと思います。

シンボル解説中の各項目について簡単にご説明しましょう。

キーワード　各シンボルの象意が端的に示されています。
天体　各シンボルに対応する天体が示されています。
イエス・ノー　現状を肯定するシンボルがイエス、否定するのがノーです。
エレメント　各シンボルに対応するエレメントが示されています。ゴールデン・ドーンの分類に典拠します。
星座　各シンボルに対応する星座が示されています。ゴールデン・ドーンの分類に典拠します。
性質　安定と変動の2種類です。
体の部位　各シンボルに対応する体の部位です。臨機応変にイメージを広げて解釈してください。18世紀のアラビアの写本に依拠する内容です。
場所　中世のテキストに依拠する内容で、失せ物が見つかる場所を示します。
吉凶　大吉だから良い、大凶だから悪いとは限りません。万物は変転するからです。
象意　各シンボルの性質を詳しく解説したものです。

恋愛運・金運・対人関係運・仕事運・学業運については、占いたいテーマに関連する項目を読んでください。
人物像　例えば出会いを求める時や、縁のある相手を類推するのに使えます。
開運の鍵　吉を大吉に、凶を吉に変えるための方法を示します。
占いの例　占断を下すのに参考になりそうな実例を挙げました。

なおエレメント・星座・体の部位については、スティーヴン・スキナーの著作『ジオマンシー理論と実践』（未邦訳）を、場所と人物像については、ジョン・マイケル・グリアの著作『ジオマンシー　その技芸と実用』（未邦訳）を、参考にしました。

また、ご参考までに、上２列に重心がある形は「加入、増加」を表し、下２列に重心がある形は「脱落、減少」を表します（「喜び」と「悲しみ」だけは例外）。上下対称の形は、近いうちに大きな変化はないと読みます。

ほか、各シンボルには形状と意味のうえで対になるシンボルがあります。それについては、「シンボルを対で覚える」の１１２ページで説明していますので、ご参照ください。

では、次ページからシンボルを個々に解説していきます。

人々

【ラテン名】ポプラス
【キーワード】安定。集団。多い。
【対応天体】月（満ちてゆく月）
【イエス・ノー】イエス
【エレメント】水
【星座】蟹座
【性質】安定
【体の部位】左胸
【場所】屋内ならバスルームか洗面所。
屋外なら水辺。海や川。
【吉凶】吉

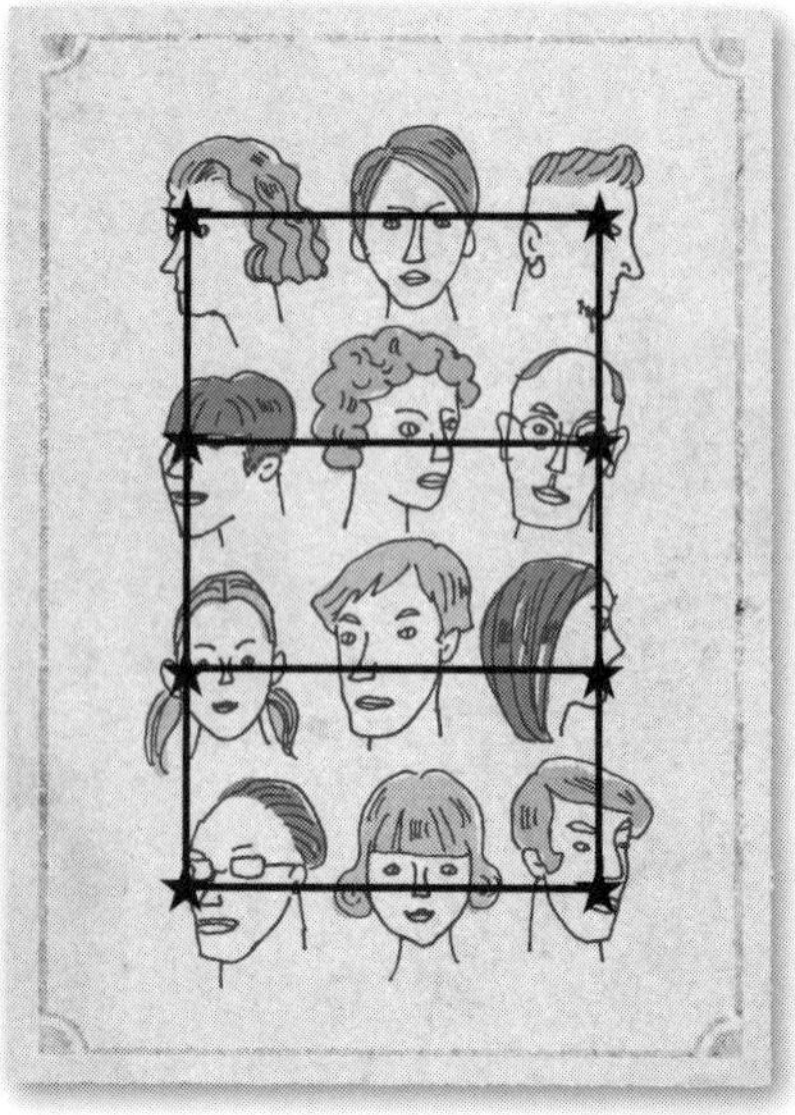

象意

「人々」は、受動と安定をつかさどります。頭から足まですべて偶数（:）で構成されているので、偶数の受動性の極限を表しています。このシンボルは、奇数（・）だけでできた「道」と対になり、「道」は変化を、「人々」は安定を表します。

ラテン名の「ポプラス」は、人々、大衆、集会の意味で、英語のピープルの語源です。集団の中にいて、みんなと同じで安心している状態を表しています。とがった個性は必要ありません。自分の力の限界を知っているから、誰かにゆだねることができるのです。

16種のシンボルの中で、最多となる八つのドットから成る「人々」は、重量感があり、人や物事がたくさんある状態を表しています。また多いほど良い時です。

「人々」の目的は、「みんなと一緒になること」。今は、自分をセーブして、力を合わせて集団行動することが求められています。サークル活動や集会、イベントなど、大勢での活動はすべて吉。また今起きている問題には、多くの人が関わることになります。

受動の極限を意味するシンボルなので、自分から動いて新たに何かを作り出す必要はありません。相手の出方待ちとなります。「人々」の安定性は、強い力によるものではなく、力の弱いものが流されて到達した、悪く言えば「烏合の衆」的な状態から生まれたものです。もっと大きな力が働けばやがて変わってしまう可能性はあります。そういう意味では未来永劫《えいごう》の安定ではありません。

「人々」には物事を集め、増大していく性質があります。幸運はより大きな幸運に。凶運はより凶運になる傾向があります。特に複数占いの場合、

「人々」は、他のシンボルの力をそのまま拡大する作用があります。

基本的には、自分からは動かないのが吉ですが、即断即決を求められる問題が起きた場合、対応が難しいことをも意味します。その場合も、「人々」の象意を利用し、なるべく多くの人の意見を聞いて取り入れると上手くいきます。迷ったら多数決で決めましょう。自分だけで判断せず、誰かに相談することが大事です。

全体運

運気は安定しています。今のまましばらくは変わらないでしょう。前例通り、周りの人、相手に合わせていれば上手くいきます。今は自分を主張するより、みんなに合わせる方がよいでしょう。グループ活動が楽しい時です。健康運も好調です。

恋愛運

グループ交際が吉。まだ一対一でつき合うにはちょっと早いようです。片思いの気になる相手がいたら、男女の友達を誘って、みんなで遊ぶのがよさそう。友達が恋の協力者になってくれます。既につき合っているカップルは、安定してよい状態です。

金運

好調です。大金を得られる可能性があります。さらに、仕事でがんばれば、その分が評価されて堅実に昇給していきます。不動産購入など大きな買物にもいい時です。ただし、今、借金があるなら、さらに増えていく可能性があるので、気を引き締めましょう。

対人関係運

対人関係が広がり、友達や知り合いが増えます。グループやサークルで活動すると楽しく過ごせそう。人間関係を上手くこなすコツは、目立ちすぎたり主張しすぎたりしないこと。長いものには巻かれ、多数派に賛同して吉。聞き上手になることを心がけましょう。

仕事運・学業運

チームワークを生かして大きな成果を出せる時です。個人で行う仕事や勉強でも、友達と情報交換するなど、協力して取り組めば収穫があります。自分一人だけで何もかも抱え込まない方がいいでしょう。人に頼り、人に任せることで上手くいきます。

人物像

愛嬌《あいきょう》があり、人に好かれるタイプです。友達が多く、みんなと一緒に過ごすことに一番の喜びを感じています。背は高く、少し痩せ形。肌色は濃いめ。目の大きさや形が左右で違う人が多く、人を惹きつける魅力的な顔立ちでしょう。

開運の鍵

グループ。サークル。集会。合コン。パーティ。

占術例

気になる人の気持ちを占って「人々」が出たら、相手はまだあなたのことを大勢の中の一人か、友達の一人と思っています。好感は持たれているので、友達として関係を深めていくのが吉。友達の中に、協力者がいます。

道

●
●
●
●

【ラテン名】ヴィア
【キーワード】変化。旅。決断。
【対応天体】月（欠けてゆく月）
【イエス・ノー】ノー
【エレメント】水
【星座】蟹座
【性質】変動
【体の部位】胃
【場所】なし。失せ物は見つからない。
【吉凶】吉でも凶でもないが、旅行は吉。

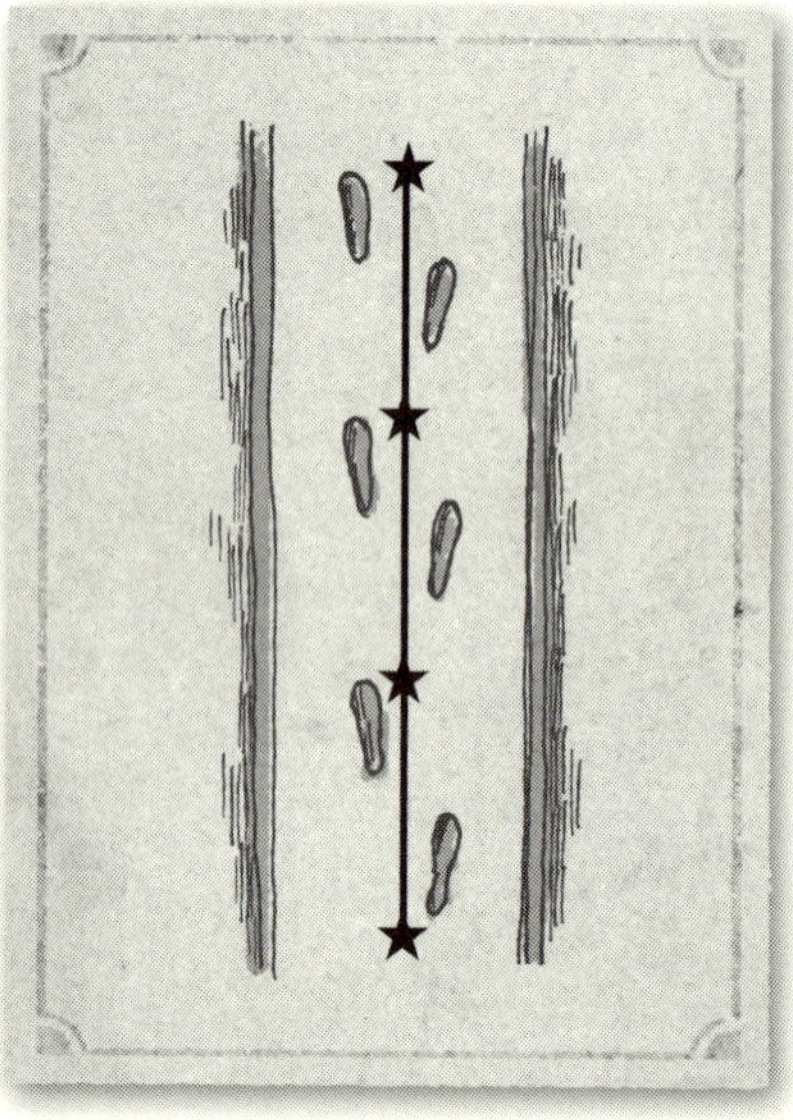

象意

「道」は変化と移動をつかさどるシンボルです。頭から足まですべて奇数（・）で構成されているので、奇数が持つ能動性と変化の極限を表します。

このシンボルは、４列とも偶数（:）だけでできた「人々」と対になっています。偶数だけで構成される「人々」が安定を意味し、奇数だけの「道」は変化を意味します。

奇数を示す「・」が並んだシンボルの形が、一本の道に見えるところから、この名がつけられました。「ヴィア」というラテン名も道を意味します。

「道」自体に吉凶はなく、変化の途中にあるものや、何かしら変化していく状況を表します。このシンボルが出たら、変わらなければなりません。無理にとどまろうとしたり、変わることを拒んだりするのは得策ではありません。もう運命は動き出しています。先に道が見えないまま進んだとしても、後ろには道ができています。前に進むのは自分の「意志」です。変化に伴う決断は自分でしなければなりません。

人は誰しも生きている以上、変化し続けていきます。場合によってはポリシーを変えねばならない時もあるでしょう。生きていくために。「道」は、無理矢理変えさせられるのではなく、自ら変わっていく積極性と前向きさを表しています。

人生という旅では、到達することが目標なのではなく、そこに至る「過程」に意味があります。「道」が出た時は、結果よりも試行錯誤する過程にこそ意味があります。失敗も含めて、すべてのチャレンジから、得られるものがあるでしょう。ただし二つ以上の何かを同時に行うのは難しいので、進む道は一つに決めなければなりません。

旅に関してはすべて吉です。日常を離れる「旅」

は、人生そのものが旅だということを思い出させてくれます。ドライブ、ツーリング、船旅、飛行機の旅、どんな旅も、喜びと発見をもたらしてくれるでしょう。

実際の旅はもちろん、旅行会社、旅のお土産、地図、乗り物など旅や移動に関わるものにも幸運があります。

全体運

決断の時です。運気は大きく動こうとしています。まだ先は見えませんが、とにかく前へ進みましょう。過去のやり方には固執しないこと。状況や環境が変われば、ベストな対応も変わるので、何事も臨機応変に。自ら行動し前に進むことで運気が開けていきます。

恋愛運

変化の時です。相手か自分が引越ししたり、職場が変わったりする可能性があります。恋人募集中の人は周りにアピールしておくと、後によい展開があるでしょう。カップルは、二人の関係性に変化がありそうです。旅行が二人の愛情を深めてくれます。

金運

金運は不安定です。予想外の臨時出費がありそう。交際費などこまごまとした出費が多くなりがちです。定期預金に回してもすぐ解約する羽目になりそう。今は貯め込むより、必要なものに使うべきなのです。必要なところでケチると、運気がダウンします。

対人関係運

人間関係が変化していく時です。お互いの気持ちが変わる場合もありますし、引越しや転職など環境の変化で、関係性が変わる場合も。どちらの場合も、変化を受け入れると吉。また、旅先で出会った人が幸運をもたらしてくれるでしょう。

仕事運・学業運

忙しく、慌ただしい期間になりそうです。仕事内容や、勉強しなければならない範囲などが変わる可能性が高いので、臨機応変に対応しましょう。旅行、物流、運送、通信などの業種で働いている人にとっては大躍進の時となります。

人物像

感情を内に秘めるタイプ。めったに怒りませんが、怒らせるとなかなか許してくれません。旅から旅という生活をしている場合もあります。外見はふくよかで、色が白く透き通った肌をしていることが多いでしょう。相手を選ばないので、恋愛経験は多くなります。

開運の鍵

旅。列車。車。船。飛行機。

占術例

何かに立候補し、当選できるかどうか占って「道」が出たら、答えは変化ですから、再任を狙うなら落選、新規に立候補するなら当選する可能性が高いでしょう。今回は、従来とは違う人物像が求められています。前期との違いを全面に打ち出すことが当選を確実にするポイントに。

つながり

⁘⁘

【ラテン名】コンジャンクショ
【キーワード】結びつき。集合。絆。
【対応天体】水星
【イエス・ノー】イエス
【エレメント】地
【星座】乙女座
【性質】変動
【体の部位】右胸
【場所】勉強部屋。図書館。倉庫。
【吉凶】吉凶半々

象意

「つながり」は団体、結社、集合を表すシンボルです。大人数を意味する「人々」との違いは、このシンボルが求心力を意味すること。ただ集まっているのではなく、そこには何らかの目的が存在します。

形状を見ると、砂時計のように中心がくびれ、四方から何かが集まってくるようにも見えます。この形が表すように、「つながり」には、違う物同士を結びつける力があります。強い吸引力によって、異なる人々、異なる考え方、正反対の物事を結びつけ、新しい何かを作り出すのです。当然、恋愛には喜ばしい意味になります。男と女という正反対の存在が結びつくわけですから、電撃的な一目惚れもありえます。恋愛、結婚を示唆するシンボルです。

また、人と人とがすれ違い、出会う交差点を暗示するシンボルでもあります。人生の岐路で、重要な決断をするべき時です。

「つながり」はとにかく結びつける力が強いのですが、意味としては吉凶両方です。当然、イヤな相手とのつながりと断ちたいと思っている時には、吉とはいえません。

また、何かをやめたい、手放したいと思っている時にこのシンボルが出たら、つながりが強すぎて難しいという診断になります。一人静かに過ごしたいと思っても、自分とは考え方の全く違う人から、無理矢理引っ張り出されてしまう可能性があります。ただし確実に吉と言える場合もあります。それは失せ物を探している時と、誰かに会えるかどうかを占う時です。失せ物は見つかり、会いたい人には会えるでしょう。

「つながり」は、二つ以上の何かをつなげようとします。つながって終わりではなく、つながることで、何かを成し遂げようとします。政治結社から趣味のサークルまで、目的のために集まり、絆を結ぶことで、大いなる成果を得ることになるでしょう。これからまさに、何かが完成されていく途中段階です。集まり、形作られていく、動きのあるシンボルです。今、目の前に集中せよ、というメッセージでもあります。

全体運

ある目的に向かって進んでいくことになりそうです。会社やサークルをはじめ、各種団体に属する仲間で、力を合わせて何かを作り上げるのです。異なる意見の持ち主も、一つの目的のために協力して取り組みます。体調も良好、意欲も十分です。

恋愛運

運命的な絆、恋愛成就、結婚を意味します。愛し合う二人は、身も心も結ばれるでしょう。既につき合っているなら、結婚することになるでしょう。どんな困難があっても二人の絆は固く強く深いのです。電撃的な出会いと、一目惚れの可能性も。

金運

金運に関しては特に変化なしです。大きく入ってくることはありませんが、失うこともありません。ただし、損した分は取り戻すことができるでしょう。もともと持っていた以上にはなりませんが、将来のために貯金や積み立てをはじめるのにはよい時です。

対人関係運

同じ目的や主義主張のもとに集まった仲間との絆が深まります。ただ楽しむのでなく、目的を持ってみんなで取り組めば、大きな成果を上げることができるでしょう。利害ある相手とも、協力し合うことができます。交渉事や対話からも得るものがあります。

仕事運・学業運

仕事では、チームで成果を上げられる時です。学業の場合は、まず自分自身の目標をはっきりさせ、目的に叶った塾や学校で学ぶことが大事です。お互いに助け合うことで、一人でがんばるよりも効率よく進めていくことができます。

人物像

細身でとてもスタイルがよく、大きな瞳に鼻筋の通った、ハッとするような美形でしょう。性格は知的で会話が上手く、生まれついての気品を感じさせます。資産家ですが、お金に無頓着《むとんちゃく》な傾向がありますます。恋愛経験が豊富である可能性が高いでしょう。

開運の鍵

交差点。ターミナル駅。高速道路ジャンクション。

占術例

腐れ縁の相手と別れられるかどうかを占って「つながり」が出たら、強い結びつきを表すシンボルですから、別れないでしょう。それが互いのためにプラスかどうかはわかりません。少なくとも今は、まだ別れる時ではありません。

拘束

●
● ●
● ●
●

【ラテン名】カルサー
【キーワード】とらわれ。孤独。
【対応天体】土星
【イエス・ノー】ノー
【エレメント】地
【星座】山羊座
【性質】安定
【体の部位】心臓
【場所】物置。倉庫。屋外なら地面の上。
玄関のそば。
【吉凶】凶

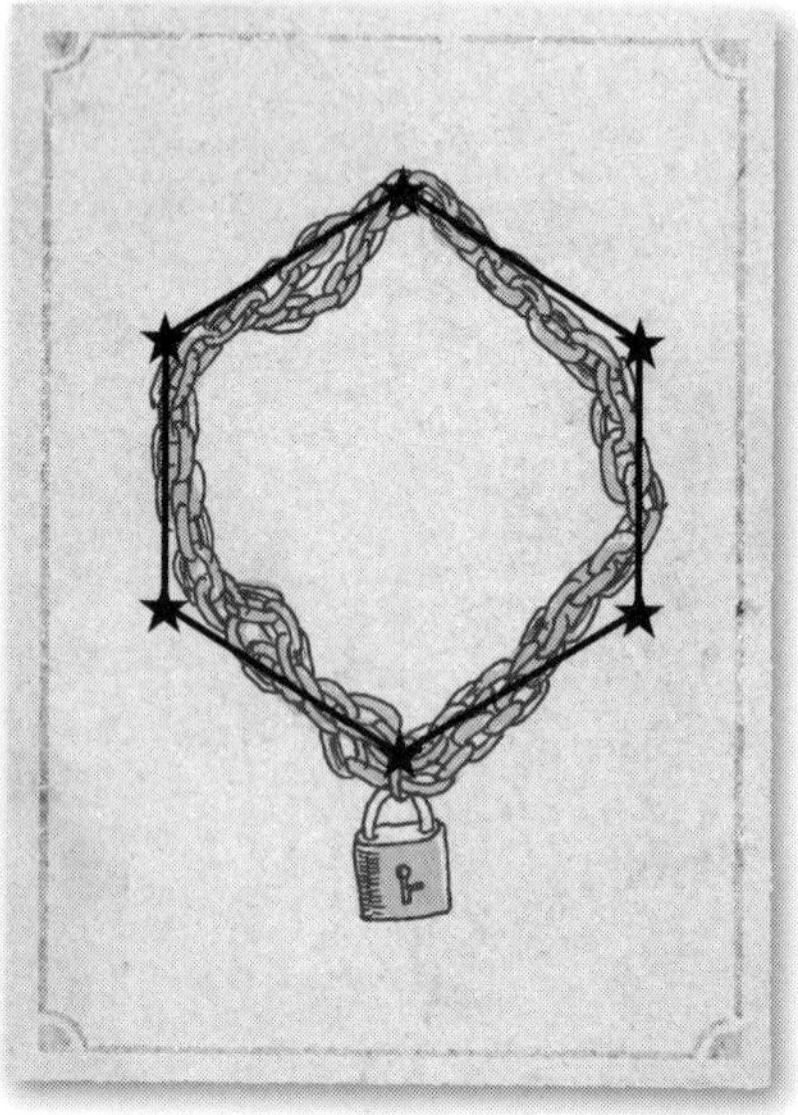

象意

「拘束」は監獄、隔離、孤独を表すシンボルです。

このシンボルを構成するドットを結んでいくと、中心がふくらみ、何かを囲む形になります。囲まれて身動きができない状態、という結果です。「カルサー」というラテン名は監獄という意味で、実際に懲役刑、収監を表すこともありますが、多くは比喩《ひゆ》的な監獄、出たくても出られない状態、閉じ込められて孤独な状態を表します。強いこだわりがあるか、心が何かにとらわれています。

「拘束」が出た時は物理的に動けないことを示す場合と、心理的に押さえつけられている場合とがあります。物理的には、何らかの理由で隔離、幽閉されたり、体調不良で寝込んだり、または入院という可能性も。仕事が忙しすぎて会社と家を往復するだけという場合もあります。心理的には、恐怖や意欲の低下からの引きこもりなどが考えられます。

物事が遅れ、停滞し、中断、中止となる前触れです。事情があって、身動きが取れなくなりそうです。多くの場合、あまりよくない結果を暗示しています。

唯一、よい意味となるのは、セキュリティに関する質問の場合です。大事な物も情報も安全確実にガッチリと守られています。知られては困る秘密も守られるでしょう。

とりあえずは現状維持、と読むこともできます。嬉しい収穫はありませんが、何かが失われることもありません。入る物がない代わり、出る物、なくす物もないわけです。人の動きもないので、出会いも期待できませんが、別れることもないでしょう。

長い時間を掛けて少しずつ取り組むべき物事

に関しては、悪くはありません。安定した堅実な状態ですから、土台は大丈夫ということになるでしょう。

意固地でかたくなな性格を表している場合もあります。心はかっちりと閉ざされ、固い殻に覆われています。異性や友達の気持ちを占って「拘束」が出たら、相手は堅く心を閉ざしています。今すぐに打ち解けてもらうのは難しいでしょう。

なお、欲張るとかえって損をするという警告でもあります。

全体運

停滞運です。物事が進まず、中断、中止になる可能性があります。邪魔が入って、自分の思う通りに動けません。欲張ってはいけない時期です。時が過ぎるのを待ちましょう。体力が低下しているので、人が多い場所には行かない方がよいでしょう。

恋愛運

孤独を表すシンボルなので、新しい出会いは期待できません。動きたくても動けないか、仕事が忙しいなど、恋愛どころではない状態です。しかし、既にパートナーがいる人にとっては吉に作用し、二人の絆が深く強くなります。今、一緒にいる人とは何があっても離れることはありません。浮気した恋人も戻ってきます。

金運

低調です。期待したお金は入らず、増やすこともできません。欲が出て、大きな買物で損をしやすい時です。下手に増やそうとせず、現状維持でよしとするべきでしょう。ただし、貸したお金や、失くしたお金は戻ってきそうです。

対人関係運

孤独な時期です。自分の思うように動けません。仲間はずれにされてしまう可能性があります。あなたの邪魔をしようとしている人がいる可能性があります。相手を特定できても、今は反撃できないでしょう。我慢の時です。

仕事運・学業運

とてつもなく忙しいか、全く暇になるかどちらかでしょう。忙しい場合も、徒労に思える作業が多いので余計に疲れます。缶詰状態で、仕事や学業に取り組むことになる場合も。自主的に缶詰になってがんばるなら相応の成果を上げられます。

人物像

手足が長く、細く筋張った体型。口元が引き締まっているので、いつも怒っているように思われることが多いでしょう。一人でいることが多く、寡黙で頑固です。

開運の鍵

鍵のモチーフ。キーケース。

占術例

会社を辞めたい時に占って「拘束」が出た場合、辞めないよう説得されたり、囲い込まれたりして、辞められなくなりそうです。今は動けない時です。無理矢理動くと、結果的に損をします。チャンスが来るのを待ちましょう。

大吉

【ラテン名】フォーチュナ・メジャー
【キーワード】大吉運。自力運。
【対応天体】太陽
【イエス・ノー】イエス
【エレメント】火
【星座】獅子座
【性質】安定
【体の部位】右大腿部
【場所】森。公的な建物。立ち入り禁止地区。
【吉凶】大吉

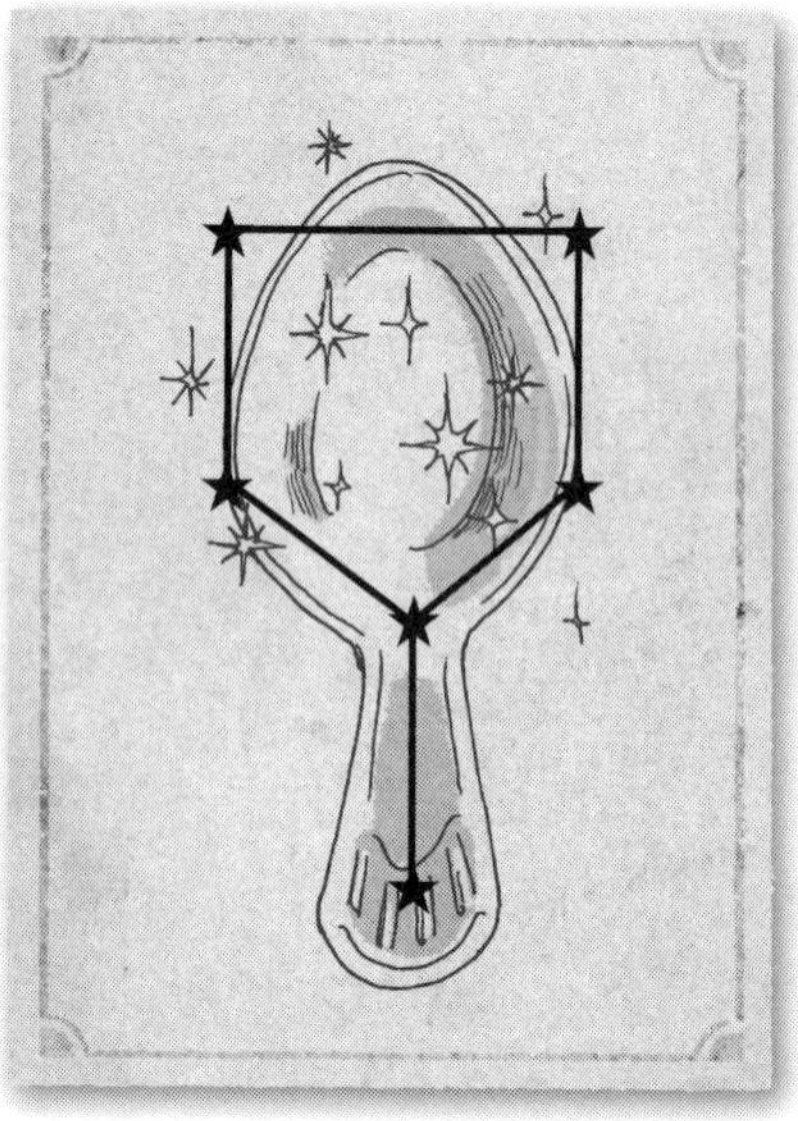

象意

「大吉」は大きな幸運、大きな成功を表すシンボルです。

上2列に重心がある「大吉」は、増加と獲得を表し、全体運、金運、仕事運、恋愛運すべてにおいて、大吉。「フォーチュナ・メジャー」というラテン名も大きな幸運という意味です。

シンボルを構成する4列のドットの1列目（頭）と2列目（喉）が受動性を意味する偶数（‥）。そして、3列目（胴体）と4列目（足）が積極性を意味する奇数（・）です。これは、天からの恵みを受け取り、実際の行動に生かしていくという意味になります。自ら行動することでさらなる幸運が期待できます。天からの恵みは、チャンスという意味でもあり、既に持っている才能、能力が開花するという意味もあります。

他人任せではなく、自分自身で幸せをつかみ取ることを表すシンボルです。新しく始めることはすべて吉。自分の実力プラスアルファの援助によって、得た幸運をしっかりと自分自身のものとすることができるでしょう。喜びは続き、安定した幸せを得ることになります。

力がみなぎり、パワフルに活動できる時です。自分自身のやる気も能力も十分あり、周囲も協力的で応援と賛同を得て、物事が順調に進みます。楽しみながら自然に無理なく大きな成果を得られるでしょう。

困難は解消し、トラブルは速やかに解決します。トラブルのゆくえを占って「大吉」を得たのなら、トラブルこそが糧となります。転んでもただでは起きないしたたかさと強さで、軽々と乗り越えられます。雨降って地固まる結果となるでしょう。

何かに勝ちたい、手に入れたいと思っている人にとっては最高によい状況です。誰かを害したり、排除したりすることなく、最終的にみんなが喜べる勝利となります。

特に大きな夢を持っている人にとっては、最高に嬉しいシンボルです。

ただし、目立ちたくないと思っている人がこの結果を得たら、突然のスポットライトに戸惑ってしまいそう。とはいえ最終的にはすべて自分の思う通りになるでしょう。

全体運

大吉運です。願いは叶い、望み通りになります。喜ばしく嬉しいことがあるでしょう。気力、体力ともに充実しています。周囲の人や偶然にも助けられ、仕事でも私生活でも大きな成果を上げることになるでしょう。あなたが周囲の人を幸せにするのです。

恋愛運

最高の相手と、最高の愛を実感できそうです。恋人募集中の人は、理想通りの相手と出会えそうです。片思いの人は気持ちが通じて両思いになれます。パートナーがいる人は、今まで以上に愛が深まります。とにかく異性にモテる時です。結婚にも吉です。

金運

金運も大吉です。嬉しい臨時収入が期待できそうです。また、仕事で認められて昇進したり、転職で収入アップしたり、これからの金運を底上げしてくれる嬉しい出来事がありそうです。買物では、お得な良品が手に入り、クジ運もついています。

対人関係運

チームワークが素晴らしく、仲間と楽しく過ごせる時です。多くの人が、あなたを助けてくれます。新しい人間関係も広がります。トラブルは解決し、今まで以上に絆が深まるでしょう。多くの人から、注目される時です。

仕事運・学業運

絶好調です。気力も体力も充実し、大きな成果を上げることができるでしょう。テストのような一発勝負にも強い時です。山カンが当たります。また仕事では周りの人に助けられて、素晴らしい成果を残すことになるでしょう。

人物像

身長は普通くらい、やせ形で、大きく輝く目が魅力的な人気者です。きれいな歯並びと笑顔が印象的です。性格は誰にでも親切な正直者。実は、内心には大きな夢を秘めていますが、物腰は穏やかで控えめで礼儀正しいでしょう。

開運の鍵

キラキラと輝くアクセサリー。

占術例

来月の運勢を占って「大吉」が出たら、運勢は絶好調！　素晴らしいことがあるでしょう。せっかくの大吉運を生かすために、新しく何かを始めるか、積極的に行動するとよいでしょう。心に思っていた密かな願いも叶います。

小吉

●
●
● ●
● ●

【ラテン名】フォーチュナ・マイナー
【キーワード】小吉運。他力運。
【天体対応】太陽
【イエス・ノー】イエス
【エレメント】風
【星座】獅子座
【性質】変動
【体の部位】左大腿部
【場所】失せ物は、既に探した所にあるので、
再度注意深く捜すこと。
【吉凶】小吉。

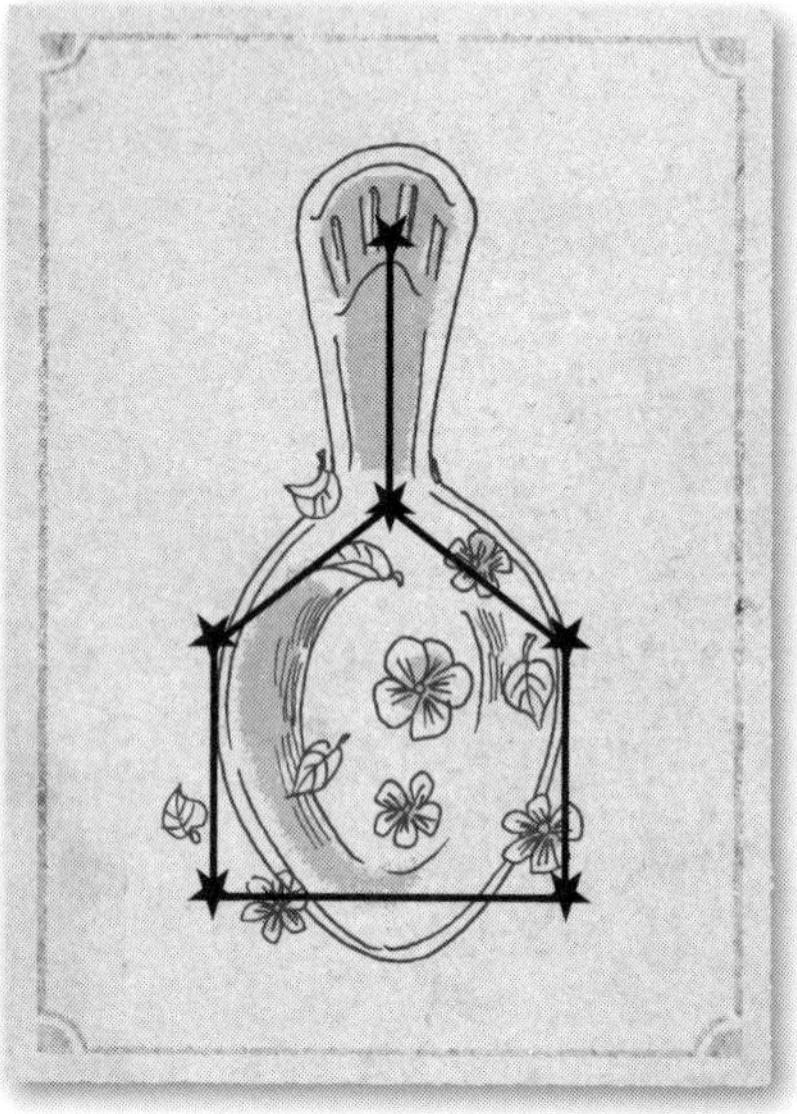

象意

小さな幸運、小さな援助を表すシンボルです。

上2列が奇数（・）で、下2列が偶数（・・）です。大きな幸運を表す「大吉」を上下反対にした構成ですが、意味は反対ではなく、幸運の大きさが違うだけです。ラテン名の「フォーチュナ・マイナー」も小さな幸運という意味です。

下2列に重心があるシンボルは減少を表しますが、「大吉」に比べて小さいというだけで、幸運を得ることには代わりありません。

シンボルを構成する4列のドットの1列目（頭）と2列目（喉）が積極性を表す奇数（・）で、3列目（胴体）と4列目（足）が受動性を示す偶数（・・）です。喜ばしく嬉しい気持ちになっても、実際に得することはあまりないという状態です。ただし考えようによっては逆に、現実がどのような状態であっても、幸福を感じることができる能力があるとも解釈できます。

考え方や見方によって、目の前の現実が変わるのだということを教えてくれるシンボルです。いつもと同じささやかな毎日の中にも幸運を見つけることができる時です。

また「小吉」が示す幸運は、本人の力や能力とは関係なく、他からの援助や状況の変化など、他力によってもたらされるものです。ですから、状況が変われば、せっかく得たものを失ってしまう可能性もあります。そういう意味では不安定で、一時的な幸運です。

もちろん、この幸運を生かして自分のものにできればよいのですが、幸運に甘えて、何もしなければ、状況の変化にともない、いずれ手放すことになってしまいます。

変わりやすい状況を表しています。「小吉」が示す幸運は小さくて、時間的にも短い間なのです。欲しいものがあるなら、急いで手に入れましょう。幸運が続く期間はわずかです。チャンスは逃さずに！

小さな幸運を喜べる寛大さと明るさが大事です。そして、一時の幸運をつかんでしっかりと自分のものとする努力も必要でしょう。

あまり多くを望まない慎ましやかな人にとっては、喜ばしく嬉しいシンボルです。

全体運

ささやかながら嬉しいことがあるでしょう。望みを抱いている人は、それを叶えるチャンスがやってきます。状況は刻々と変わっていきますので、迷わずチャンスをつかみましょう。誠実を心がけることで、他者からの助けが期待できます。健康運好調です。

恋愛運

ちょっとした嬉しい出来事がありそうです。偶然、好きな人と話ができたり、仕事で知り合った人が好みのタイプの人だったり。何もしなければ「よかったね」で終わってしまうような、ささやかな喜びです。次につなげたいのなら、行動しなくてはなりません。

金運

少額ながら臨時収入を得たり、欲しかったものを安く買えたりなど、嬉しいことがあるでしょう。ただし変わりやすい運気です。このままずっと好調というわけではないので、気持ちが大きくなって浪費しすぎないようにしましょう。

対人関係運

楽しく過ごせる時です。トラブルもなく、誰とでも仲良くできます。トラブルの相手とも、しばし休戦。穏やかに対応できそうです。身近な人のありがたみを感じる出来事がありそう。友達が助けてくれたり、力になってくれたりします。困った時は相談を。

仕事運・学業運

順調です。波はありますが、しばらくはよい流れに乗って進めていくことができるでしょう。仲間の援助や、状況の好転、偶然に助けられそうです。実力はまだまだ追いついていないので、周りに感謝して、さらにがんばりましょう。

人物像

がっしりした体型の人。鼻が高く、額は広く髪の量が多いでしょう。精力的に活動するタイプで、義侠心《ぎきょう》のある親分肌です。プライドが高く、曲がったことが嫌いです。正義漢で困っている人を放っておけないところがあるでしょう。

開運の鍵

お守り。

占術例

飲み会で気になる人と親しくなれるか占って、「小吉」が出たら、期待できます。席が近いなど共通の話題で、話がはずむかも。周囲のサポートも期待できます。きっかけを次に生かせるかどうかは、あなた次第です。

獲得

【ラテン名】アクウィシショ
【キーワード】収穫。利益。満たされた杯。
【対応天体】木星
【イエス・ノー】イエス
【エレメント】火
【星座】射手座
【性質】安定
【体の部位】左手
【場所】天井が高く明るい部屋。屋外なら明るく開けた場所。イルミネーションがきれいな場所。
【吉凶】吉

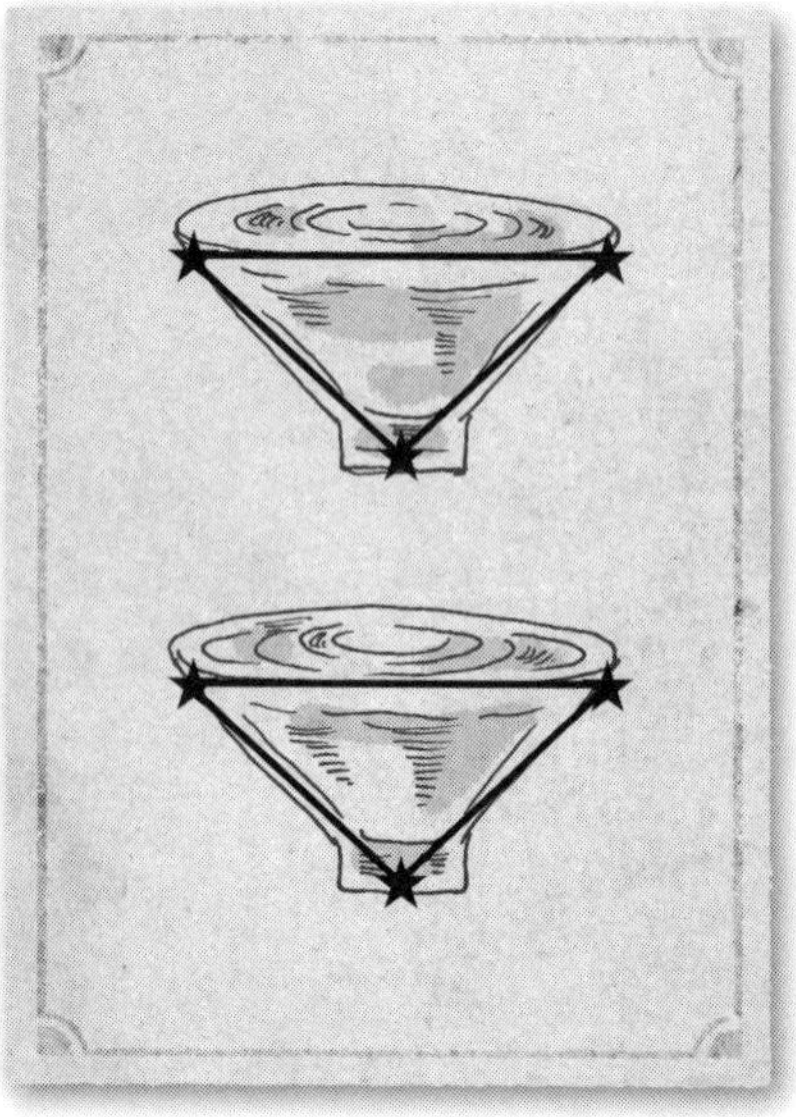

象意

「獲得」は収穫、成功、豊穣を表すシンボルです。交互に並ぶ偶数（⁚）と奇数（・）を線で結ぶと、逆三角形を二つ重ねた形になります。

「獲得」の三角形は、満たされた杯です。杯に満たされた水は、愛情や金銭、幸運を表していま す。実力以上の幸運に助けられて、成功を手に入れることになるでしょう。

恋愛にも仕事にも、あらゆることに吉の意味を持つシンボルです。

豊かさが手に入り、お腹も一杯になります。もちろん物質的な豊かさだけを表すわけではなく、願いが叶い、喜びで満たされ、心から満足できる状態です。

他人がつけた値段や客観的な価値観に関わりなく、自分が今、一番欲しいものが手に入ります。お金、仕事での成功、愛しい人、名声、健康、能力、立場……資格を取得したり、何かを相続したりする場合もあります。

安定の性質を持つシンボルなので、状況が急激に変化することはありません。ゆっくりと待ち望んだ形で望みが叶い、トラブルは最終的に無理のない形で解決します。争いは双方が納得して和解による決着が望めるでしょう。

満たされた杯という象意から、受け入れることを暗示するシンボルでもあります。プロポーズを受ける、提案を受け入れる、吸収、合併も吉です。みんなに祝福され、認められて、この後、長きにわたって喜ばしい結果を得ることができるでしょう。

しかし、ごくたまには獲得と増加を望まない場合もあるでしょう。ダイエットや縁切りを望んでいる場合は、残念ながら難しそうです。ただしその場合、多少ふっくらしている方が、むしろ魅力的であったり、今すぐ無理矢理に縁切りしない方が、結果的に幸せになれたりします。どちらにせよ最終的には満足できる結果となります。

今回はあなたが受け取る番です。そこで得たものを周りに還元していくことも大事です。喜びを分かち合い、利益を分配していくことで、もっと幸せになれます。

全体運

大幸運期です。希望が叶い、望む結果を得ることができるでしょう。どんな方面でも運とツキが味方してくれます。嬉しい偶然がありそうです。心がおおらかに安定していて、よいご縁にもめぐりあいやすい時です。旅行にも吉。

恋愛運

最高の恋の喜びを得ることができるでしょう。片思いの人は大好きな人と両思いになれます。出会いを求める人は、理想の相手と出会うでしょう。プロポーズを待っている人は、欲しかった言葉が得られます。愛し、愛されて心が喜びで満たされます。

金運

好調です。本業の仕事で評価されて昇給したり、特別ボーナスが支給されたりする可能性もあります。臨時収入も期待できそうです。宝クジに当たったり、忘れていた入金が入ったり、思わぬ棚ボタもあり得ます。財テクに関するお得な情報も得られるでしょう。

対人関係運

仲間との絆を深めることができます。大切な人からの、信頼と友情を得ることになります。人間関係を広げていきたいと思っている人には、新しい出会いがあるでしょう。その人は大きな利益とチャンスをもたらしてくれるでしょう。

仕事運・学業運

大きな成功を得ることができるでしょう。仕事での出世、試験の合格など、願いが叶います。大きな夢を持つ人には、実力にプラスして、仲間に恵まれる、山カンが的中するなど、最大限の幸運が味方してくれます。

人物像

小柄で丸顔、日に焼けて健康的な印象です。性格は情熱的で恋多きタイプ。喜怒哀楽が激しく、人生を積極的に楽しもうとします。同時に相手を楽しませたい、みんなを喜ばせたいという気持ちも大きいため、進んで道化を演じるようなところもあります。

開運の鍵

カップ。グラス。

占術例

新しい職場での環境を占って「獲得」が出たら、やりがいのある、金銭的にも満足できるよい職場でしょう。実力以上のポジションを得ることができそうです。特に自分から希望を出さなくても、向こうからよい条件を掲示してもらえるでしょう。

喪失

●
● ●
●
● ●

【ラテン名】アミッショ
【キーワード】損失。放出。空の杯。
【惑星】金星
【イエス・ノー】ノー
【エレメント】地
【星座】牡牛座
【性質】変動
【体の部位】右手
【場所】地下室。ガレージ。倉庫。草原。
【吉凶】凶

象意

「喪失」は損失を表すシンボルです。交互に並ぶ偶数（⁚）と奇数（・）を線で結ぶと、三角形を二つ重ねた形になります。対になる「獲得」と、三角形の向きが反対になっています。

三角形を杯とした場合、「喪失」は口が下に向いているので、水がこぼれてしまいます。杯からこぼれた水は、愛情や金銭を暗示しています。愛を失うか、お金を損するか、何かを失うことになるでしょう。気力、体力も低下しています。

不意の、予期せぬ損失があるかもしれません。納得できずに、不満だけが残ります。

このシンボルが出て、何かを失った場合は、厄払いができたと思った方がよいでしょう。杯が空になるのは、これから先、また一杯に満たすためなのですから。失ったものに未練を持ち続けるより、あきらめて気持ちを切り替えましょう。

なくしたものにこだわっていても益はありません。アラブ世界では、うっかり皿を割ってしまった時は謝ったりしないで「この皿は今日割れる運命にあった」と言うとか。そのくらいの気持ちでいれば、厄介な問題もクリアできます。

「喪失」が出たら、つぎ込んだお金や手間ひまは、戻ってきません。取り戻そうとしてさらにつぎ込むことのないようにしましょう。貸したお金も戻ってこないでしょう。差し上げたと思いましょう。

物をなくしたり、落としたりしやすい時なので、大事な物や高価な物は持ち歩かないという自衛策も必要でしょう。出かけなくてすむならその方がいいのですが、そうもいかないでしょうから、出先で忘れ物をしないよう確認をしっかりしましょう。

ただし、なくす、落とす、という意味で望みが叶う場合もありえます。例えば恋に落ちる、病気や問題、トラブルがなくなる、などです。

ストーカーに悩まされている人や、悪縁を切りたい人にとっては嬉しいシンボルです。また喫煙、ギャンブル、深酒など悪癖をやめたい場合も、望みが叶うことになるでしょう。

全体運

集中力を欠く時です。物をなくしたり落としたりしやすい時期です。自分のせいではないことで、損をするかもしれません。形あるものはいつかなくなっていくのだと、割り切るしかないでしょう。大事なものは持ち歩かないようにしましょう。

恋愛運

片思いの人にとっては恋を失う暗示です。残念ですがもっといい人が現れます。パートナーがいる人は相手の心変わりや浮気が心配です。特に好きな人がいない場合、電撃的な出会いが期待できそう。一目惚れでしょう。妊娠を暗示するシンボルでもあります。

金運

低調です。入るお金は少ないのに、出て行くお金は多いのです。備品や家電が壊れて買い換えなければならなくなったり、サイフを落としたりする可能性もあります。こんな時はいっそ、あらかじめ厄落としの意味で寄付をすれば、運気を変えることができます。

対人関係運

親しい人が離れていく可能性があります。サークルなどでは仲間が去っていくかもしれませんが「去る者は追わず」の姿勢が吉。厄介なトラブルメーカーにまとわりつかれている場合、その人がいなくなって無事に問題が解決することになるでしょう。

仕事運・学業運

上手くいかない時期です。仕事ははかどらず、勉強しても頭に入りません。無理矢理がんばるより、しばらく他のことをして気晴しする方がよさそうです。大事なことを忘れやすい時期なので、メモなどを活用して確認をしっかりしておきましょう。

人物像

中肉中背で、丸顔。魅力的な目をしているでしょう。髪は濃く、豊かです。身体のどこかに傷跡があるかもしれません。性格はよくいえば一途。悪くいえば頑固。惚れっぽい性格でしょう。トラブルに対しては感情的に対応してしまうところがあります。

開運の鍵

不要なものを捨てる。何かを人にあげる。手放す。

占術例

合コンで素敵な出会いがあるかどうか占って「喪失」が出たら？　一目惚れを暗示するシンボルですから、電撃的な出会いがありそう。お洒落をして気合いを入れて出かけましょう。忘れ物をしないように、出かける前にはしっかりチェックを。

喜び

●
●●
●●
●●

【ラテン名】ラエティーシャ
【キーワード】幸せ。健康。笑い。
【対応天体】木星
【イエス・ノー】イエス
【エレメント】水
【星座】魚座
【性質】変動
【体の部位】頭
【場所】バスルーム。屋外なら池や沼。用水路。
【吉凶】吉

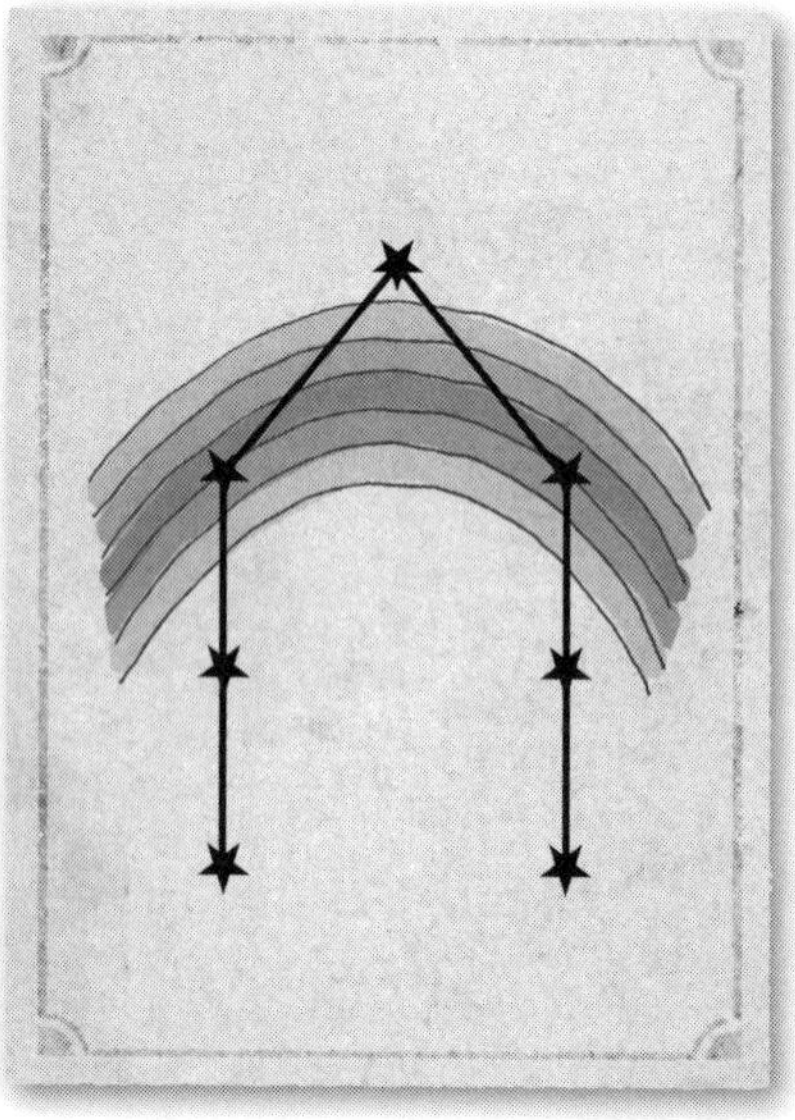

象意

「喜び」は幸せと健康と笑いを表すシンボルです。1列目だけが奇数（・）でその下はすべて偶数（:）。対になる「悲しみ」と、上下が反対です。

下2列に重心があるシンボルは脱落、減少を表しますが、この「喜び」だけは吉相です。

喜び事と、笑い出したくなるくらい嬉しいこと、そして心と体の健やかさを表します。あらゆる状況において、まもなく大きな喜びがやってくるでしょう。

上が尖った形に見えることから、塔や高い山、高層ビルなどを表す場合もあります。

男性のヒゲという意味もあります。喜びをもたらす、豊かなヒゲの人、といえば、サンタクロースでしょう。サンタクロースは、本来はキリスト教の聖人ですが、豊穣《ほうじょう》をもたらす年神や精霊伝承に関わりがあるという説もあります。「喜び」が表すヒゲの人も、喜びと笑いをもたらしてくれる吉神です。

あらゆるシチュエーションで、喜びと成功、幸せを表します。運気は上昇し、よい方向に向かいます。恋愛面では恋の成就を、仕事面では成功と大きな収穫を、金運も好調、身体も心も充実し、満ち足りています。

歌や踊りを表す場合もあります。喜びを得て、歌い踊りたくなるのは自然なこと。心が躍り、スキップしたくなるような、子供のように無邪気で素直な喜びが味わえます。

「喜び」は近い未来の幸せを表すシンボルですから、未来永劫の成功を約束するものではありません。時が過ぎればすべてが変化していきます。

今、この喜びを目一杯味わいましょう。人生への贈り物、と思えるような喜ばしい時が、まもなくやってきます。お腹の底から笑って、喜びを多くの人と分かち合いましょう。

「喜び」が唯一、凶作用をもたらすのは、秘密が保たれるかどうかという質問の場合です。みんなと分かち合う、という意味から、秘密はバレてしまうことになりそうです。その場合も、結果的にはよかったと思えるでしょう。

全体運

大幸運期です。思う通りに物事が進み、思う以上に喜ばしい出来事があるでしょう。体調もよく、ツイています。特に遊びや趣味の方面で嬉しいことがあるでしょう。嬉しいプレゼントも期待できそうです。嬉しいことがあったら周囲に報告しましょう。喜びを分かち合うことで、より運気がアップします。

恋愛運

喜びに包まれるでしょう。告白は成功し両思いになり、恋人募集中の人には、ドキッとするような出会いがありそうです。告白されたり、モテたりと、嬉しい体験ができそうです。カラオケやライブ、コンサートなど、にぎやかで楽しい場所に出会いがあります。

金運

金運好調です。臨時収入がありそうです。お小遣いをもらったり、前から欲しかったものをプレゼントされたりする可能性もあります。お金を使う時は、みんなで楽しめることに使うとよいでしょう。お得なクーポン券なども分かち合えば、より有効に使えます。

対人関係運

友達や仲間と大笑いして、最高に楽しい時を過ごすことができます。イベントや飲み会、食事会はすべて吉。楽しくて面白い人との出会いもありそうです。

仕事運・学業運

上昇運です。実力以上に、運が味方してくれて、大きな成果を得ることができるでしょう。眉間にシワよせてがんばるよりも、楽しみながら取り組む方がよい結果となります。楽しむ工夫をすることでさらによい方向に向かいます。

人物像

背が高く手足が長く大きいでしょう。年齢よりも若く見える顔立ちです。性格は正直で無邪気で純真。ときたま子供っぽいいたずらをしますが、ご愛嬌です。歌や踊りが上手い天性のエンターテイナー。大人から子供までみんなに好かれるタイプでしょう。

開運の鍵

歌。踊り。ヒゲのある人。

占術例

大勢の前で何かを発表する時の結果を占って「喜び」が出たら、楽しさと面白さ、笑いが成功のキーワードになります。堅苦しい説明は抜きにして、取り入れられるなら歌や音楽を入れてみましょう。とにかく楽しく発表すれば、必ず成功するでしょう。

悲しみ

【ラテン名】トリステシャ
【キーワード】不幸。宿命。
【対応天体】土星
【イエス・ノー】ノー
【エレメント】風
【星座】水瓶座
【性質】安定
【体の部位】生殖器
【場所】地下。採石所。河原。岩場。
【吉凶】凶

象意

「悲しみ」は不幸、愚かさ、受難を表すシンボルです。3列目までが偶数（:）で4列目だけが奇数（・）です。「喜び」を上下反対にした形になっています。

上部に重心があるシンボルは加入、増加を表しますが、この「悲しみ」だけは減少、低下を示しています。4列目（足）が不安定なので、バランスが取れずに揺らいでいます。

人生の落とし穴のイメージです。あるいは地面に打ち込まれた杭。十字架を表すこともあります。宿命的な悲しみを帯びたシンボルです。体力、気力も低下しています。期待は外れ、足元が揺らぎ、沈んでいきます。全シンボル中、最も残念なシンボルです。

人生の途上において、解決する方法も、なすすべもなく立ち往生するしかないほどの困難に出会った時にそこから学べるのは、「何もできない」ということです。けれど困難な体験は、私達を強くしてくれます。今は耐えるしかありません。戦っても益はなく、問題が終わるまでじっと忍耐、我慢するのみです。

影がなければ光を認識できないように、悲しみがなければ、喜びを感じることもできません。悲しみがあるからこそ、喜びはより大きくなります。大きな悲しみにうちひしがれた時は、より大きな喜びがいずれやってくる、と考えましょう。

私達は誰しも、「悲しみ」が表す、人生の困難に対して、自分なりの方法で対処する術《すべ》を体得していかねばなりません。それこそが成長の証です。ある意味では経験の浅い若者にとっては辛く苦しいシンボルでも、人生経験を積んだ年配者にとってはそうでもない、ということにもなるでしょう。

年配者の意見に耳を傾けましょう。

「悲しみ」は固く堅固な状態を示すので、建設、建築、防衛に関しては吉です。どちらにしろ、積極的に行動する時期ではなく、守りに徹するべき時です。

特別な意味になりますが、魔術や占いに関しては吉です。占いを学んでいて、上達するかどうか占って「悲しみ」が出たのなら、かなり満足できる結果になるでしょう。

全体運

困難な時です。災難に遭ったとしかいいようのない、理不尽な試練に、耐えなければなりません。逆風ですが、今は忍耐の時です。反撃はせずに、おとなしく待ちましょう。守りを固める時です。人生の先輩の忠告は聞いておくべき時です。

恋愛運

失恋の暗示です。新しい出会いも期待できません。愛し合っているカップルも、やむを得ない事情で離れ離れになる可能性があります。試練を乗り越えることができるかどうか、二人の愛の強さが試されているのです。心を強く持って立ち向かいましょう。

金運

トラブルや災難で想定外の出費がかかりそうです。今は収入増も期待できないので、手持ちのお金で対応するしかありません。詐欺や悪徳商法でお金を失う暗示もあるので、しばらくは特に注意しましょう。大きな買物もできれば控える方がよさそう。

対人関係運

トラブルが発生しそうです。理不尽な出来事に、仲間の心がバラバラになってしまう可能性があります。悪意ある人から攻撃された場合、下手に反撃すると火に油を注ぐことになります。無視すればいずれ収まるので、とにかく時間が過ぎるのを待ちましょう。

仕事運・学業運

困難な時期です。トラブルが発生するか、あまりの難しさに歯が立たずお手上げ状態となりそう。今は手を広げるより、現状維持に徹し、目の前のやるべきことだけをしましょう。3歩進んだなら2歩下がる覚悟をしておきましょう。

人物像

背が高く細身。髪は硬く、垢《あか》抜けない印象です。性格は粗野で自己中心的。何かと根に持ちやすく、執念深いところがあります。

開運の鍵

十字架。魔術。占い。

占術例

社員旅行で楽しく過ごせるか占って「悲しみ」が出たら、旅先で何らかのトラブルが予想されます。事前に常備薬などそれなりの対策をしていきましょう。気持ちの準備ができていれば必要以上に恐れることはありません。困難をクリアすれば自信もつきますし、結果的に仲間同士の結束も高まります。

少女

【ラテン名】プエラ
【キーワード】女性。美。
【対応天体】金星
【イエス・ノー】イエス
【エレメント】風
【星座】天秤座
【性質】安定
【体の部位】右肩
【場所】家の中なら寝室。2階以上の部屋や屋根裏。作業場。屋外なら見晴らしのよい丘。
【吉凶】吉

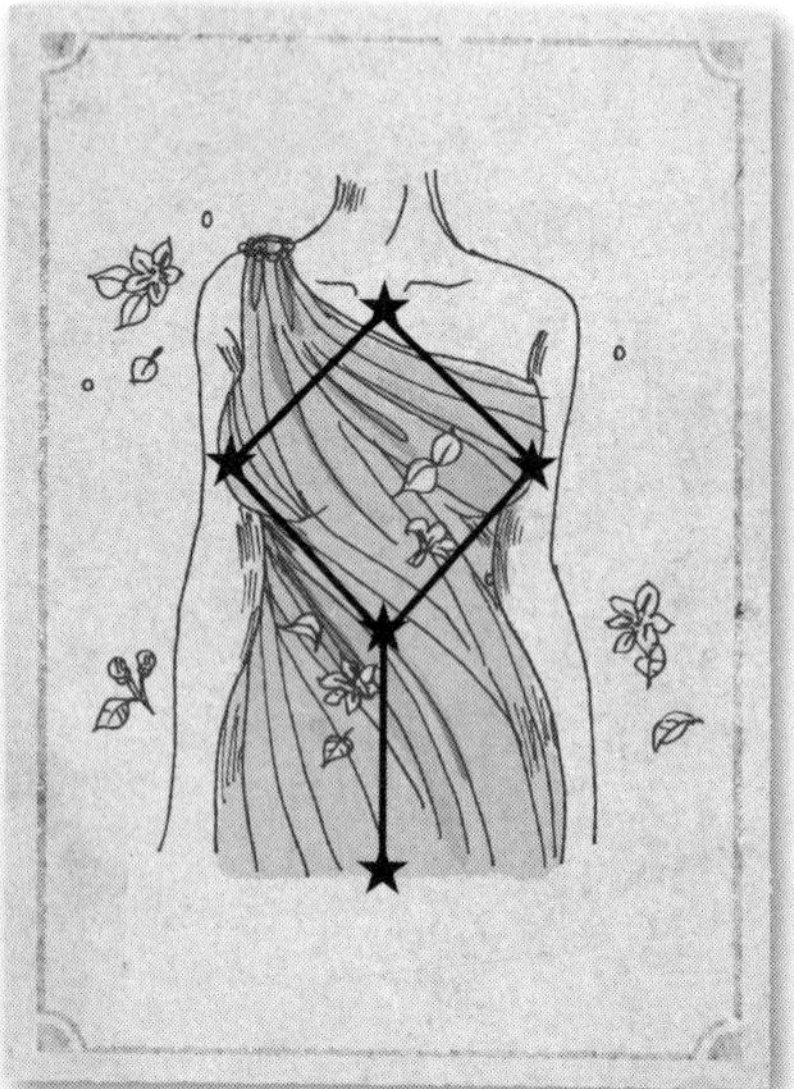

象意

「少女」は女性、喜び、美を表すシンボルです。「プエラ」というラテン名も少女を意味します。２列目（首）が偶数（∴）で、他はすべて奇数（・）です。３列目（胴体）だけが偶数の「少年」を上下反対にした形です。重心が上にある「少女」の形は、豊かな乳房を持つ女性の体のようにも見えます。

嬉しいこと、楽しいこと、喜びごとを表し、美しく華やかな状態を示しています。美味しいものを食べる、可愛いものを愛《め》でる、おしゃべりを楽しむなど、女性にとって身近な喜びが得られるでしょう。一方、男性にとっての喜び……戦いに勝利したり支配したりすることには、全く関係ないシンボルです。勝負を占って「少女」が出たら、勝ち負けにこだわらず試合を楽しむのがいい、という意味になるでしょう。

少女のような、ときめき、夢見る気持ち、感受性の豊かさ、が幸運を呼び込みます。少女は恥ずかしがり屋ですが、ときに大胆できまぐれです。

近いうち嬉しく喜ばしいことがあります。未来を思いわずらうより、目の前にある楽しみを味わいましょう。頭で考えるのではなく、喜びをハートで感じれば幸せになれます。理屈よりも、感情や直観を優先して吉です。美しく可愛らしいものが幸せを運びます。

「少女」は、世界は美しく調和していると教えてくれます。大人にとって価値のないものでも、少女の目線で見れば、小さな欠片にいたるまで美しくきらめいているのです。また、「少女」は、愛すること、人とつながること、友情、人間関係に関してはすべて吉です。「少女」の目的は「愛する人とつながること」だからです。

「少女」は幸運をもたらしてくれるシンボルですが、気まぐれなので、永続的な安泰を約束してくれるわけではありません。進学や就職などこれから先の長い未来に関わる重大事、契約、大きな利害が関わる取引については、気分だけで決定しないよう、くれぐれも注意しましょう。

小さいもの、可愛らしいもの、美しいもの、女性に関わるものが吉です。

全体運

楽しいこと、嬉しいことが多い時期です。友達と楽しく過ごしたり、異性から誘われたりするでしょう。好きな人と一緒にいられる幸せと喜びを実感できます。欲しかったものや探していたものが手に入りそうです。少額の買物にも吉。

恋愛運

恋愛運はバッチリです。好きな人がいない場合、電撃的な一目惚れがあるかもしれません。片思いの人は、好きな人と接近できるチャンスがありそうです。パートナーのいる人はデートで楽しい時間を過ごせるでしょう。旅行に行けば二人の絆が深まります。

金運

嬉しい臨時収入が入りそうです。欲しかったものをプレゼントしてもらえる可能性も。おごられ運もあります。ただし気持ちがおおらかになっているので、つい無駄遣いしがち。支出はしっかり引き締めていきたい時です。投資や不動産購入などは時期尚早です。

対人関係運

好調です。友達や仲間と楽しい時間を過ごせるでしょう。特に女友達との関係が深まるでしょう。友情を深めるポイントは、相手の気持ちに共感して、一緒に喜んだり怒ったり泣いたり笑ったりすること。一気に距離が縮まります。

仕事運・学業運

仕事や勉強が楽しくなりそう。ノルマや成果を気にするより、同僚や仲間と一緒に楽しく取り組む方がよい結果となります。見た目にこだわり、女性的な感性を生かすことがポイント。仕事や勉強用の文具なども、きれいで可愛い物を選べば効率アップが期待できます。

人物像

異性を惹きつける魅力の持ち主です。表情豊かな目が特に魅力的です。背の高さは普通ですが、メリハリのあるボディが人目を惹きます。さらに声に特徴があります。歌が上手く、うっとりするような美声の持ち主であることも。情感豊かで恋多きタイプでしょう。

開運の鍵

可愛いもの。小さいもの。きれいなもの。

占術例

なくしものが見つかるかどうか占って「少女」が出たら、見つかるでしょう。アクセサリーや化粧品など、愛らしくきれいなものならなおさら。思わぬ場所で、ひょっこりと発見されることも。

少年

【ラテン名】プエル
【キーワード】男性。未熟さ。
【対応天体】火星
【イエス・ノー】ノー
【エレメント】火
【星座】牡羊座
【性質】変動
【体の部位】左肩
【場所】家の外。公園。森や山。自然の中。緑の多い場所。
【吉凶】凶

象意

「少年」は男性、未熟さ、青二才を表すシンボルです。「プエル」というラテン名も少年を意味します。３列目（胴体）だけが偶数（:）、他はすべて奇数（・）です。対となる「少女」の上下を反対にした形で、意味の上でも男女の対になっています。

「少年」の形は、屹立《きつりつ》した男根、あるいは上を向けた剣を表しているとされています。

形からもわかるように、戦いと男性性を表すシンボルです。ただし、まだ少年あるいは青年なので、未熟さゆえの愚かさも見られます。不安定ですが、力強い積極性があります。

目的に向かう、ひたむきなエネルギーがあります。チャレンジ精神にあふれ、若さゆえの無謀さから、じっとしていることができないのです。「少年」にとって大事なのは「目的に向かって行動すること」であって、「結果」ではありません。しかし、行動すれば必ず得るものがあります。それは「経験」です。逆にいえば、やる気も才能もある若者に、唯一足りないのは経験ともいえるでしょう。

場合によっては、軽率さからのトラブルが暗示されるシンボルですが、戦いと恋愛に関しては吉です。戦いには勝つでしょう。古来、戦争に有利とされてきたシンボルなので、現代では、競争、試合、コンテストにおいて有利といえるでしょう。欲しいものは戦わなければ手に入りません。当然、恋愛も「少年」が出た場合は、与えられるものではなく、自ら戦って勝ち取るものとなります。

まるで嵐のような事態の急変を表す場合があります。トラブルがこじれて訴訟になる可能性もあります。分別のなさ、未熟さを警告するシンボルでもありますので、よく考えること、そして年長者の意見に耳を傾けることも大事です。

とはいえ、じっと待つ必要はありません。このシンボルが出た時は、勇気を出して、熱い情熱と気合いで、前に進むことが求められています。

少年にとっては、戦うことが、生の喜びなのです。

全体運

変化の多い時期です。トラブルがあったり、敵対する人物が現れたりして、なかなか思うようにいきませんが、くじけずあきらめず前に進んでいきましょう。闘志と、新しい分野への果敢なチャレンジが運勢を切り開きます。

恋愛運

好調です。特にライバルが多い恋、三角関係、邪魔者がいる困難な恋で、勝利を得ることができます。異性にモテます。積極的なアピールが効果的。カップルは、相手への不満が溜まっているようです。要望を主張し、ケンカすることで、むしろ愛が深まるでしょう。

金運

残念ながら支出が多く、貯まらない時期です。つまらないものに散財したり、見栄のために無駄なお金を使ってしまったりしそうです。特に大きな買物をする場合は、年長者の意見を聞いて、慎重に検討するようにした方がよいでしょう。

対人関係運

トラブルの暗示です。仲良しグループの入れ替わり、変動があるかもしれません。問題の原因はお互いの未熟さと、経験不足が大きいでしょう。自分だけで解決しようとせずに、誰かに間に入ってもらう方がよさそうです。

仕事運・学業運

成果が出ない時期です。まだ実力と経験が足りません。謙虚さも必要です。けれど、どうしてもやらなくてはならない立場に追い込まれるかも。失敗も大事な経験となります。もちろん「絶対に勝つ！」という意気込みで取り組みましょう。強力なライバルがいるほど、大きく成長できます。

人物像

骨太のしっかりした体格。男性なら男らしいタイプ。女性なら細身で男勝りなタイプ。性格は積極的でややせっかち。思春期の少年少女のような理想論の持ち主。トラブルに自分から飛び込んでいくようなところがあります。

開運の鍵

アーミーグッズ。

占術例

友達との旅行が楽しいかどうか占って「少年」が出たら、旅先でのトラブルからケンカになる可能性あり。原因はお互いの未熟さ。防ぐためには、「少年」のよい象意を生かして、旅先でスポーツの試合観戦、競技への参加、みんなで行うゲームが効果的。勝負の興奮が、トラブルを吹き飛ばします。

白

【ラテン名】アルブス
【キーワード】公正。純潔。
【対応天体】水星
【イエス・ノー】イエス
【エレメント】風
【星座】双子座
【性質】安定
【体の部位】太陽神経叢《そう》（みぞおち）
【場所】リビングルーム。デスクや戸棚の引き出し。納屋。屋外ならビルなど高い建物。
【吉凶】吉

象意

「白」は、公正、正義、潔白を意味するシンボルです。ラテン名の「アルブス」も白を意味します。合計七つのドットを線で結ぶと、ワイングラスの ような形になります。ワイングラスを伏せたような形の「赤」と対になります。

古来、汚れなき白い色は「善きもの」と結びつけられてきました。「白」も、晴天、知性、聡明、公正、平和など、善なるものを表します。白い色が潔癖さや高潔を示す場合もあり、「白」にも、孤高の正義というニュアンスがあります。学級委員や風紀委員的な、正しいけれどちょっと窮屈な感じといえばわかっていただけるでしょうか。

吉を表すシンボルですが、みんなで楽しくというイメージはありません。せっかくの吉運をより発展させていくには、人に助けてもらう必要がありそうです。自分一人でできることには限界があります。助けてもらうためには譲ることも必要でしょう。

精神修業や悟り、超越意識に関わるシンボルでもあります。神秘体験を示すこともあります。身近な意味としては、「気づき」を表します。

運勢は安定し、よい状態です。力強さはありませんが、明るく静かで穏やかな運気です。多くの場合、知恵と知性が問題を解決する鍵となります。慎重さも求められています。何より誠実であることが大切です。

恋愛面では、貞操、純潔、童貞を表します。片思いか、プラトニックラブ。あるいは恋に恋する恋愛未満の状態でしょう。相手の不貞を占って「白」が出たのなら潔白です。

裁判や財政問題では、喜ばしい結果となるでしょう。混乱は正され、不正はなくなり、清く正しく本来のあるべき姿となります。裁判など、公正な手段での争いには勝ちますが、私闘や私怨による争いは避けるべき。事に立ち向かう時は、冷静になりましょう。

大胆さや力強さが求められる場面では、やや物足りない結果となるでしょう。

全体運

吉運勢です。あるべきものがあるべきところにきちんと収まり、穏やかに進行していきます。精神がクリアに澄み渡り、頭の回転が速くなり、心が穏やかに落ち着いて、とてもよい状態です。どんな問題に対しても正しい判断が下せるはずです。旅行にもよい時です。

恋愛運

片思いの暗示です。好きな人には思いは届きません。今は恋愛よりほかに大事なことがあるのでしょう。相手の身辺を占って「白」が出たのなら、恋人はいない様子。ただし恋愛したい気分でもなさそうです。今は自分を磨き、チャンスを待ちましょう。

金運

吉運です。仕事量に見合った収入を得て、収入と支出のバランスもよく、健全な財政状態となるでしょう。貯金も順調に増えていきます。棚ボタ的な臨時収入は期待できませんが、借金がある場合、スムーズに返済ができそうです。

対人関係運

周りの人に対して、やや距離を置いた状態です。誤解されたり嫌がらせされたりするわけではないのですが、あなたの考えをすべて受け入れてもらうのは難しいかもしれません。けれど助けを求めれば、必ず力になってくれるでしょう。

仕事運・学業運

順調に進む時です。どんなことにも、正攻法で取り組みましょう。得する近道や抜け道はありません。一つひとつクリアしていけば、大きな目標も達成できます。頭を使うべき時です。知恵と工夫が大事です。

人物像

ふっくらとした体格で、丸顔。性格は平和主義で誰にでも親切、愛すべき人物です。シャイですが、友達は多く、長く強い友情を築きます。豊かな家に育ち、お金に対する執着があまりない場合が多いようです。性的に潔癖な性格を表す場合もあります。

開運の鍵

白い小物、服など。

占術例

友達に貸したお金が戻ってくるかどうかを占って「白」が出たら、お金は戻るでしょう。感情的にならず、冷静に、正しい手段で請求しましょう。公正を期すために、記録に残しておくことも大事です。裁判になっても、あなたが正しいと法が証明してくれます。

赤

●●
●
●●
●●

【ラテン名】 ルベウス
【キーワード】 血。熱情。闘争心。
【対応天体】 火星
【イエス・ノー】 ノー
【エレメント】 水
【星座】 蠍座
【性質】 変動
【体の部位】 のど
【場所】 キッチン。庭。畑。果樹園。
【吉凶】 凶

象意

「赤」は、血や戦い、怒りや衝動を表すシンボルです。ラテン名の「ルベウス」には「赤みがかった」という意味があります。2列目だけが奇数（・）、残りは偶数（:）で、「白」と対になっています。「赤」のドットを線で結ぶと、逆さにしたワイングラスによく似た形になります。こぼれた赤ワインは血のシミのように見えるかもしれません。

血の色であり、興奮を呼び起こす赤は、古来、戦いと結びつけられてきました。「赤」も闘争心、情動、不道徳、破壊など、衝動的な感情と行動を表します。

争いや不和などの結果となることが多いため通常は凶とされますが、その一方で、衝動や熱情は人生を変える大きな原動力ともなりえます。犠牲を払ってでも大きな何かを成し遂げたい人には、力強いシンボルといえるでしょう。

古典的なテキストでは「赤」は「出血していたら吉」とされています。敵との戦いで出血したら……という文字通りの意味だったのでしょうが、現代では考えにくいシチュエーションです。象徴的な意味で、血を流すほどの「犠牲を払う覚悟があるなら吉」と読みます。

また、女性占い師が月経中に「赤」を得た場合、文字通り出血しているので吉という結果となります。たまたまケガしている時にも吉、と読んでもよいでしょう。

中世のテキストでは、「すべての悪事に吉」とも書かれています。こちらも現代では通用しがたい解釈ですが、優等生的な「白」と反対に、「赤」には、ときに悪と見なされるような行動をしてでも、自分の願いや思いを遂げる力強さがあることは事実です。

その一例として、不倫や横恋慕などの認められない恋を応援する意味合いがあります。運命とは人間が決めた法律上の善悪とは関わり合いのないところにあるものなのでしょう。善いことには凶、悪いことには吉と、まさに人生の不条理を表すようなシンボルです。

不和、争い、闘争を意味しますが、今まさに不和と闘争の最中にある人にとっては、自分に利があり、勝利をつかむことを示しています。

全体運

争いと不和が起きる暗示。あなたの邪魔をする敵が現れる可能性があります。その場合、戦いは避けられません。弱気にならずに、勇気を持って戦うべき時です。犠牲を払ってでも進む決意があるなら、勝利をつかむことになるでしょう。正攻法でない方法も検討の余地あり。また、盗難、ケンカや怪我《けが》などのトラブルにも注意が必要な時です。

恋愛運

ライバルが出現するかもしれません。カップルの人も、元彼氏、元彼女が出てきたり、三角関係になったりと、困難な状況が予想されます。恋人募集中の人は、出会ったばかりの人と深い関係になってしまうかも。どうやら相手は遊び慣れた人のようです。

金運

出入りが大きい、動きが激しい状況です。大金が入っても、予想外の大きな出費があって落ち着きません。また、つまらないことに大金をつぎ込んで後悔してしまいそうです。大きな金額を動かす前に誰かに相談した方がよさそうです。

対人関係運

仲たがいしがちな時です。お互いに感情的になってケンカになりやすいのです。とはいえ、気持ちを溜め込んで我慢ばかりするのもよくありません。言うべきことは言い、主張するべきところは主張を。対等な友達でいたいなら対等なケンカも必要でしょう。

仕事運・学業運

困難が予想されますが、それなりの犠牲を払う覚悟があるなら、相当の成果を上げることも可能です。そのためには一筋縄ではいかない、という覚悟と、どうしても達成したいという情熱が必要でしょう。目標への真剣さと気合いが試されています。

人物像

赤ら顔、または髪が赤みがかっているかもしれません。性格は短気で怒りっぽいのですが、エネルギッシュで行動的、困難をものともしない、しぶとさと力強さがあります。

開運の鍵

赤い小物、服など。

占術例

新しく仲間入りする男性の人物像を占って「赤」が出たら、エネルギッシュですが、短気で怒りっぽいタイプ。和やかな集団では浮いてしまいそうですが、ノルマ達成に燃える職場なら、彼の登場がよい刺激となります。ただし女性関係が派手な様子。その点は注意を。

竜の頭

【ラテン名】カプト・ドラコニス
【キーワード】始まり。入場。
【対応天体】ドラゴンヘッド
【イエス・ノー】イエス
【エレメント】地
【星座】ドラゴンヘッド
【性質】安定
【体の部位】左足
【場所】今いる場所（失せ物は身近な所で見つかる）
【吉凶】吉凶混合。始まりには吉。

象意

「竜の頭」は、「ドラゴンヘッド」と呼ばれる月の昇交点（ノースノード）のことです。ラテン名の「カプト・ドラコニス」もドラゴンヘッドを意味します。交点とは、天空上で日食や月食が起きる地点のことで、昇交点＝「竜の頭」と、降交点＝「竜の尾」がちょうど１８０度の位置にあり、対になっています。古来、この二つは、重要な占星術的ポイントとされてきました。アラブ文化圏にも太陽や月が竜に飲み込まれるという神話があります。「竜の頭」が「始まり」を表し、「竜の尾」が「終わり」を表します。

１列目（頭）が偶数（：）で、他はすべて奇数（・）の「竜の頭」の形は、物事の始まりのダイナミックな動きを表し、大きく口を開けて上昇していく竜にも見えます。

象意は、「新しい世界の扉が開く」。入場、入学、入社、新しいステージの扉が開きます。期待と緊張に胸が高鳴り、やる気に満ちています。気持ちがはやるあまり、良いことも悪いこともやりすぎてしまう傾向があるので、運勢的には吉凶混合と見ます。

吉凶いずれにせよ、物事を大きく動かす力を持つ、パワフルなシンボルです。何か望みがある人、目標を持つ人にとっては嬉しい結果となるでしょう。特に今から新しく何かを始めるのには、とてもよい時です。結婚、引越し、独立、開業などに好適。平坦《へいたん》な道ではありませんが、大きくステップアップできる時です。

リーダーとして、前例のない課題に取り組むことになる場合もあるでしょう。初めての分野なら、多少の強引さも必要です。もちろん、自分が率先して行動するのが一番大事です。期待に応えて、素晴らしい成果を残すでしょう。体調は万全、気力も充実しています。ただし、焦りは禁物。しっかりと準備を整えて取り組みましょう。

正当な報酬が得られるという意味もあり、正義を掲げて戦う者、主張する者は望む成果を得られるでしょう。逆にいえば、不正や単なる幸運による棚ボタ的な幸運は期待できないということになります。

全体運

波乱運。運勢は上昇気流に乗っていますが、トラブルも起きやすい時です。良いことも悪いことも極端になりやすい時です。目立つ杭が打たれやすいのは覚悟して。戦って前に進もうとするなら、勝利を得られます。大きな栄誉を得られる可能性があります。

恋愛運

告白は成功しそうです。ただし、ライバルと戦うことになる可能性あり。恋人募集中の人は新しい出会いが期待できます。運命的な相手とのドラマチックな出会い、一目惚れがあるかも。長くつき合っているカップルはマンネリ気味でケンカしやすい時です。

金運

入るお金も多いのですが、出るお金も多い時です。投資話はハイリスク・ハイリターンを覚悟しましょう。将来への投資なら思い切って使うのが吉です。不動産購入にもよい時です。仕事面では、しっかりがんばった分だけ、順調に報酬が上がっていきます。

対人関係運

新しい人間関係が広がる時です。先生と呼べる人物や、師匠と仰ぐ人物との出会いがありそう。自分から積極的に関わっていくことで大きな収穫があります。また、人間関係の入れ替わりがあるかもしれません。その場合は、来る者は拒まず、去る者は追わずでいるのがよいでしょう。

仕事運・学業運

大きく成長できる時です。新しいジャンルや高い目標へチャレンジするべき。目標は高いほどよいのです。ただしその分、がむしゃらにがんばること。ステップアップのために講習に通い始めたり、塾に行き始めるのも吉。新しい環境が能力を伸ばします。

人物像

信頼できる人。優しさと強さを同時に持つ人。やや痩せ形で、魅力ある、特徴のある顔立ちをしていることが多いでしょう。豊かな髪が印象的です。

開運の鍵

新しい体験。新しい環境。新しく知り合った人。

占術例

入学試験の結果を占って「竜の頭」が出たら？入場を意味しますから、もちろん、合格できます。入社試験や資格試験もクリアできそうです。楽々……というわけにはいきませんが、「全力でがんばれば、あなたのために扉は開く」のです。

竜の尾

【ラテン名】カウダ・ドラコニス
【キーワード】終わり。退出。
【対応天体】ドラゴンテイル
【イエス・ノー】ノー
【エレメント】火
【星座】ドラゴンテイル
【性質】変動
【体の部位】右足
【場所】なし（失せ物は見つからない）
【吉凶】吉でも凶でもないが、終了には吉。

象意

「竜の尾」は、「ドラゴンテイル」と呼ばれる、月の降交点（サウスノード）のことです。ラテン名の「カウダ・ドラコニス」もドラゴンテイルを意味します。交点とは、天空上で日食や月食が起きる地点のことで、昇交点＝「竜の頭」と、降交点＝「竜の尾」がちょうど180度の位置にあり、対になっています。古来、この二つは、重要な占星術的ポイントとされてきました。アラブ文化圏にも太陽や月が竜に飲み込まれるという神話があります。「竜の尾」が「終わり」を表し、「竜の頭」が「始まり」を表します。

4列目（足）だけが偶数（⁚）で、他はすべて奇数（・）の「竜の尾」の形は、地上に降りていく竜にも見えます。物事が終わり、閉じていく様を表しているシンボルです。

「竜の尾」の意味は、物事の「完成と終了」です。このシンボル自体には吉凶はありません。卒業、終了、定年など、あらかじめ定められた終わりの時であれば、満足して迎えることができますが、途絶によって終わる場合、混乱と失望を伴います。

今のままの状態を続けたいと思っている人にとっては失意のシンボルとなります。運命は終わりを迎えています。気持ちを切り替えなければなりません。現実を受け入れ、次のステップへと進む時です。終わらせなければ、次へと進むこともできません。

凶は吉、吉は凶、というのが「竜の尾」からのメッセージです。終わりは始まりであり、始まりは終わりです。気持ちを大きく持ち、来るべき終わりを受け入れましょう。寛容であることが、事態を乗り越える一番よい方法です。

トラブルは解決し、争いも終わります。何かを終了させるにはよい時です。今が運命の切り替え点なのです。過去にこだわりすぎるのはよくありません。

もし、今、何かをなくしたり、大切なものを手放さなければならないような出来事が起こったら、それはそうなるべくしてなったのです。手放すことで、代わりにもっと大きなものを得ることになるでしょう。

全体運

何かが終わりを迎えます。元の状態を取り戻すことは難しいでしょう。現実を受け入れて、次のステップへと進むべき時です。特に思い当たることがない場合、不要品を処分することで、停滞運を一新できます。また盗難に注意したい時です。

恋愛運

失恋、離婚、別れの暗示です。別れないとしても、今のつき合い方ではなく、新たな関係性を築くことになるでしょう。片思いが終了して両思いとなる、という可能性もあります。どちらにしろ、何かが終わり、新しい何かが始まります。

金運

金運はピンチです。想定外の大きな出費があるかもしれません。貸したお金や投資したお金は回収できないでしょう。厄落としに使ったと思うしかありません。初めから何も持っていない人には、援助の手が差し伸べられるでしょう。

対人関係運

去っていく人がいそうですが、去る者は追わずという姿勢が正解です。卒業、引越し、転勤などで、人間関係が入れ替わる可能性があります。今までトラブルに悩んでいた場合は、トラブルが終息に向かい、無事に解決を見るでしょう。

仕事運・学業運

一つのステップが終わります。または、今のやり方ではなく、他の方法に変えてみるべきです。仕事でも学業でも一つの終わりは次の始まりにつながっています。気持ちを切り替えて、次に進むべき時です。

人物像

背が高く猫背で、やせ形。面長で鼻筋が通っています。偏った性格で、育ってきた環境に問題がある場合も少なくありません。特定の分野に才能を持つ場合があり、特殊なジャンルで開花する可能性があります。常識にとらわれない恋愛観の持ち主でしょう。

開運の鍵

許すこと。

占術例

何かに入賞できるかどうかを占って、「竜の尾」が出たら、その人自身が本気で「出品（出場）しよう」と思っていない可能性があります。本人が本気で考えていない場合や、本人にとって意味がない質問など、占う意味がない場合に、「竜の尾」が出ることがあります。

3 シンボルを対で覚える

本章で紹介した基本の16のジオマンシーシンボルは、形も意味も、二つずつ対になっています。それぞれ対のシンボルを並べて見比べることで、それぞれの意味をより深く、直観的に自分のものとすることができるのです。

以下に、対となるシンボル8組を、解説していきます。

【人々】と【道】～多いと少ない～

人々

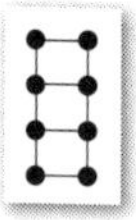

道

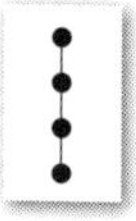

シンボルを形作るドットが、最も多い「人々」と、最も少ない「道」の一対です。

「人々」は、すべてが受動的な偶数、つまり受け身の極みであり、反対にすべてが能動的な奇数でできた積極性の極みが「道」です。

まずは多いと少ないという基本の意味から、大きいと小さい、広いと狭い、多数派と少数派、大勢の烏合の衆と一部の過激派……と、対称的なイメージを広げていきます。

【つながり】と【拘束】～広がると閉じこめる～

つながり

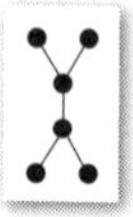

拘束

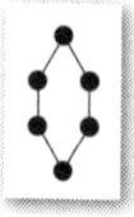

中心から四方に伸びて広がる「つながり」の形と、輪の中に閉じこめる「拘束」の一対です。「つながり」は、人間関係や物や情報が広がっていくのと同時に、集まってきます。

一方の「拘束」は固まったまま動きません。「つながり」を、リンクしながら広まっていくネットやウェブにたとえるなら、「拘束」は手錠でつながれような、切っても切れないごく近いリアルな関係です。

【大吉】と【小吉】
～天上の幸せと地上の幸せ～

大吉

小吉
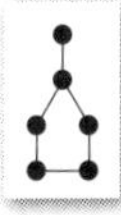

「大吉」を上下反転させると、「小吉」になります。ドットをつないだ形は、スプーンのようにも見えます。銀のスプーンが幸せを運ぶという言い伝えがあります。

「大吉」のスプーンは、天上に向かって「運」や「ツキ」をたっぷりとすくいます。「小吉」のスプーンは地上を向いて、身近にある日常的な幸せをささやかにすくいます。対のどちらも幸せになれる組み合わせです。

【獲得】と【喪失】～入れると出す～

ドットをつないだ形は三角が二つ。三角は杯の形です。愛やお金や喜びで満たされた二つの杯が「獲得」で、伏せた杯から中身がすべてこぼれてしまっているのが「喪失」です。

獲得
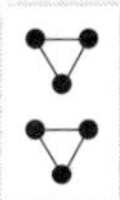
喪失
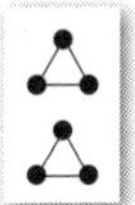

「獲得」は外から何かを取り入れ、受け入れて自分のものとします。「喪失」は自分の中から、取り出して、外に放って、手放します。入れるも出すもどちらも、生きていくのに大事な働きなのです。

【喜び】と【悲しみ】
～空へ向かう矢印と宿命の杭～

ドットを結ぶと上を向いた矢印になる「喜び」と、下を向いた矢印形の「悲しみ」は、上下反転の一対です。「喜び」は天真爛漫《てんしんらんまん》な笑い声と、喜びの歌が天に届くようにと、空へ向かう矢印の形。「悲しみ」は宿命の痛みを象徴する、地面に

喜び
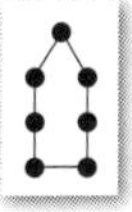
悲しみ
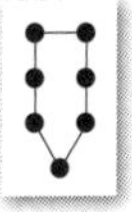

鋭くつきささる杭の形。禍福《かふく》はあざなえる縄のごとし。
「喜び」と「悲しみ」も、反転しながら、巡り続けるのです。

【少女】と【少年】～女と男～

少女
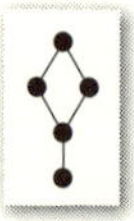

少年
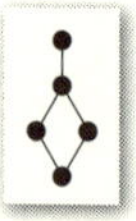

男女という二つの性の力を、上下反転の形で表した組み合わせです。どちらも、形から連想できるようになっています。「少女」は二つの乳房を持つ体の形。「少年」は屹立した男性自身の形。
すべての人は、自らの中に、女性性と男性性の両方を持っています。まだ未熟な「少女」と「少年」は、お互いの長所を生かし、助け合うことを学んで成長していくのです。

【白】と【赤】～善と悪～

白
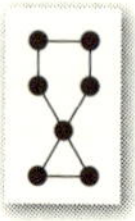

赤
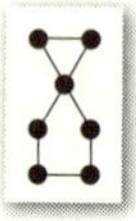

白と黒ではなく、白と赤です。清らかな白と血の赤、冷静な白と炎のように燃える赤、天使の白い羽と、悪魔の牙が覗《のぞ》く真っ赤な口。
シンボルの形をワイングラスとすれば、透明な聖水を満たした「白」は正しく置かれた形で、「赤」は倒れて血のようなワインがこぼれた、上下反転の一対です。正義は反対から見れば悪であり、悪の逆は正義なのかもしれません。

【竜の頭】と【竜の尾】～始まりと終わり～

竜の頭
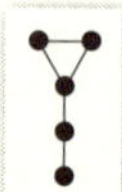

竜の尾
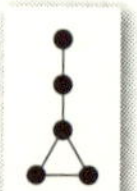

物事の始まりと終わりを表す、上下反転の一対です。偶数の二つのドット部分を竜の頭とします。頭を上に、勢いよく天に昇っていくのが「竜の

頭」で、頭を下に真っ逆さまに落ちていくのが「竜の尾」です。

始まりは引力に逆らい、終わりは力を失って落ちていきます。始まったものはいつか終わり、終わりはまた新しい何かの始まりとなって、永遠に繰り返すのです。

どの方法が一番当たる？

ジオマンシーは、ペンと紙の他に、さざれ石やダイス、アプリなど、いろいろなものを使って占うことができます。それぞれに利点があり、好みもありますから、時と場合によって使い分けて、自分に合っている方法を選ぶのがよいと思います。

私自身は、普段はすぐに占える「アプリ」、イベントなどにはきれいな「さざれ石」、そして、重要な問題には「ペンと紙」と使い分けています。

重要な問題でペンと紙を使うのは、この方法が、個人的に一番当たると感じているからです。

ジオマンシーの、ペンで点々を打つという占い方法は、他にない独特な手法です。

手は目に見える脳といわれることがあります。手相や指紋、手のツボは本人の現在過去未来を表し、手で書く文字には、そのときどきの心理状態と個性が現れ、筆跡鑑定は法的な証拠にもなります。緊張すれば手の平に汗をかき、手指が震えるなど、精神状態は常に手とダイレクトに連動しています。

第六感として脳がキャッチした情報も、映像や言葉として意識されるより先に、手指の微細な動きとして現れるのではないでしょうか。

電話中や考え事をしている時など、無意識に、手もとの紙に意味のない線や点々を描いていることがあります。無意味な点々の羅列は、そのままでは単なる落書きですが、もしかしたらそこには、本人も気づいていない深層心理や未来からのメッセージが記されているのかもしれません。

無意識がダイレクトに出力されているからなのでしょうが、「ペンと紙」を使って占う場合、わかりやすく納得できる結果となります。

それが、私がジオマンシーという占いにはまった一番の理由でもあります。

第4章

シールドチャートで運勢を読む

1 シールドチャートとは何か

この章では、四つのシンボルをベースにして、合計15のシンボルを駆使しながら、複雑な状況を読み解いていく方法を紹介します。いうならば上級編に相当するもので、ジオマンシーの醍醐味《だいごみ》は、ここにあるといってもよいでしょう。

ここまでの章で紹介した、一つのシンボルで占う方法でも、十分、ジオマンシーの楽しさ面白さ、そして何より「当たる!」と実感していただけたことと思います。特に「告白は成功する?」「昇給できる?」などの、イエス・ノーで答えが出る質問には、一つのシンボルで占うのがシンプルでわかりやすいので、おすすめです。

けれど、もっと複雑な問題を占いたい時……例えば、「友達の恋人を好きになってしまった」「給料ダウンしてもスキルアップのための転職をすべきか?」「嫌がらせを受けているがどうすればいいかわからない」など、単純なイエス・ノーの答ではなく、もっと詳しく自分と相手や周りの状況と問題の本質、未来のゆくえを知りたいという時に、シールドチャートでの占いが役立ちます。

シールドチャートとは、15のシンボルを配置した図のことです。全体の形が盾(シールド)に似ているところから、こう呼ばれます。

シールドチャートを使う占い方は、アラブ文化圏に起源を持つ伝統的な方法で、ジオマンシーならではの神秘的な世界観に基づいています。質問者の問いに対して、見えざる世界から裁判官と二人の証人が召喚され、裁判を開くという形式になっているのです。

例えば、「友達の恋人を好きになってしまった」というあなたのために、裁判官、あなた側の証人、相手側の証人の3人が、問題解決のための審議をします。

あなたの証人のシンボルは、友達の恋人を好きになってしまったあなたを擁護し、友達側の証人のシンボルは逆にあなたを糾弾するかもしれません。それぞれの主張を吟味しながら、運命の裁判が展開していきます。そして、最後に裁判官が審判を下すのです。そこには一つのシンボルだけで読み解くジオマンシーとはまた違う、奥深い世界が広がっています。

裁判官と、その左右に立つ二人の証人……この組み合わせは、全部で128パターンとなり、答えのバラエティもぐっと広がります。

シールドチャートの作成方法は、簡単です。最初に四つのシンボル（4人の母）を出したら、残りのマス目を、ルールに従って埋めていくことで、新たなシンボルを導き出します。

では、あなたの問題解決のための裁判の登場人物を、ペンと紙と計算によって紙上の法廷に召喚することにいたしましょう。

2 シールドチャートの作り方

用意するもの

◎四つのシンボルを出すために必要なもの

筆記用具と紙を4枚。あるいは、さざれ石、ダイス、アプリなど。注意事項などは第2章と同じです。

◎シールドチャートを作るために必要なもの

シールドチャート記入用紙。巻末の436ページをコピーするか、はがき大程度の紙を1枚用意し、以下のように区切って使ってください。

シールドチャート

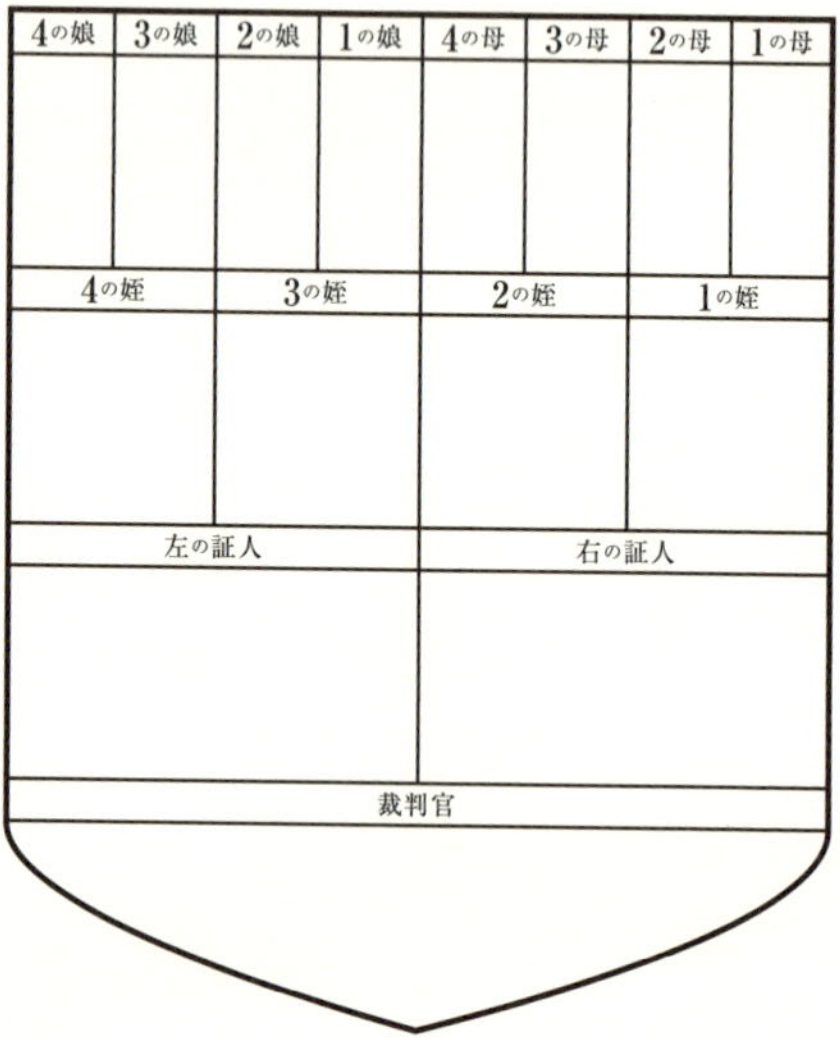

ステップ1　「4人の母」を求める

第2章の「シンボルの出し方」と同じやり方で、シンボルを四つ出します。

筆記用具と紙を使う場合、あらかじめ用意した4枚の紙の隅に、1〜4と数字を書いておきます。まず1枚目の紙に、点々を4列、打ちます。同様に2〜4枚目にも4列ずつ点々を打ちます。すべての点を打ち終わってから、各列が偶数か奇数か、調べます。

4枚の紙で、合計四つのシンボルを求めます。1枚目の紙から順に「1の母」「2の母」「3の母」「4の母」とします。

さざれ石やダイスや、アプリを使う場合も同様に、四つのシンボルを出します。

これをシールドチャートの該当欄に書き入れます。なお、この第2章の「シンボルの出し方」と同じやり方を用いるのは「4人の母」だけです。

ここでは、1の母が「·:·:」(喪失)、2の母が「::·:」(白)、3の母が「:··:」(つながり)、4の母が「··:·」(少年)となった場合を例にとって、図解を進めていきます。

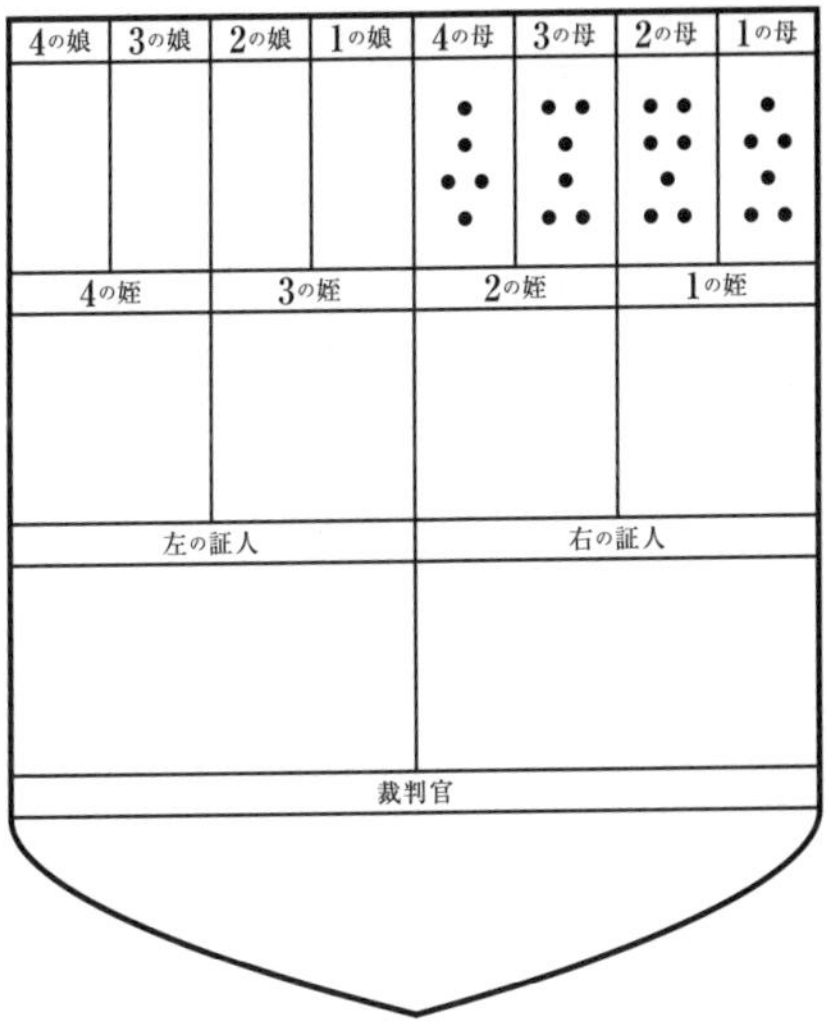

4人の母を求める

ステップ2　「4人の母」から「4人の娘」を求める

4人の母の1列目のドットから、「1の娘」を求めます。1～4の母から順に1列目のドットだけを取り出し、上から並べて「1の娘」とします（次ページ参照）。

同様に4人の母の2列目のドットを、1の母から順に並べて「2の娘」とします。

同様に4人の母の3列目のドットを、1の母から順に並べて「3の娘」とします。

同様に4人の母の4列目のドットを、1の母から順に並べて「4の娘」とします。

先に挙げた例の場合、1の母の1列目のドット（・）、2の母の1列目のドット（：）、3の母の1列目のドット（：）、4の母の1列目のドット（・）を取り出し、上から順に並べて、1の娘「・：：・」（拘束）とします。

同様に1～4の母の2列目のドットを取り出し、上から順に並べて2の娘「：：・・」（大吉）とします。

同様に1～4の母の3列目のドットを取り出し、上から順に並べて3の娘「・・・：」（竜の尾）とします。

同様に1～4の母の4列目のドットを取り出し、上から順に並べて4の娘「：：：・」（悲しみ）とします。

シールドチャートの該当欄に各娘のシンボルを書き入れます。

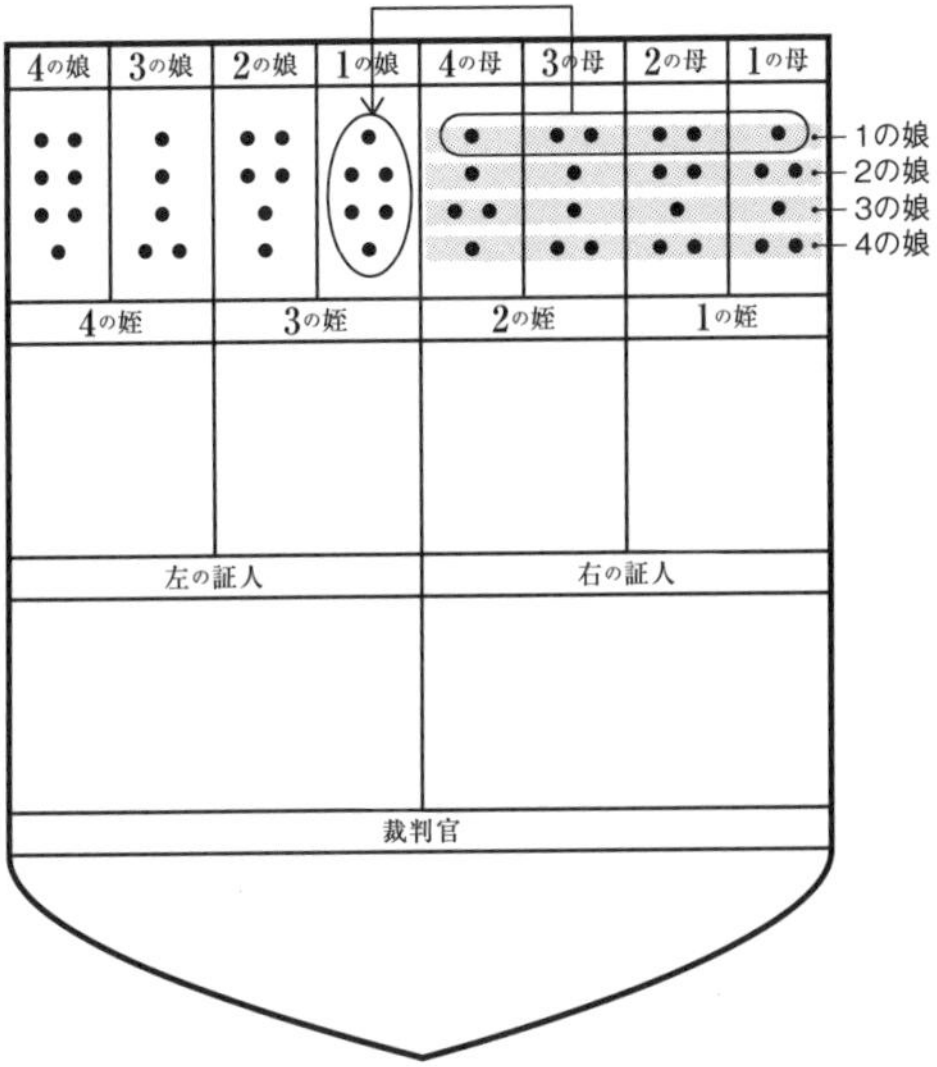

4人の母から4人の娘を求める

ステップ3　「4人の母」と「4人の娘」から「4人の姪」を求める

隣り合う1の母と2の母の、各列のドットをそれぞれ足します。各列の合計が、偶数か奇数か調べて、「1の姪」を求めます。

先に挙げた例の場合を見てみましょう。

1の母「・：・：」（喪失）

＋＋＋＋（各列のドットを足す）

2の母「：：・：」（白）

＝＝＝＝

「3424」（各列のドットの合計数）

「奇偶偶偶」

各列のドットの合計は、1列目から順に、3（奇数）、4（偶数）、2（偶数）、4（偶数）です。

偶数と奇数のドットを上から順に並べた「・：：：」（喜び）が、「1の姪」になります。

同様に隣り合う3の母と4の母の各列のドットを足して、「2の姪」を求めます。
同様に隣り合う1の娘と2の娘の各列のドットを足して、「3の姪」を求めます。
同様に隣り合う3の娘と4の娘の各列のドットを足して、「4の姪」を求めます。
例では、3の母と4の母の各列を足すと、2の姪「・⁚・・」（少女）になります。
次に1の娘と2の娘の各列を足すと、3の姪「・⁚・⁚」（喪失）になります。
最後に3の娘と4の娘の各列を足すと、4の姪「・・・・」（道）になります。
シールドチャートの該当欄に各姪のシンボルを書き入れます。

4人の母と4人の娘から4人の姪を求める

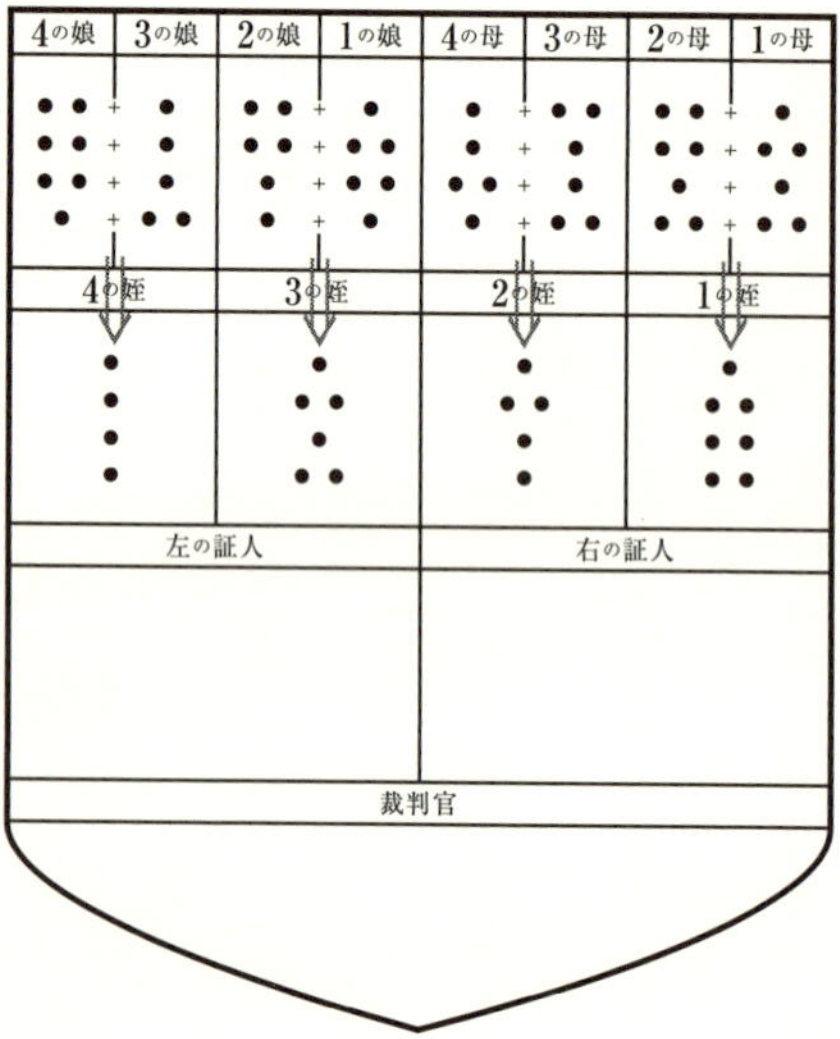

ステップ4

「4人の姪」から「2人の証人」を求める

ステップ3と同じ手順で、隣り合う1の姪と2の姪の各列のドットを順に足して、「右の証人」を求めます。

再び、先に挙げた例の場合を見てみましょう。

1の姪「・‥‥‥」（喜び）
　　　 ＋＋＋＋（各列のドットを足す）
2の姪「・‥・・」（少女）
　　　 ＝＝＝＝
　　　「2433」（各列のドットの合計数）
　　　「偶偶奇奇」

各列のドットの合計は、1列目から順に2（偶数）、4（偶数）、3（奇数）、3（奇数）です。

偶数奇数を上から順に並べた「‥‥・・」（大吉）が「右の証人」となります。

同様に隣り合う3の姪と4の姪の各段のドットを足して、左の証人を求めます。

例の場合、3の姪は、「・‥・‥」（喪失）、4の姪は「・・・・」（道）なので、双方の同列のドットを足して、左の証人は「‥・‥・」（獲得）になります。

シールドチャートの該当欄に左右の証人のシンボルを書き入れます。

4人の姪から証人を求める

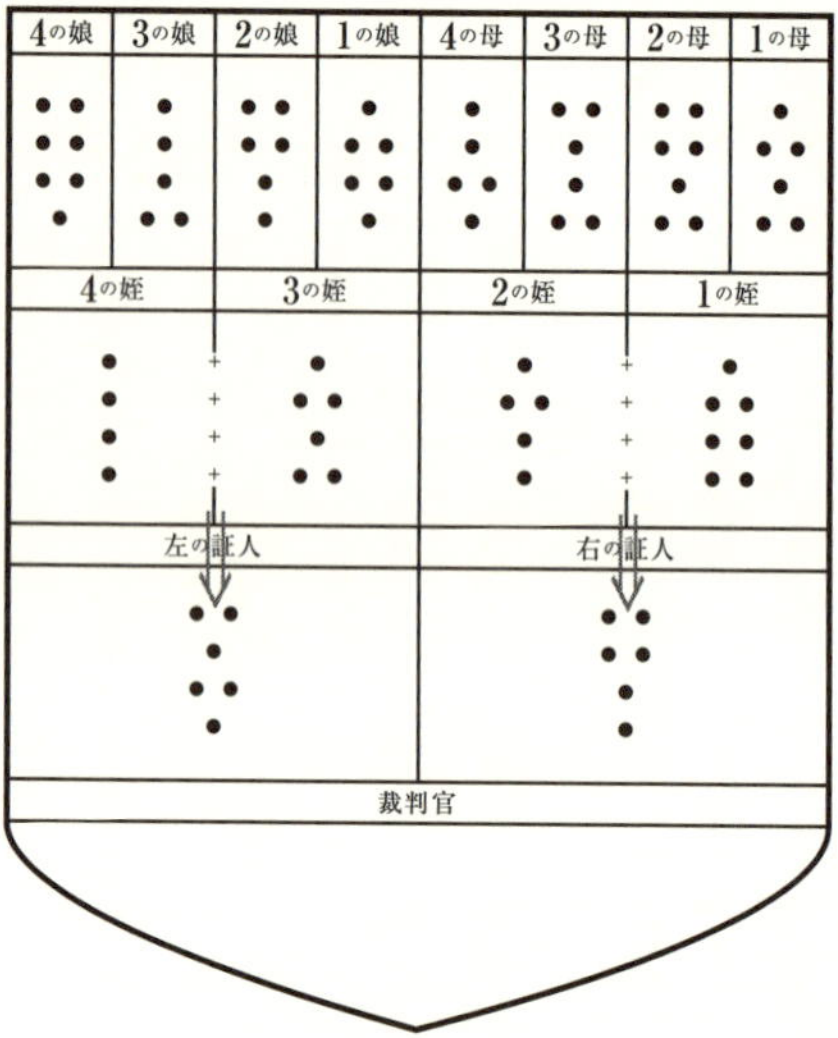

ステップ5

「左右の証人」から「裁判官」を求める

ステップ3と同じ手順で、4で出した左右の証人の各列のドットを足して「裁判官」を求め、シールドチャートの一番下の欄にシンボルを書き入れます。

例の場合、右の証人が大吉「：：・・」、左の証人が獲得「：・：・」。各列のドットを足すと、上から順に4（偶数）、3（奇数）、3（奇数）、2（偶数）。つまり、「：・・：」となり、裁判官は、「つながり」です。

これでシールドチャートが出来上がりました。

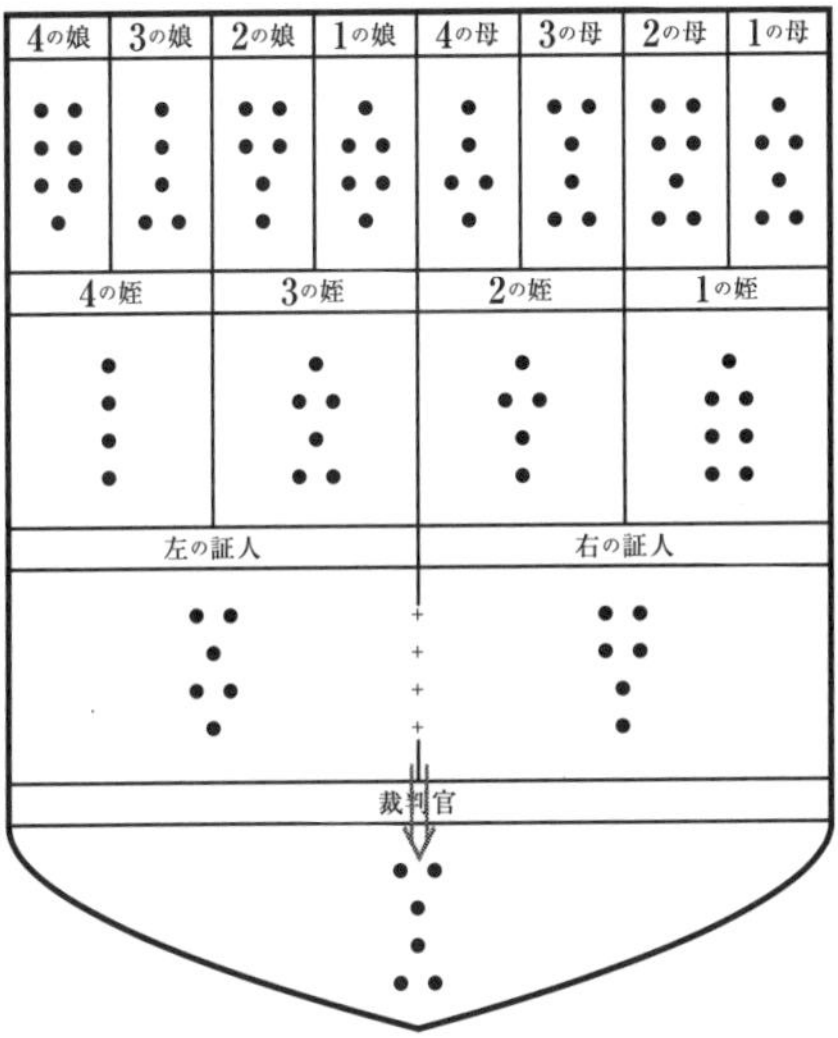

シールドチャート完成

ステップ6 「左右の証人」と「裁判官」の組み合わせから最終結果を探す

一番下の裁判官と、その上にいる左右の証人、この三つのシンボルの組み合わせによって運勢を診断します。

なお、裁判官となりうるのは、全16種類のシンボルのうち、シンボルを構成するドットの合計数が偶数となる、以下の8種だけです。「人々」、「道」、「つながり」、「拘束」、「大吉」、「小吉」、「獲得」、「喪失」（29ページの表参照）。それ以外のシンボルが裁判官として出てきてしまったら、どこかで手順や計算を間違えたというサインです。ステップ2の「4人の娘」を出すところから、見直してみましょう。

※さらに、「1の母」と「裁判官」の各列のドットを足して、「調停者」として解読に加味する方法もあります。

3 シールドチャートの読み方

最終結果を示す三つのシンボルのうち、「裁判官」は、質問への回答を示します。また、「右の証人」は質問者の状況あるいは過去を、「左の証人」は相手や周りの状況あるいは未来を示します。

これら三つのシンボルは、解読に際して同等の重要性を持ちます。つまり最終結果の裁判官だけが重視されるのではなく、左右の証人も同じくらい重視します。なかでも質問者本人にとって特に重要となるのは、右の証人です。なぜなら右の証人は、質問者の状況あるいは過去を語るもので、いわば質問者の「弁護人」だからです。

これに対して、左の証人は相手方の弁護人ということになります。「相手」というのは、質問の内容により、ときには恋人、ときには憎い敵、あるいは会社のような団体である場合もあるでしょう。そして結果を言い渡す裁判官は、当然、中立の立場から審判を下しますから、どちらの味方でもありません。裁判官が吉だからといって、あなたにとって吉とは限らず、凶だから悪いとも限りません。

このような三つのシンボルの関係は、二人のプレイヤーと一人の審判にたとえられるかもしれません。誰が欠けても試合（裁判）は成り立ちませんし、三者の間に、軽重はないのです。裁判官はあくまでもゲームには参加しない審判であって、プレイヤーは左右二人の証人、ともいえます。また、三者の組み合わせによる診断を一読したら、裁判官、左の証人、右の証人、それぞれのシンボルについても、ぜひ、第3章の解説を読んでください。三つのシンボルが示す結果について、いっそう深い理解が得られるでしょう。

4 シールドチャート解読の奥義

シールドチャートになれてきたら、そこに現れた「トリプシティ」を使って、さらに応用的な解読方法にトライしてみましょう。

トリプシティとは、「隣り合う三つのシンボル」のことです。この三つを一つのグループとして、グループごとに解読していきます。三つのうち、右上に位置するシンボルは質問者本人もしくは過去の状況、左上のシンボルが相手と周りの状況もしくは未来、そして下のシンボルが両者の関係、結果あるいは現在と読みます。

トリプシティは全部で四つあり、それぞれ質問者自身、質問の要因、質問者の環境、外部の要因を表します。

そしてこの解読方法の場合、最終結果の左右の証人と裁判官の組み合わせを、五つ目のトリプシティとみることもできるでしょう。

四つのトリプシティ

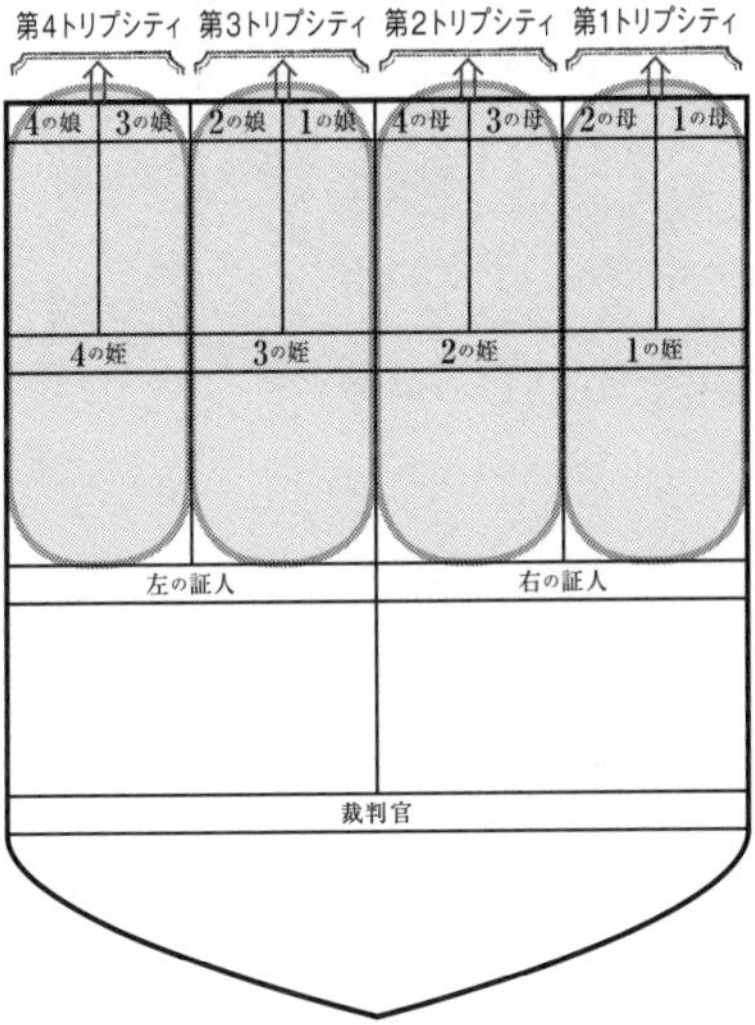

【第1トリプシティ】

質問者本人。本人が感じていること。本人の性格、体質、外見、癖、経験値など、本人の状態を示します。

1の母……質問者自身の過去の状況
2の母……質問者自身の未来の状況
1の姪……質問者自身の現在の状況

【第2トリプシティ】

質問について。問題のバックグラウンドや事情、隠された影響を示します。

3の母……質問に関する過去の状況
4の母……質問に関する未来の状況
2の姪……質問に関する現在の状況

上記の第1トリプシティと第2トリプシティは、最初に四つ出したシンボルから直接、導き出されていることから、質問そのものを深く掘り下げる役割があります。

【第3トリプシティ】

質問者に近い環境。質問に影響する同居の家族、配偶者などの状況を示します。相手がいる質問の場合は、相手の考えや主張を表します。

1の娘……環境や身近な人物の過去の状況
2の娘……環境や身近な人物の未来の状況
3の姪……環境や身近な人物の現在の状況

【第4トリプシティ】

質問者から遠い環境。友人、同僚、上司など第三者や外部からの影響を示します。

相手がいる質問の場合は、隠された相手の気持ちや今後の行動を表します。

3の娘……第三者や外部からの過去の要因
4の娘……第三者や外部からの未来の要因
4の姪……第三者や外部からの現在の要因

上記の第3トリプシティと第4トリプシティは、最初に出した四つのシンボルを分解して導き出されているところから、質問を取り巻く周りの状況、質問の相手側の事情、あるいは、質問を外部から見た場合の客観的な状態を表します。

トリプシティに配置された各シンボルを、右の解釈に当てはめて読んでいきます。例えば、先に挙げた例の場合、第1トリプシティの「1の母」が「喪失」でした。これが相談者自身の過去の状況を表すシンボルとなります。これを詳しく知るには、第3章の「喪失」の解説を読みます。

このように個々のシンボルの解読については、第3章の解説を参考にしてみてください。

シールドチャートには同じシンボルが二回以上、場合によっては何度も出てくる場合もありますが、トリプシティが違えばシンボルが指し示す内容も違ってきます。

またトリプシティを含めたシールドチャートの解読については、422ページに実例を挙げました。合わせて参考にしていただければと思います。

5 シールドチャートを読む際の注意点

第2章と第3章でご紹介した、一つだけのシンボルで運勢を占う方法と、シールドチャートを使って占う方法を同時に実践することはできません。

ジオマンシーのように偶然性を利用する占い（卜占《ぼくせん》）は、一期一会、一度きりの偶然に神意を求めます。一つの質問につき、占いの結果は一つだけというのがルール。占いの結果が思わしくないからといって、何度も続けて占うのもタブー。同じ内容について占う必要がある時は、少し日をあけるか、状況が変わってから占うようにしましょう。

ただし、同一の状況を占う場合でも、違った角度から質問をし直せば、続けて占うことができます。

例えば、「片思いの相手に告白したらどうなるか？」を占った直後に、「告白しなかったらどうなるか？」と占うのは構いません。

もう一つ注意点があります。ジオマンシーをヨーロッパに初めて紹介したクレモナのゲラルドは、「エレメントが怒っている」時には占ってはいけないとしています。それに該当するのは、とても風の強い季節、ひどい嵐、曇りの日、雨の日です。

ジオマンシーは地の要素（エレメント）＝大地の力を使う占いです。嵐が到来して大地の力が荒れくるっている日は、正確な占い結果を出すことが難しいのでしょう。曇りや雨の日について、どの程度から占ってはいけない日に含めるかは難しいところですが、穏やかに晴れた日よりも精度が落ちると思っておく方がよいかもしれません。

さらに、ゲラルドは「汝《なんじ》自身が怒っている時や多忙すぎる時、あるいは嘲笑《ちょうしょう》的性格、癇癪《かんしゃく》持ちは質問を行ってはいけない」としています。

ジオマンシーだけでなく数々の魔術に通じるアグリッパも、雨や曇りの日、また心が怒りに乱されている時は占うべきではないとしています。これはエレメントの問題に加えて、占う者自身の精神状態が落ち着いていないと正確な結果を得られないという、卜占すべてに通じる戒めです。

それでは以下に、実際の解読例を一つご紹介しましょう。

ケーススタディ～Bさんの転職を占う

Bさんは食品会社で働きはじめてもうすぐ半年になります。３か月経ったら社員になれるとの約束でしたが、いまだにアルバイトのままです。社員雇用の件について上司に確認してもはぐらかされてしまいます。望んで入った業種ではありません。このまま今の食品会社にいていいのでしょうか。

まずは、シールドチャートを作成します。

４枚の紙を用意し、４人の母を求めたところ、１の母は、「・・・：」（竜の尾）、２の母は「・：・：」（白）、３の母は「・：：」（小吉）、４の母は「・：：：」（喜び）となりました。

これをもとに、娘、姪、証人、裁判官を出していくと、次ページのようなチャートが出来上がりました。

Bさんのシールドチャート

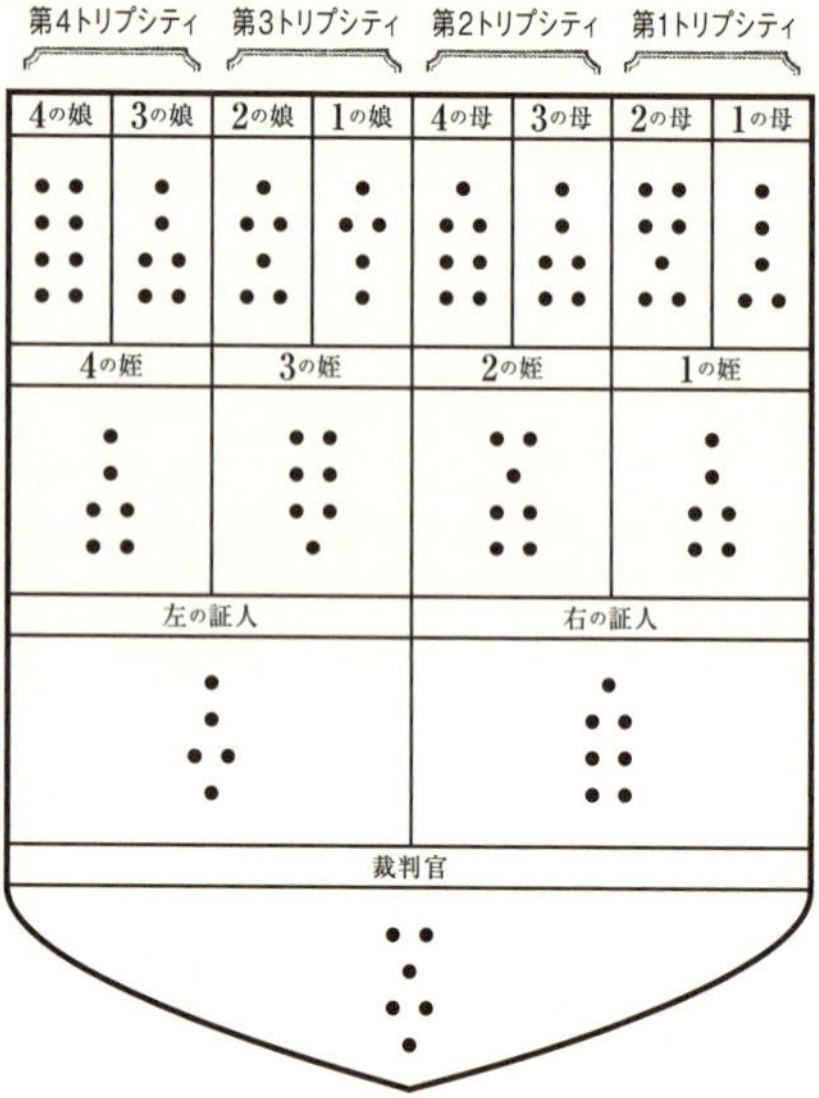

解説

裁判官「獲得」は、望むものが手に入るという意味ですが、本人（Bさん）側の右の証人「喜び」と、相手の状況を表す左の証人「少年」を合わせて読むと、今を享楽的に楽しむという占断となります。したがって、「このままいても大丈夫なのか？」という質問に対しては、現時点では悪くない、という答えになります。

右の証人「喜び」は吉運を示すとともに、もともと楽観的で、あまり将来のことを心配しないBさんの性格を表しています。一方、相手の状況を表す左の証人「少年」は、凶シンボルです。正社員にしてもらえず、損をしているように思えるかもしれませんが、現時点で得をしているのは、「喜び」側のBさんです。

さらに時間の流れを読むと、運勢は右から左へと推移するので、右の「喜び」が示す吉運から、左の「少年」が示す凶運に変化していくことが考えられます。つまり、Bさんが今の職場にとどまれば、さほど遠くないうちにまた不満が溜まってくると想像できます。ただし、未来を暗示する左の証人の「少年」は、未熟さ故の不平不満という意味があるので、Bさん本人には不満でも、客観的に見ればそんなに悪くない職場なのかもしれません。

ここでトリプシティについても解読してみましょう。

第1トリプシティ(1の母、2の母、1の姪)から、Bさん本人の状況を推測します。シンボルは、「竜の尾」「白」「小吉」Bさんは、この会社でのやる気をすっかりなくしていますが、正当な立場と報酬が得られるならば、やる気を取り戻すだろうことが暗示されています。

第2トリプシティ(3の母、4の母、2の姪)から、この問題のバックグラウンドを推測します。シンボルは、「小吉」「喜び」「赤」。Bさんのこれまでの職歴や仕事への姿勢として読むと、周りに助けられてきたのにあまり感謝していない身勝手な姿勢が読み取れます。

第3トリプシティ(1の娘、2の娘、3の姪)から、家族や身近な状況を推測します。シンボルは、「少女」「喪失」「悲しみ」。このシールドチャートのトリプシティの中では、凶のシンボルが一番多く出ています。本人の家族や身近な人達の応援が得られないという状況が読み取れます。

第4トリプシティ（3の娘、4の娘、4の姪）から、第三者や外部からもたらされる要因を推測します。シンボルは「小吉」「人々」「小吉」。友達や第三者からのアドバイスが有効です。過大な期待をせず、現実的な交渉をするならば社員への昇格もありえます。一人で交渉するのではなく、公的機関などの力を借りることを考えてもよいかもしれません。

総合的に読むと、今すぐには辞めない方がよさそうです。あまり思い詰めずに楽しく仕事をするよう心がけることで、結果的に正社員という立場を得ることも可能でしょう。ただ、職場の状況に不安はあるので、友人や第三者のアドバイスを参考に先々のことを考えていくとよい、という診断となります。

6 シールドチャートの左右の位置と時間の流れについて

西洋のアルファベットとは異なり、アラビア文字は右から左に向かって書きます。ですから、シールドチャート上の時間の流れも、右から左へと向かうと見なします（シールドチャートを左から右に書くとしているテキストもあります。Franz Hartmann の GEOMANCY A Method of Divination）。

したがって、左右の証人については、右の証人が過去を、左の証人が未来を示すと読みます。そして左右の証人から導き出される裁判官は、現在を表します。ここでも、西洋的な考え方と違いがあるようです。西洋的考え方でしたら、因果関係に従って、二人の証人（原因）から導き出される裁判官が未来（結果）ということになるでしょう。

けれど、先ほど紹介したように、シールドチャートでは原因と結果は一対一ではなく、単純な因果関係が成り立ちません。過去↓現在↓未来とはならない、シールドチャートの世界……アラビア的世界観では、右の証人が表す過去があり、左の証人が示す未来がある。その時、初めてその間から生まれてくるものが、今現在、この瞬間、ということになるのでしょう。

世界は過去から未来まですべての可能性を含んでいて、その中から、泡のように今この瞬間に立ち現れてくるものが「現在」なのかもしれません。

次ページからは、現在過去未来を読み解く鍵となる、128パターンの最終結果の組み合わせについて具体例を挙げながら解説していきましょう。

7 各最終結果の解説

裁判官「人々」の16種

裁判官「人々」が導く最終結果には、他と違う大きな特徴があります。裁判官「人々」を生成するのは常に、左右とも同じ証人なのです。右の証人が表す過去またはあなたの状況と、左の証人が暗示する未来あるいは相手や周囲の状況とが、同じシンボルです。

「人々」は、結果を良きにせよ悪しきにせよ増大、強調する効果があるので、良いことはより良く、悪いことはより悪くなるわけです。次ページ以降の結果とともに、左右の証人のシンボルについて解説したページ（第3章）も合わせて読んでみてください。

右の証人「人々」
左の証人「人々」

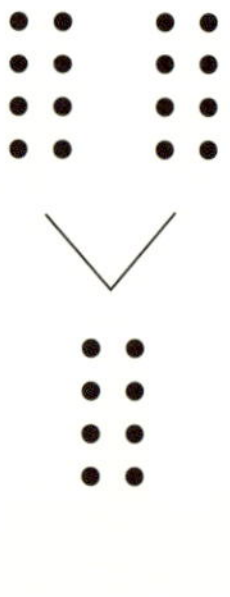

〔キーワード〕

動かない。現在の最大値。

〔象意〕

左右の証人も裁判官も三つとも「人々」です。このように三者とも同じシンボルになる最終結果は他にありません。受動性の極地であり、流されて行き着いた結果が今です。

このまま何も変わりませんし、動きません。できることはもうやりつくしたのでしょう。相手の状況も「人々」ですから、周りも動きません。この結果が気に入ろうと、気に入るまいと、最終的にこうなったのです。

基本的に吉の象意を持つシンボルですから、あなたにとっても周囲にとっても悪い状況ではなく、できるかぎりのことは、既になされているでしょう。後はこの現実を受け入れるだけです。要は気持ちの問題なのです。

現実がこうなっているのは自分以外の誰かのせい、と責任をなすりつけるのは得策ではありません。全員にとってベストな形を、みんなが選択してこの結果となったのです。

現状を受け入れることで幸せになれるはずです。

〔全体運〕

停滞期。何も動きませんが、安定して落ち着いているともいえます。みんなと同じように、あるいは前例通りにして吉。

〔恋愛運〕

恋人がいる人、パートナーがいる人は吉。深い愛に満たされるでしょう。恋人募集中の人は、出会いはまだ先です。

〔金運〕

好調。財運は安定しています。不動産などの大きな買物にも、良い時です。ただし遺産相続については、いまは期待できません。

〔対人関係運〕

グループで楽しく過ごせる時です。人数が多いほど吉です。誘われたら迷わず参加を。意見は多数決で決まります。

〈仕事・学業運〉

チャレンジしたい人にとっては手応えがなくて退屈ですが、与えられた仕事や学業に満足している人にとっては平穏に過ごせる時です。グループワークが吉。

〈開運の鍵〉

イベント、パーティ。

〈占術例〉

次の合コンでの出会いを占って、この結果を得たなら、運命的な出会いはなさそう。でも合コン自体はとても楽しく今後につながる有意義な情報も得られそうです。

右の証人「道」 ●●●●
左の証人「道」 ●●●●

＞

●●
●●
●●
●●

〈キーワード〉

トライ・アンド・トライ。

〈象意〉

二人の証人は変化を表す「道」。裁判官は物事があるべきところに収まる「人々」ですから、いろいろチャレンジした結果、一番よいところに落ち着くという占断です。

裁判官の「人々」は受け身なシンボルですが、受け身なままでは何も進みません。自分なりにできることを考え、提案し、実行してみてはじめて落としどころが見えてくるのです。こちらが駄目ならあちらと、いろいろ試してみましょう。立ち止まらず先に進んでみることです。

今は先の計画は立てられません。不確定要素が多すぎます。とにかく今すぐできることをして、様子を見ましょう。臨機応変に対応する柔軟性が必要です。

無理する必要はありません。無理して案件を進めてもこの先、根本から変更になる可能性があるからです。フットワーク軽く、対応できるようにしておけば大丈夫です。

旅行は大吉。旅先で運命を変えるような出来事があります。

〔全体運〕

運命の転換期。先々の予定が大きく変更になるかもしれません。人生の岐路となる可能性があります。恐れず焦らず、今できることをしていけば良い方向に向かいます。

〔恋愛運〕

好調です。片思いの人は積極的なアピールが効果的。グループデートや、友達カップルをさそってのダブルデートが吉。

〔金運〕

出入りの多い時です。無駄になってしまう支出もありますが、将来の糧となる大事な支出もあるので、あまりケチらないで様子見を。

〔対人関係運〕

仲よしメンバーの入れ替えなど、対人関係の変化がある時です。最終的にはよい形になるので、心配はいりません。

〈仕事・学業運〉

今までと違う新しい方法を試してみるのが有効。試行錯誤の中から、最良の方法を見つけることができるでしょう。

〈開運の鍵〉

水辺。

〈占術例〉

来年の運勢を占ってこの結果が出たなら、人生で重要な転換点になる年。引越し、転職、独立、婚活など前向きに検討を。

右の証人「つながり」

左の証人「つながり」

〈キーワード〉

強くつながる。

〈象意〉

二人の証人が「つながり」で、裁判官が「人々」。「つながり」の結びつける力が増幅されて、いろいろなものが強く深く固くつながります。

言うまでもなく、恋愛、結婚では最高に喜ばしい結果となります。たとえ困難があっても、いえ、困難があるほど二人の絆は深まり、必ず愛を成就させるでしょう。

人や物を1か所に集める力が大きいので、イベントなどの動員数は予想を大きく超えて、大成功となるでしょう。

戦いにおいては相手に勝つのではなく、相手と和解し、互いに歩み寄ることになります。特に仕事や趣味のライバルとは、強い心の結びつきが生まれるでしょう。

旅行は広く浅くあちこちに行くより、1か所集中滞在プランがお勧めです。心が震えるような感動の体験ができるでしょう。

集中力が高まっているので、仕事や勉強もはかどります。

〔全体運〕

やる気に満ちて、集中力も高まっています。人や物が、あなたのもとへ集まってきます。希望が叶い、喜びに満たされます。

〔恋愛運〕

恋愛運は最高です。愛する人と、深く強く身も心も一つになれるでしょう。恋人募集中の人は運命的な出会いがある予感。

〔金運〕

まずまず。金額と使う目的がハッキリしている場合、必要に十分なだけお金が入ってくるでしょう。

〔対人関係運〕

サークルや友達との絆が深まります。特にサークルでイベントがある場合、みんなの心が一つになって大成功するでしょう。

〔仕事・学業運〕

目的が明確になり、仕事や学業の効率が大きくアップします。目的達成するために必要なものが自然と集まります。

〔開運の鍵〕

目標を決める。

〔占術例〕

来年の金運を占って、この最終結果を得たなら、まずまず豊かな年となるでしょう。車や家具、家電など欲しいものがあるなら購入目標を立てることで無理なくお金が貯まります。

右の証人「拘束」
左の証人「拘束」

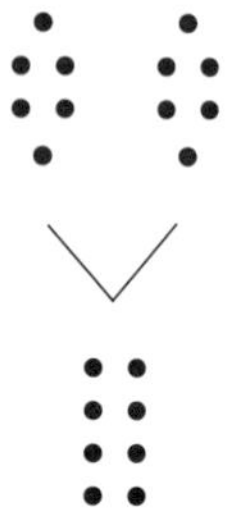

〔キーワード〕

身動きできない。

〔象意〕

証人二人がとらわれの身を表す「拘束」で、裁判官が「人々」。証人の意味が増強されて、がっちりと拘束され、身動き取れない状態を表しています。

「拘束」とは、精神的に何かにとらわれている状態と、物理的に拘束されて動けない不自由さと、どちらにも解釈できます。いずれにせよ、体力・

気力ともに低下している状態です。今は動きたくても動けないのです。二重三重に締めつけられています。一つ脱出してもまだ次があります。この状態からすぐに抜け出すことは難しいでしょう。じっと耐えて、体力回復につとめ、気力を養うときです。

ただし表に出ないクローズドの会や仲間内の集まり、秘密の会は大吉です。

耐えて実力をつける時ともいえます。学生なら受験のために、社会人なら資格試験の勉強や、納期のためなど、今やるべきことに一心に取り組むべき時です。

〔全体運〕

動けません。ほとんど遊びに行けない、窮屈な日々が続くでしょう。体力気力の回復につとめましょう。

〔恋愛運〕

出会いは期待できず、片思いもそのままでしょう。恋人がいる人も忙しすぎてなかなか会えません。我慢の時です。

〔金運〕

銀行、公務員など堅い仕事についている場合は、手堅い収入があります。農業もよいでしょう。それ以外は残念ながら期待できません。ただし借金することはありません。

〔対人関係運〕

孤独運。親しい人が離れていく可能性があります。そういう時期だと割り切り、時が過ぎるのを待ちましょう。

〔仕事・学業運〕

体力・気力の低下から、粘りと根気がなくなり、すぐにあきらめてしまうことが多くなりそう。短時間で効率良く作業する工夫も必要でしょう。

〔開運の鍵〕

睡眠をしっかり取る。

〔占術例〕

新学期に友達ができるかどうか占って、この結果を得たなら、しばらくは寂しい状態となりそうです。焦らずゆっくりと時間をかけて慣れていくのがよいでしょう。

右の証人「大吉」
左の証人「大吉」

〔キーワード〕

最大吉。

〔象意〕

裁判官が意味を強める「人々」で、証人二人が左右とも「大吉」ですから、１２８通りの最終結果の中で最大の吉、素晴らしく良い結果ということになります。

恋愛、金運、仕事も学業もすべてにおいて絶好調、実力に幸運がプラスして、願いが叶い、上手くいきます。

「大吉」の吉運はあなたの内部にありますから、周りがどのような状況であろうと、自分自身の力で運勢を切り開いていくことができます。思い通りの未来がやってきます。積極的な行動が、さらなる吉運を呼び込みます。上昇していく運気の波に乗っている状態といえるでしょう。

周りの協力、特に目上の人や実力者、有力者の力を得て発展していく運気でもあります。

争いやトラブルに関しても、ベストな形で決着がつき、自分にとっても相手にとっても喜ばしい結果となります。

体力・気力も絶好調です。

〔全体運〕

最高の運勢です。物事が思う通りに進み、成功と賞賛を得るでしょう。今は何をしても幸運が味方をしてくれる時です。

〔恋愛運〕

素晴らしい出会いがありそうです。片思いの人は、実は両思いだと知ることになるでしょう。結婚、プロポーズの予感です。

〔金運〕

棚ボタ運です。予想外の臨時収入や、高価なプレゼントをもらえたり、クジに当たる確率が高かったり。思いがけずリッチに過ごせます。

〔対人関係運〕

あちこちから誘いがあり、大勢の友達と素晴らしく楽しく過ごせます。トラブルは解消し、心配事もなくなります。

〔仕事・学業運〕

最大の発展運です。仕事は有力者の引き立てを受けて大活躍できるでしょう。学業も実力がぐんと伸びる時です。

〔開運の鍵〕

人と会う。

〔占術例〕

受験や資格試験を占ってこの結果を得たのなら、合格できます。実力以上の結果を出せるので大丈夫。気持ちをおおらかにして当日を迎えましょう。

右の証人「小吉」

左の証人「小吉」

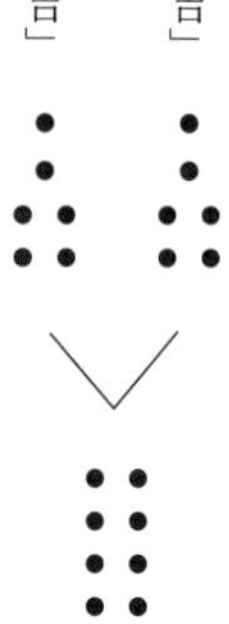

〔キーワード〕

援助運大吉。

〔象意〕

意味を強める「人々」が裁判官で、証人二人は左右とも吉運の「小吉」なので、結果的に大吉運となります。特に、「小吉」は援助運の良さを表すので、人に助けられて成功できるでしょう。

幸運期は短いので、その間にチャンスをつかめるかどうかが重要です。受け身になりがちですが、積極的に行動すべき時です。

争いやトラブルに関しては、戦って勝つのは難しいので、和解に持ち込む方がよいでしょう。間に立って仲裁してくれる人がいます。

多くを求めすぎないように、というのがシンボルからのアドバイスです。願いは八割がた叶います。その上にあと二割もと願うと、せっかく得たものまで失ってしまいます。欲深さを戒めているのです。

節度を知る人にとっては十分に満足できる結果となるでしょう。お金も愛も、あなたにとって、今、必要なものはすべて足りるからです。

〔全体運〕

素晴らしい運勢です。周りの人に助けられて、将来につながるチャンスをつかむことができそうです。

〔恋愛運〕

好調です。とにかくモテる時です。片思いの人は友達の協力で、晴れて両思いになれるでしょう。恋人募集中の人は、理想に近い相手との出会いが期待できます。

〔金運〕

満足できる金運です。必要なものはすべて手に入ります。これでもまだ足りないと思うなら、それは贅沢《ぜいたく》な望みといえます。

〔対人関係運〕

大切な友達との絆を深めることができる時です。友達の友達から、新しい交友関係も広がりそうです。

〈仕事・学業運〉

仲間の協力で成果が上がります。チームワークが吉。学業では互いに教え合うことで理解が深まります。

〈開運の鍵〉

パワースポット巡り。

〈占術例〉

運気改善のポイントを占ってこの結果を得たのなら、自分の欲深さを自覚することが開運のポイントになりそうです。無欲の心でパワースポット巡りをすれば、なおよいでしょう。

右の証人「獲得」
左の証人「獲得」

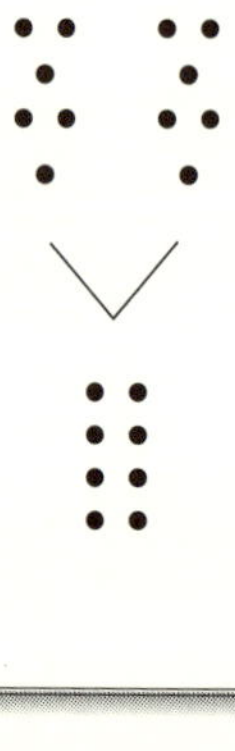

〈キーワード〉

喜びに満たされる。

〈象意〉

証人二人が左右とも「獲得」で、裁判官は意味を強める「人々」です。本当に欲しいものを手に入れて最高に嬉しく喜ばしい結果となるでしょう。

「獲得」の最大の特徴は、他の誰でもなく、「あなた」にとって嬉しい結果となること。ですから、大金を得たために周囲から嫉妬《しっと》と羨望《せんぼう》のまなざしを向けられたり、高い地位についたために責任感に押しつぶされそうになったり、などのネガティブな意味はありません。

反対に、他人の目にはどう見えていようと、あなたが大好きなアーティストのレアチケットやプレミアもののアイテムが手に入るなど、嬉しい出来事が起こるでしょう。

「獲得」と「人々」もともに受動性を意味するシンボルですから、こちらから行動を起こさなくても上手くいきます。むしろ相手の出方を見てから対応する方が得策でしょう。嬉しいニュースはゆっくりやってきます。

〔全体運〕

大吉運。嬉しく喜ばしい運勢です。もらいもの運やプレゼント運が好調で、ずっと欲しかったものが手に入ります。

〔恋愛運〕

好きな人と両思いになって、愛の喜びに満たされます。恋人募集中の人は、第三者の紹介によって、素敵な異性と出会うでしょう。

〔金運〕

欲しいものが手に入るか、それを買えるだけのお金を得られます。自分のふところ具合をあまり気にせず、楽しい毎日を過ごすことができます。

〔対人関係運〕

友達との信頼関係が深まります。友達が、あなたを喜ばせるためのサプライズプレゼントを用意してくれているかも！

【仕事・学業運】

仕事ははかどり大きな収穫があり、欲しかったポジションを得られるでしょう。学業も大幅成績アップします。

【開運の鍵】

ペアのカップやグラス。

【占術例】

家族旅行を占ってこの結果を得たのなら、最高に楽しい旅行となるでしょう。旅のプランは家族にお任せして、あなたはただ楽しめばよいのです。一生忘れられない旅になります。

右の証人「喪失」
左の証人「喪失」

【キーワード】

大事なものを失う。

【象意】

左右の証人二人とも失うことを表す「喪失」で、裁判官は意味を強める「人々」です。この場合、何かが大量に失われるというとても残念な結果となります。

「喪失」は倒れたカップの象徴であり、カップからこぼれ落ちた愛やお金や信頼はもう取り戻すことはできません。

ライバルに恋人を取られたり、お金や物を盗まれたり、地位や立場を乗っ取られる可能性があります。理由は不注意や慢心、やむを得ない理由、あるいはたまたま不運だったからという場合もありえます。

対策としてはなるべく高価なものを持ち歩かないようにすることと、他には、あらかじめ寄付したり、何かを人にあげたりして、先にみずから放出しておけば、占いの凶意が和らぎます。

あきらめることが幸運を呼び込みます。失われたものへの執着を手放せば、空になったカップにやがて新しい愛やお金や喜びが満たされる日がやって来ます。

〔全体運〕

何かをなくすことになりそうです。手放したものは戻ってきませんが、いつか違う形で、再び得ることになるでしょう。

〔恋愛運〕

失恋、別れの可能性。掛け違えたボタンのように、二人の心がすれ違っています。新しい出会いも期待できません。

〔金運〕

ピンチです。つまらない物に散財するか、無駄遣いしてなくなってしまいそうです。予定していた入金がない可能性も。

〔対人関係運〕

大事な人からの信頼を失ってしまいそうです。言い訳はしないで潔く謝りましょう。失った信頼はすぐには戻りません。

〈仕事・学業運〉

どこかで間違えてやり直しになったり、テストに向けて勉強したのに範囲が違っていたりなど、徒労となりやすいでしょう。

〈開運の鍵〉

寄付する。

〈占術例〉

どうも挙動がおかしい恋人の気持ちを占ってこの結果を得たのなら、浮気されている可能性があります。残念ながら、もう恋人の心は離れてしまっています。

右の証人「喜び」
左の証人「喜び」

〈キーワード〉

四方丸くおさまる。

〈象意〉

「喜び」が左右の証人で、意味を強める「人々」が裁判官。あなたも周りも、満面の笑みとなる、最高にハッピーな結果となるでしょう。

「喜び」が強調されているので、みんなが嬉しいのが一番の特徴です。あなたの願いは届き、望みは叶いますが、それで悲しい思いをする人はいません。

誰もがあなたのことを心から祝福してくれます。それまで敵だった人とも和解することになるでしょう。

健康運も良好。体力・気力ともに充実し、頭も冴《さ》えています。素晴らしいアイデアが次々に湧いてきます。仕事も私生活もすべてが順調に進み、これまで膠着《こうちゃく》していた問題にも、解決する最善の方法がみつかります。

旅行運も最高です。旅先で親切にされて、嬉しいことがたくさんある、素晴らしい旅となるでしょう。

〔全体運〕

最高にハッピーな運勢。みんなが協力してくれて、願いが叶い、希望通りの展開となるでしょう。嬉しいニュースが届きます。

〔恋愛運〕

最高です。告白は成功し、両思いになれます。つき合っている人はプロポーズを受けるでしょう。ライバルは去ります。

〔金運〕

豊かな金運です。臨時収入がありそう。もらいもの運やプレゼント運も好調。リッチに過ごせるでしょう。

〔対人関係運〕

仲間と最高に楽しい時を過ごせるでしょう。トラブルは、一番良い形で解決します。仲間との旅行は大吉です。

〔仕事・学業運〕

得意分野の仕事を任されて楽しく進められます。重要な仕事も、大事な試験も余裕でクリアできるでしょう。

〔開運の鍵〕

山登り、ハイキング。

〔占術例〕

商売をしていて来月の売り上げを占ってこの結果を得たなら、おもわずにやけてしまうほど嬉しい、ほくほくの収支決算となりそう！　ライバル店を牽制《けんせい》するのではなく、お互いの利益を一致させるように心がけることが、嬉しさを倍増するポイントとなります。

右の証人「悲しみ」
左の証人「悲しみ」

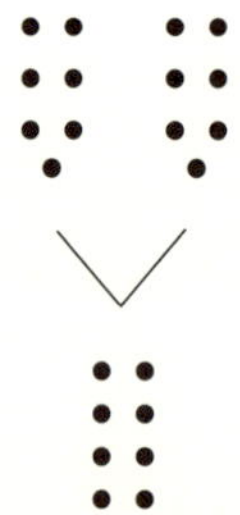

〔キーワード〕

今がドン底。

〔象意〕

運命的な悲哀を表す、最も残念なシンボルである「悲しみ」が二つそろって左右の証人となり、意味を強める「人々」が裁判官ですから、これ以上ないほど残念な結果です。

災難が誰のせいなのか、犯人探しをしても仕方がありません。とにかく運が悪かったのです。証人両方が悲しみに沈んでいますから、今回、得をする人は誰もいません。理不尽さは残っても、みんなが災難に遭ったのだと思えばあきらめもつくはず。

こんな時は、年長者のアドバイスが役に立ちます。同じような失敗や困難を経験した人の生の声が、勇気を与えてくれます。

唯一、幸いなのは、今がドン底という点です。これ以上、悪い事態にはなり得ません。後は上がっていく一方です。

とはいえ、まだ積極的に行動していい時期ではないので、ダメージからの回復につとめ、体力・気力を養いましょう。

〔全体運〕

不運な時期です。理不尽な攻撃を受けたり、運悪く災難に遭ったりする可能性があります。なるべく不要な外出を控えて、おとなしくしていたい時です。

〔恋愛運〕

低調です。異性から侮辱されたり、恋人に誤解されたり、恋愛関係のトラブルに巻き込まれる可能性があります。反撃するより、時が過ぎるのを待つ方が賢明です。

〔金運〕

良くありません。働いても働いてもお金になりません。今はとにかく無駄な出費を抑え、じっと我慢する時です。

〔対人関係運〕

理不尽な攻撃を受けたり、仲間外れにされたりしそう。相手にも事情があるようです。無視するのが得策でしょう。

〈仕事・学業運〉

今までの努力が無駄になりそう。やるせなさに落ち込みますが、ここを上手く乗り越えることができれば、運気がボトムアップします。

〈開運の鍵〉

時代小説、時代劇。

〈占術例〉

仕事関係の資格試験の合否を占ってこの結果を得たなら、残念ながら実力発揮できずに落ちてしまいそうです。次回、再チャレンジしましょう。

右の証人「少女」
左の証人「少女」

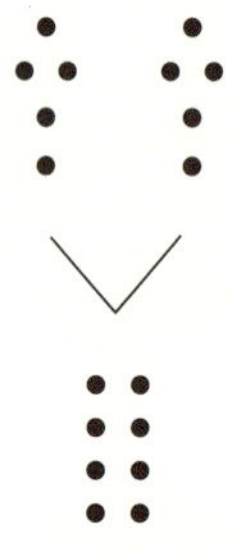

〈キーワード〉

華やか。

〈象意〉

美と愛情を表す「少女」が二つの証人となり、裁判官は意味を強める「人々」。少女の感性が幸運を呼び、きれいで華やかで嬉しい結果となります。

少女が強調されていますから、女性の集まり、多く集まるイベントという解釈もできます。ファッションショーや絵、花など美に関するイベント、パーティ、お茶会、女子会など、すべて吉です。

悩み事があるなら、女友達に相談してみましょう。欲しかったアドバイスを得られるでしょう。

ただ、楽しいことや華やかなことについては吉ですが、仕事や堅い問題に関しては、難しいでしょう。地道な努力とも無縁です。仕事に集中しなければならない時なのに、つい遊びに行ってしまいそうです。

楽しいことや楽なことに流れがちです。受け身なので、自分から果敢に行動するというより、多数決を受け入れて吉という運勢。

恋愛に関しては、文句なしのよい結果です。

〔全体運〕

華やかで楽しい時です。遊びの誘いがたくさんありそう。また、きれいになれる時です。イメージチェンジも吉。

〔恋愛運〕

絶好調です。告白は成功し、カップルの人はお互いの気持ちが最高に盛り上がるでしょう。女友達が応援してくれそうです。

〔金運〕

リッチに過ごせそうです。おごられ運もあります。買物では女友達から嬉しいお得な情報を得ることができそうです。

〔対人関係運〕

女友達と最高に楽しい時を過ごせるでしょう。悩み相談に乗ってくれて、仲間の絆が深まります。

〈仕事・学業運〉

地味な仕事や勉強に集中できずに、怠けてしまいそう。ただしファッションや美に関する仕事は好調です。

〈開運の鍵〉

女友達。

〈占術例〉

どこに引越したら開運できるか占ってこの結果を得たなら、若い女の子が多い、華やかな街が吉です。さらに建物の見た目、きれいさも重要。女性に人気のオシャレなマンションなら、楽しくて快適な新生活が送れるでしょう。

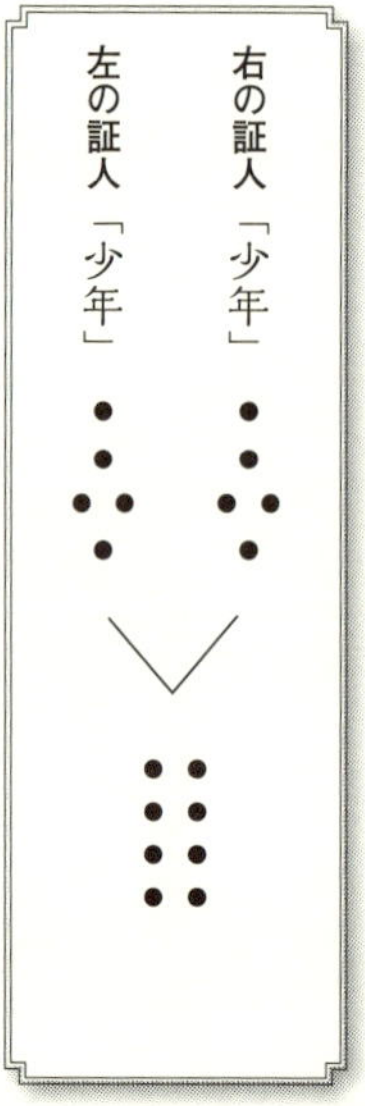

〈キーワード〉

未熟さ。

〈象意〉

若さと男性性を表す「少年」が証人二人で、意味を強める「人々」が裁判官なので、未熟さゆえの無謀さを戒める結果となります。

結果を急ぐ余り、力で何とかしようとして、失敗する可能性が高いでしょう。経験も技術も能力もまだ足りません。なかでも一番足りないのは忍耐力です。

トラブルは年長者に相談するとよいでしょう。若者だけで盛り上がっても解決には至りません。経験に裏打ちされた年長者の意見は、たとえ耳に痛い内容であっても、取り入れる価値があります。

また、相手の気持ちや客観的な状況を考慮できていないようです。視野が狭く自己中心的になってしまっています。

しかし、何事も経験です。今回の出来事で、とても大事な経験を積むことになるでしょう。今回お金や物質的な損をしても、それは授業料です。お金に換算できない体験こそが、今後のあなたの大事な財産になります。失敗にくじけない前向きさが幸運につながります。

〔全体運〕

トラブルが多い時です。自分の思う通りにならず不満が募りやすいでしょう。忍耐が必要です。

〔恋愛運〕

電撃的な一目惚れがあるかも。連絡先を交換するなど、積極的にチャンスを生かせば運命的な恋が始まります。

〔金運〕

入るより出る方が多いでしょう。つまらないものに使ってしまったり、盗難に遭ったりする暗示もあります。金銭管理はしっかりと。

〔対人関係運〕

仲間割れ、ケンカの可能性があります。ちょっとしたトラブルが大事になりやすい時。短気は厳禁です。

〔仕事・学業運〕
実力不足、経験不足です。すぐに結果は出ませんが、失敗も経験の一つというくらいに思って取り組みましょう。

〔開運の鍵〕
ペーパーナイフ。

〔占術例〕
来月の健康運を占ってこの結果を得たのなら、自己管理ができずに体調を崩す可能性があります。暴飲暴食や夜更かしなどしないように心がけましょう。かかりつけ医が年配ならよいアドバイスをもらえそうです。

右の証人「白」
左の証人「白」

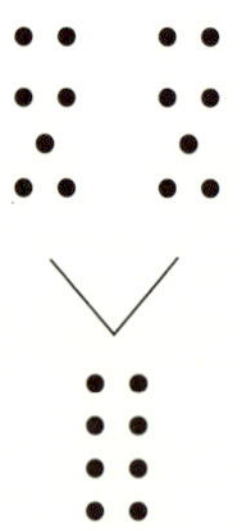

〔キーワード〕
清廉潔白。

〔象意〕
公正さと潔白を表す「白」が左右の二人の証人で、意味を強める「人々」が裁判官ですから、清廉潔白という結果です。

「白」色が強調されて、真っ白、純白です。誰よりも清らかに、一点の曇りもなく明白な正義です。

トラブルを占った場合、公正に裁かれるという意味になります。自分に非がなければ問題ありません。逆に不正や悪行は発覚し、糾弾されることになると覚悟しましょう。

どんなジャンルの願いであっても、正攻法で行けば、必ず上手くいきます。怪しい誘いに満ちた近道・抜け道を物色するよりは、たとえ時間がかかっても、誰にも指さされる心配のない回り道を選ぶべき。裏工作も不要です。正々堂々と、物事を進めていけば、やがては自分の思う通りの明るく正しい未来がやってくるでしょう。

健康運も良好です。正しい食生活、正しい生活習慣を身につけるにはとてもよい時期です。

〔全体運〕

大吉運です。勤勉さが大きな成功につながります。こつこつと積み上げてきたことが評価されるでしょう。

〔恋愛運〕

両思いになれるでしょう。お互いに自分のことよりも相手の幸せを願っています。ただし進展はゆっくりでしょう。

〔金運〕

好調です。収入が着実に増えていきます。家計管理がきちんとできています。無駄な支出を抑えて、貯金を増やせそうです。

〔対人関係運〕

よい対人関係を築くことができる時です。礼儀正しく対応することがポイント。トラブルも間もなく解決します。

〔仕事・学業運〕

地道な努力が報われます。きちんとがんばってきたことが認められて、嬉しい結果となるでしょう。

〔開運の鍵〕

白い花。

〔占術例〕

仕事で知り合った異性とおつき合いできるかどうか占ってこの結果を得たなら、とてもよい感触です。お互いまだ遠慮があるようですが、ここは焦らず、当分は節度を保って接していくのがよいでしょう。

右の証人「赤」
左の証人「赤」

〔キーワード〕

危険注意。

〔象意〕

証人二人とも怒りや衝動を表す「赤」で、裁判官は意味を強める「人々」なので、争いや凶事の暗示。

トラブルの場合、自分も相手も同じくらいダメージを負うことになります。無傷ではいられないでしょうが、最終的には相応の犠牲を払って勝つことになりそうです。

短気と激情から衝動的な行動を起こしやすい時

です。血を見ることになる可能性もあります。物事を増大する「人々」が裁判官なので、ちょっとした口ケンカも売り言葉に買い言葉でエスカレートしやすいのです。大事になる前に、頭を冷やしましょう。事故や不注意からの怪我、盗難にも注意が必要です。

「赤」が持つ凶悪さが強調されているので、手段を選ばないなら願いは叶います。歌手デビューするためにプロデューサーとベッドをともにしたり、営業成績を上げるために悪どい手で他人を蹴落としてもかまわないと思ってしまったり……。ただしそれで最終的に幸せになれるかどうかは別問題です。

〔全体運〕

トラブル運です。ちょっとした問題も大事になりやすいので注意が必要です。交渉は先延ばしにする方がよいでしょう。

〔恋愛運〕

トラブルの予感。恋人を巡って泥沼の戦いになる可能性あり。新しく知り合う人は、危険な魅力を秘めたタイプ。その日のうちに深い関係になってしまうかも。

〔金運〕

お金をなくしたり、盗まれたりする可能性があります。詐欺にも要注意。大事な契約や金銭取引は、特に慎重に。

〔対人関係運〕

波乱運です。大事な親友と取り返しのつかないケンカになりがち。言い過ぎたと思ったらすぐに謝ること。

〈仕事・学業運〉

トラブルが続きそうです。その場限りの嘘でごまかすと、後で苦労します。身銭を切って事態を収拾するつもりで、気合いを入れて取り組みましょう。

〈開運の鍵〉

ルビー。

〈占術例〉

友達から持ち込まれた商売の話を占ってこの結果を得たなら、危険です。詐欺やマルチ商法に巻き込まれる可能性あり。

右の証人「竜の頭」
左の証人「竜の頭」

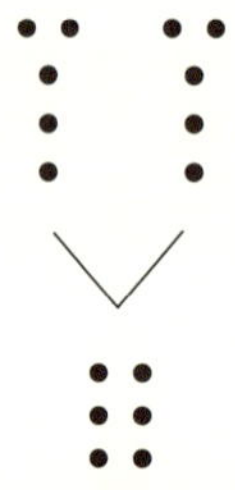

〈キーワード〉

始まりの勢い。

〈象意〉

「竜の頭」という始まりを表すシンボルが左右の証人となり、最終結果が意味を強める「人々」なので、物事の始まりの勢いに乗っている快調な状態です。新しく始まること、チャレンジはすべて吉です。

先のことを思いわずらうより、どんな分野でもとにかくチャレンジしてみるべきです。行動することによって、さらなる幸運が引き寄せられます。

トラブルに対しては毅然《きぜん》とした態度が吉。正しい主張ならば、きちんと通ります。勇気と積極性が大事です。初めて体験することなら一つ二つは失敗して当たり前。怖がらないで飛び込んでみましょう。健康運も大いに良好です。

忙しくエネルギッシュな運気です。仕事や勉学で収穫を得るのはまだ先ですが、確かな手応えを感じることができるでしょう。全力でがんばるほどに、認められて、大きな仕事に取り組めるようになります。

〔全体運〕

絶好調。小さなトラブルはありますが、上昇運に乗っています。来た話は受けて吉。新しいチャレンジにも良い時です。今始めることは、将来大きな収穫となるでしょう。

〔恋愛運〕

好調です。ライバルに邪魔されても、困難があってもそれを乗り越えて、めでたく結ばれるでしょう。恋人募集中の人には将来有望な嬉しい出会いがありそう。

〔金運〕

残業や休日出勤など人より多く働いて多くお金を得ることになるでしょう。また、将来のための投資は後々役立ちます。

〔対人関係運〕

新しくたくさんの人と知り合うことになりそう。良い人、敵となる人、いろいろなタイプの人がいますが、第一印象が不思議と当たります。

〔仕事・学業運〕

がんばるほどに収穫があります。仕事も学業も同様。成績を上げたいなら、人より多く勉強することです。

〔開運の鍵〕

初めて行く場所。

〔占術例〕

会社で根も葉もない噂を流されて、どうすればよいかを占ってこの結果を得たなら、毅然としていましょう。あなたの正しさをみんなが知っています。

右の証人「竜の尾」

左の証人「竜の尾」

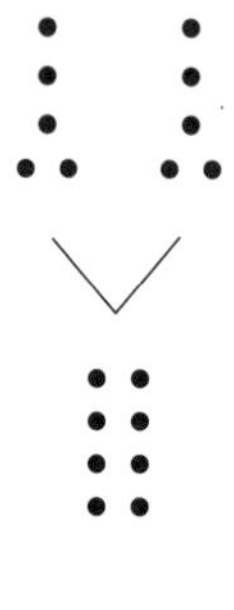

〔キーワード〕

強制終了。

〔象意〕

終わりを示す「竜の尾」が左右の証人となり、意味を強める「人々」が裁判官です。望むと望まざるとに関わらず、終了、もしくは中断するという結果です。

既に起きてしまっているトラブルに関しては、特に対応しなくても終息するでしょう。これ以上悪くなることはありません。

恋愛の終了や離婚を示す場合もあります。相手との関係に、これといって問題がない場合でも、関係が冷えていきます。あるいは交際が終わりとなるような何か決定的な出来事が起きる可能性があります。交際を続けたいなら、対策を講じましょう。

物事への関心、意欲が低下し、ふさぎがちな状態です。何事にも投げやりな気持ちになっています。いろいろなタイミングがよくありません。今動いても益はありません。

体力も低下し、やることに無駄が多くなっています。新しく何かを始めるのには適していません。時期を待ちましょう。

〔全体運〕

低調です。やる気が出ず、無為な日々を過ごしてしまいそうです。何かが強引に中断される可能性があります。

〔恋愛運〕

別れの暗示です。お互いどうでもいいという気持ちになっているようです。一時的に距離を置く方がよさそうです。今の時期、新しい出会いは期待できません。

〔金運〕

残念ながら低調です。入ってくるお金は少ないのに、出て行くお金は多いのです。家計管理に根本的な問題があります。

〔対人関係運〕

人間関係を整理すべき時です。卒業や退職で去っていく人がいます。対人関係のトラブルは無事解決します。

〈仕事・学業運〉

やる気が出ません。しなければならないことがあるのに進みません。違う方法を試してみる必要がありそうです。

〈開運の鍵〉

ドラマやマンガなどの最終回。

〈占術例〉

副業などの誘いを受けてこの結果を得たなら、受けない方がよさそうです。せっかく始めてもすぐに仕事がなくなるかして、中断することになりそうです。最初に入会金や支度金を出すと、回収できない可能性が高いでしょう。

裁判官「道」の16種

裁判官「道」を生成する二人の証人は、互いに偶数奇数がちょうど反対になっていて、意味も正反対である場合が多くなります。右の証人が示す過去と、左の証人の未来との間に立ち、現在を表す裁判官「道」は、相反する過去と未来をつなぐべく、大きな変化をうながします。立ち止まることをゆるさず、行動せよと告げているのです。

「道」自体には吉凶はないので、左右の証人が意味する過去と未来、あるいはあなたと相手の状況によって、吉凶を含め、結果が持つ意味合いが大きく異なってきます。

右の証人「人々」
左の証人「道」

〈キーワード〉

つかの間のチャンス。

〈象意〉

過去を表す右の証人が安定を意味する「人々」で、未来を示す左の証人が変化を表す「道」、そして現在を表す裁判官「道」で、もう既に運命が動き始めています。前進が後押しされるパワフルな運気ですが、吉凶混合で、状況は変わりやすいでしょう。判断は素早く。つかの間のチャンスをタイミングよくつかむことが大切です。

今持っているお金や人脈や技能など、手持ちのカードをフル活用することになりそうです。芸が身を助けたり、あるいは親の七光りが役立ったりする可能性もあります。戦いや訴訟には有利な時です。油断はできませんが、満足できる結果を得ることができそうです。

引越しや転勤などで環境が大きく変化する可能性があります。前の環境に未練が残りますが、気持ちを切り替える方が吉です。

あてのないのんびり旅ではなく、目的を決めての旅行なら、収穫があります。

〈全体運〉

物事がどんどん変わっていく時です。おいしい情報を得たら、すばやく行動を。早い者勝ちです。得をしたいならのんびりしている場合ではありません。

〈恋愛運〉

告白に踏み切れば、両思いになれそうです。自ら動くことで恋愛運がどんどん活性化していきます。旅先などで一期一会の運命的な出会いがありそうです。

〈金運〉

入ってくるより出ていくことの方が多いでしょう。交際費など節約しにくい支出が増えそうです。

〈対人関係運〉

人間関係の入れ替わりがありそうです。いままで知らなかった世界を教えてくれる人や、自分を高めてくれる人物との嬉しい出会いがあるでしょう。

〈仕事・学業運〉

しなければならないことをこなすだけで精一杯ですが、実はそれが実力アップに役立っています。とにかく、今すべきことに集中しましょう。

〈開運の鍵〉

即断即決。

〈占術例〉

合コンに行くかどうか占ってこの最終結果となったら迷わずお出かけを。手品や物まねなどの一芸が、大受けしそう！

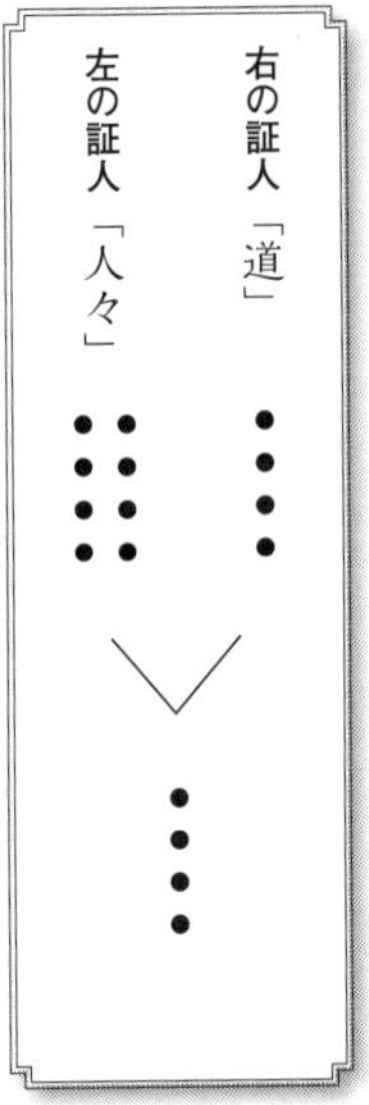

〔キーワード〕

沸騰。混乱と変化。

〔象意〕

過去を表す右の証人が変化を意味する「道」で、未来を示す左の証人が安定と豊かさを表す「人々」ですから、変化から安定へと向かう途中です。とすると、裁判官「道」が表す現在は、混乱の真っ最中ということになります。

将来的には多くのものを得ることになりそうですが、そのためにはもっとがんばらなくてはならないようです。

今、何らかの敵や困難に立ち向かっているなら、思ったより敵の力は大きいようです。待つよりも先制攻撃が効果的です。

打開策があるなら、試してみるべきです。一度では上手くいかないでしょう。二度、三度挑戦することで、確実に力をつけ、いずれは勝機をつかむでしょう。今は「前に進み続けること」が一番大事です。健康運はよい時なので、多少無理しても大丈夫でしょう。

水辺への旅行に吉があります。

〔全体運〕

混乱と変化の時ですが、ダメもとでいろいろな方法にチャレンジしてみることが、問題解決の糸口となります。

〈恋愛運〉

恋愛運に関しては明るい兆しです。近いうちに好きな人とおつき合いできることになりそうです。家族に紹介されてとんとん拍子に結婚となる可能性も！

〈金運〉

金運は波乱含みです。未来に向けての投資は有効ですが、結果が出るまで時間がかかります。しばらくは、地道な節約が必要でしょう。

〈対人関係運〉

期待通りにはいかない時です。良かれと思ってしたことを悪くとられてしまう可能性も。わかってもらう努力が必要です。

〈仕事・学業運〉

なかなか上手くいきません。今は試行錯誤することが大事なのです。その中に成功に通じるヒントがあります。

〈開運の鍵〉

一人旅。

〈占術例〉

来月の運勢を占ってこの最終結果となったなら、いろいろなことにチャレンジする月となるでしょう。金運はいまひとつですが、恋愛面では期待できそうです。

右の証人「つながり」
左の証人「拘束」

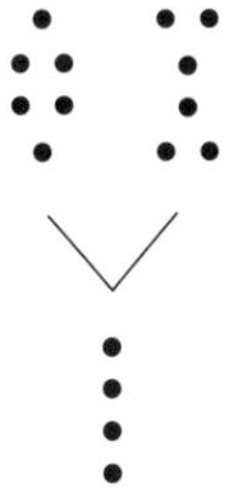

〈キーワード〉

足元を固める。

〈象意〉

集まるという象意を持つ「つながり」が右の証人で、周囲の状況を示す左の証人が「拘束」です。裁判官は変化を表す「道」。「つながり」で集まったものが、「道」の変化を通じて、「拘束」で固定、確定されると読み、多くの場合吉となります。

あなたのもとに集まってきたお金や人脈やアイデアが、目的に沿うように変わっていき、確実に自分自身の糧となります。

相手の状況は「拘束」で動かないことを意味しますから、自分自身が動くべきです。集める、結びつける、そして目的を明確にするための行動が、幸運を呼び込みます。もう少しすると、忙しすぎるなどの理由で自由に動けなくなるので、今のうちにできることをしておきましょう。足元をしっかり固めておくべきときです。

訴訟やトラブルは有利な形で解決できそうです。遺産を継承する可能性もあります。

恋愛に関してはとてもよい結果です。男女が引き寄せられて「拘束」＝虜《とりこ》になるという象意となるからです。ただし、ターゲットとする異性を絞るべきでしょう。

〔全体運〕

目的に向かってどんどん進んでいきます。あなたは何かを結びつけるコーディネーター的役割を果たすことになりそうです。

〔恋愛運〕

最高に良い運気です。愛する人と気持ちがぐっと近づき、お互いに身も心も離れられなくなり、結婚することになります。

〔金運〕

まずまず。臨時収入や大幅な収入増は期待できませんが必要な金額は入るので困ることはありません。堅実な貯金や運用が吉。

〔対人関係運〕

人の助けは期待できない時です。自分自身が動くしかありません。

〔仕事・学業運〕

情報や手順を整理し、足元をしっかり固めたい時です。今、取り組んでいることはこの先必ず力になります。

〔開運の鍵〕

スニーカー。

〔占術例〕

ボーナスの使い道を占ってこの結果を得たら、将来のために手堅く貯金や運用を。自ら動けば良質な金融情報が得られます。

右の証人「拘束」
左の証人「つながり」

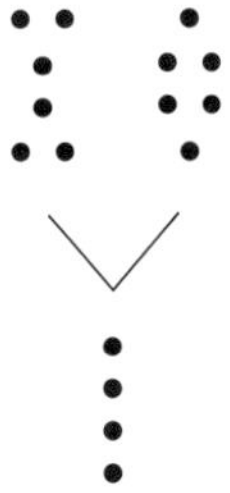

〔キーワード〕

相手を変えようともがく。

〔象意〕

あなた側の証人が「拘束」で、相手の状況を示す証人が集合を示す「つながり」。裁判官が変化の「道」。とらわれた状態から統合への移行を意味しますが、そのわりには収穫がなく、多くの場合、希望が叶わない残念な結果となります。

「拘束」が示す自分自身の頑なさ、意固地さ、自己中心的な考え方が問題です。相手を一生懸命に変えようとしているのですが、本当に変わらなければならないのは、相手ではなく自分自身です。そこに気づかなければもがき続けるだけでしょう。

トラブルや訴訟は間に第三者が入って和解することになりそうです。自分の勝ちにこだわりすぎないことが大事です。

自分を見つめ直す旅が運気改善のよいきっかけになります。一人旅の方が吉。

既につき合っている恋人との結婚に関してだけは、大吉です。ロマンチックなプロポーズを経て、みんなにうらやましがられる素敵な夫婦となれるでしょう。

〔全体運〕

思う通りにならない運勢です。状況が悪い、と思いがちですが本当の原因はあなた自身にあります。自分を冷静にふりかえってみるとよいでしょう。

〔恋愛運〕

新しい出会いは期待できませんが、恋人との結婚を進めたい人にはとてもよい時です。二人の心が一つになります。

〔金運〕

出入りはありますが、結局のところ、プラスマイナスゼロ、利益なしでしょう。損をしないだけよしとするべきです。

〔対人関係運〕

頑固さゆえに、人との間に距離ができやすい時です。相手が間違っているように思えても、自分から譲るべきでしょう。

〔仕事・学業運〕

自分自身の仕事に集中するべき時です。人のことを気にしても益はありません。堅実に手堅く足元を固めましょう。

〔開運の鍵〕

日記帳。

〔占術例〕

友達とのトラブルを占ってこの最終結果を得たなら、あなた自身の頑固さに問題がありそう。謝れば修復は可能です。人のアドバイスを素直に受け入れることも大事。

右の証人「大吉」
左の証人「小吉」

〈キーワード〉

自ら前進する。

〈象意〉

左右の証人とも幸運を示していて、喜ばしい結果が約束されています。

質問者の状況を表す証人は大きな幸運を表す「大吉」、周りの状況を表す証人は「小吉」。そして裁判官は変化を表す「道」ですから、自らの意志で行動し、前に進んでいくことで自分の希望が叶い、結果的に周りに喜びを与えるという意味になります。

どんなことでも幸運が味方してくれます。欲しいものは手に入り、トラブルはみんなにとって一番良い形で無事解決するでしょう。

体力も十分あり、健康運も好調です。エネルギッシュにチャレンジできるときです。

自分を変えたいなら、今が最適です。ヘアスタイルやファッションだけでなく、生き方や仕事などをよい方向に変えていくことができます。何よりもまずは自分自身が「変わりたい！」と強く思うことが大事です。

自分から積極的に動くことで、さらに大きな幸運を引き寄せることができます。

〈全体運〉

大幸運期です。積極的な行動がさらなる幸運を呼び込みます。転職や引越しなど自分自身を変える選択はすべて吉。

〈恋愛運〉

大吉。告白は成功し、両思いになれるでしょう。恋人募集中の人は、外出先で運命的な出会いがあるでしょう。

〈金運〉

大好調です。新しい仕事やチャレンジが収入増加につながります。嬉しい臨時収入も期待できそうです。

〈対人関係運〉

とてもよい関係を築くことができます。新しく楽しい出会いもあり。久しぶりに友を訪ねれば大歓迎されます。

〈仕事・学業運〉

自分の道がはっきりと見えてきます。気持ちよく仕事がはかどり、勉強も進みます。良き師との出会いもあります。

〈開運の鍵〉

イメージチェンジ。

〈占術例〉

新しいプロジェクトの成功を占ってこの最終結果を得たなら、大成功が期待できます。自分の意志で決断すること、自分から積極的に取り組むことが大事です。

右の証人「小吉」
左の証人「大吉」

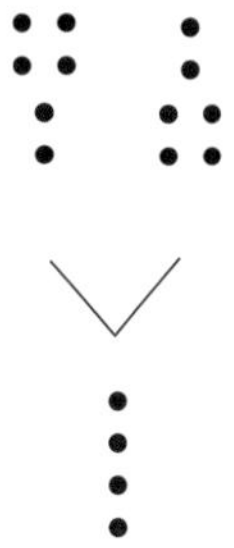

〈キーワード〉

周りの力を借りて吉。

〈象意〉

裁判官は変化を意味する「道」。左右の証人が幸運を示しています。周りに協力を求めることによって、より大きな幸運を得られる時です。

質問者の状況を表す証人は、小さな幸運を表す「小吉」で、周囲の状況を表す証人は、大きな幸運を表す「大吉」。あなたに与えられた幸運はささやかで小さなものですが、周囲からの強力な援助があります。

友人や同僚、先輩や家族が力になってくれます。自分一人で抱え込まず、人の力を借りましょう。小さな幸運を喜ぶことができる謙虚さと、人に頼れる素直さが大事です。

少し時間はかかりますが最終的に希望は叶い、必要なものは手に入ります。最後まで粘り強く取り組みましょう。

ただし、訴訟や勝負事には勝つのは難しいでしょう。今は相手の状況の方が強いからです。戦いを長引かせるより少しでも有利な形で早めに和解に持ち込んだ方が得です。

旅行運がよいので、どこにでかけても楽しく過ごせるはずです。

〈全体運〉

　幸運期。周りに協力してもらうことで、さらに大きな収穫を得ることができます。希望は叶い、嬉しい結果となります。

〈恋愛運〉

　好きな人の心を射止めることができるでしょう。告白に際しては周りの協力が大事。ライバルがいる場合は不利です。

〈金運〉

必要十分なお金を得ることができるでしょう。プレゼント運やおごられ運もまずまずです。

〈対人関係運〉

　周りに助けられて、幸せになれます。謙虚で素直な対応が共感を呼びます。感謝する心がさらなる幸運を呼びます。

〈仕事・学業運〉

　高望みしすぎなければ喜ばしい結果を得ることができます。自分の立ち位置を謙虚に見つめることが第一歩です。

〈開運の鍵〉

　感謝の言葉。

〈占術例〉

　来週の運勢を占ってこの最終結果を得たなら、とてもよい週になるでしょう。周りの協力を得て、希望が叶い、大きくステップアップすることになりそうです。

右の証人「獲得」
左の証人「喪失」

〔キーワード〕

誰かの涙と引き替えの喜び。

〔象意〕

左右の証人が獲得と喪失という対照的な意味となり、あなた自身の状況は右の証人の「獲得」に示され、相手、または周囲の状況は、左の証人の「喪失」に示されます。裁判官は変化を意味する「道」です。

願いは叶い、欲しいものは手に入るでしょう。あなたが最高に満足できるよい結果になるのが一番の特徴で、たとえ周りに理解してもらえなくても気になりません。あなたにとって一番大事なものが手に入ります。ただし、その喜びは誰かの涙と引き替えとなりそうです。

今までやってきたことが認められ、評価され、成功につながります。自分の道はこの先にあるという確信が持てるようになります。

特に恋愛や人間関係で大きな幸運と喜びがあります。愛されている実感を得ることができます。ライバルは戦う前に逃げ出すでしょう。仕事面では欲しかったポジションを獲得することになるでしょう。

喜びは、次のステージへと続く入り口です。焦らず待っていましょう。間もなく待ち望んだ良いニュースが届きます。

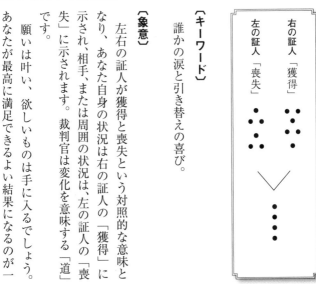

〔全体運〕

とても嬉しいニュースが届きます。昇進したり、表彰されたり、コンテストで優勝する可能性もあります。

〔恋愛運〕

ライバルに勝ち、想う相手を射止めます。舞い上がって周りが見えなくなりがちなので、その点だけは注意しましょう。

〔金運〕

満足できる運勢です。欲しかったものが手に入ったり、今までのがんばりが認められて報奨金が入ったりするかもしれません。

〔対人関係運〕

敵と味方がハッキリ分かれることになりそうです。味方となった人は絶対に裏切りません。選ぶのは自分自身です。

〔仕事・学業運〕

今までのがんばりが認められるでしょう。テストや試験では思った以上のよい結果が期待できます。

〔開運の鍵〕

身近な人へのお土産。

〔占術例〕

三角関係の恋愛を占ってこの最終結果を得たなら、邪魔者は失意のうちに去り、晴れて両思いになれるでしょう。

右の証人「喪失」
左の証人「獲得」

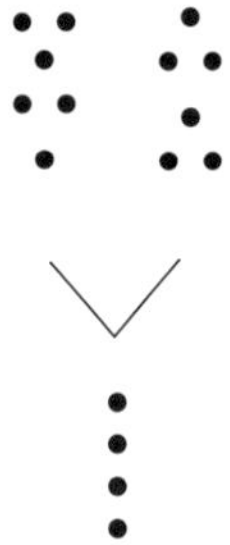

〔キーワード〕

誰かに何かを取られる。

〔象意〕

左右の証人が喪失と獲得という対照的な意味となります。あなた自身の状況は右の証人「喪失」に示され、相手または周囲の状況は、左の証人「獲得」に示されます。裁判官は変化を意味する「道」です。

あなたは何かを失い、それを誰かが手に入れることになるでしょう。あるいは大事な何かが横取りされるのかもしれません。

失われるのは、欲しかったポジションやお金、名誉、愛情。取り戻そうとしても難しいでしょう。今は相手に分があります。

とはいえ、勝ちや負けが永遠に続くわけではありません。今このターンではとりあえず負けたのです。

辛い時にそばにいてくれる人は、あなたのことを何より大事に想ってくれています。何かを失った時に、本当に大切なものを知ることになるのです。

運勢は不安定です。大事な決定はまだしない方がよいでしょう。気力は低下していますが、健康運は悪くありません。状況さえ変化すれば気持ちも上向いていきます。

〔全体運〕

落とし物やなくしものをしやすい時です。注意力散漫になっているので気をつけましょう。残念なニュースが届くかもしれませんが、助けてくれる人がいます。

〔恋愛運〕

失恋の暗示です。ライバルに恋人を奪われるかもしれません。最悪の場合、相談していた同性の友人に恋人を取られる可能性も。

〔金運〕

低調です。つまらないものに散財してしまったり、サイフを落としたりする可能性があります。気を引き締めたい時です。

〔対人関係運〕

自分にとって本当に大事な人がわかります。辛い時や、苦しい時にそばにいてくれる本当の友達がいるはずです。

〔仕事・学業運〕

思うような成果が出ません。ライバルに先を越されて悔しい思いをします。その悔しさが奮起の原動力になります。

〔開運の鍵〕

悔しさをバネにする。

〔占術例〕

誰かとのパートナーシップを占ってこの結果が出たなら、相手に問題がありそうです。慎重に行動する方がよいでしょう。

右の証人「喜び」
左の証人「竜の頭」

〈キーワード〉

輝かしい未来。

〈象意〉

喜びを意味する「喜び」と始まりを意味する「竜の頭」という二人の証人に見守られています。裁判官「道」は、輝かしい未来に向けて、あなた自身の意志で進みなさいと告げています。自分で選んで決めて行動することが素晴らしく喜ばしい成功へつながるでしょう。人の話を聞いて参考にするのも大事ですが、決定するのは自分自身です。自分の心が望む方向を選べば間違いありません。

新しく始めることはすべて吉です。自ら先に立って始めればみんながついてきます。

楽しみながら行うことに幸運があります。しなければならない仕事や勉強も、嫌々するのではなく、楽しめる工夫をしてみましょう。

誰かにさせられるのではなく、自分から取り組むことに幸運があります。

訴訟やトラブルでは、お互いに意見を出し合うことで、よりよい解決となるでしょう。

体力・気力も充実して、やる気が湧いてきます。金運、恋愛運も好調です。

〈全体運〉

絶好調です。自分の思う通りに物事が進みます。目標が定まり、充実した毎日を過ごすことができるでしょう。

〔恋愛運〕

素晴らしい恋が始まります。恋人がいる場合も、初心に戻ったような新鮮な愛情に満たされるでしょう。

〔金運〕

豊かに過ごせるでしょう。交際費をはじめ、出ていく金額は多いのですが、それ以上に入ってきます。先行投資も有効です。

〔対人関係運〕

リーダーシップを発揮できる時です。よい仲間がいてくれるので、何かあったらサポートしてくれます。

〔仕事・学業運〕

大いに発展、前進するでしょう。新しいやり方や新しい分野へのチャレンジがさらなる吉を呼び込みます。

〔開運の鍵〕

新しく帽子を買う。

〔占術例〕

身近な人間関係のトラブルを占ってこの結果を得たなら、あなた自身が先頭に立って意見をきちんと伝えることで、問題が解決へと向かいます。

右の証人「竜の頭」
左の証人「喜び」

〈キーワード〉

周りに助けられて成功する。

〈象意〉

裁判官「道」が示す自分自身の道を、あなたは力強く進み始めます。あなた側に立つ証人の「竜の頭」は始まりを示し、周囲の状況を示す証人の「喜び」は周りからの祝福を表します。

実力は未知数で、チャレンジは始まったばかりですが、周りの手助けと協力で、成功できるでしょう。

あなたとしては不安と期待の両方があるはず。希望と違う道に進むこともあり得ます。その場合もいったん決めたのなら振り向かずに前進するという決意が何よりも大事です。どんな分野であっても上手くいきます。

もしもあなたが間違っても周りが正してくれます。人からのアドバイスを聞き入れる余裕が幸運を呼び込むでしょう。

トラブルは遺恨が残らない形で解決するでしょう。敵だと思っていた相手と一番の親友になれるかもしれません。

旅行では、めったにできない珍しい体験ができるでしょう。

〔全体運〕

あなたが思う以上に好調です。もっと自分に自信を持ちましょう。周りが助けてくれます。体力も充実しています。

〔恋愛運〕

好みのタイプではない人とつき合うことになるかもしれません。つき合ううちに相手のことがどんどん好きになります。

〔金運〕

必要なだけ十分入ってきます。余るほどではありませんが足りなくなることはないので、心配は要りません。

〔対人関係運〕

あなたのことを心配し、アドバイスしてくれる人がいます。耳に痛い厳しい意見ほど、あなたにとって必要な助言だと思ってください。

〔仕事・学業運〕

あなたとしてはまだまだ満足できませんが、まずまずの良い成果となります。さらなる前進が期待できます。

〔開運の鍵〕

振り向かず前に進む。

〔占術例〕

仕事の独立について占ってこの最終結果を得たなら、とにかく前に進んでみることです。的確なアドバイスをしてくれる人が現れるでしょう。

右の証人「悲しみ」
左の証人「竜の尾」

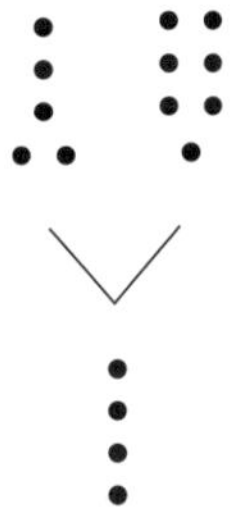

〔キーワード〕

未熟さからの失敗。

〔象意〕

右の証人は「悲しみ」、左の証人は終わりを意味する「竜の尾」、裁判官は変化を表す「道」。この結果は、あなたのチャレンジが実力不足により失敗に終わることを暗示しています。

左の証人の「竜の尾」と裁判官「道」には吉凶はありませんが、凶意の強い「悲しみ」があなた側の右の証人として出ているので、失敗の原因はあなた自身の中にあります。

実力も準備も足りなかったのでしょう。周りの協力も得られませんでした。強引すぎるところもあったかもしれません。

困難を感じているなら、いったん白紙に戻し、新しくやり直すべきです。

訴訟やトラブルに関して関しては吉の結果で、向こうが訴えを取り下げたりして、自然と終了する可能性があります。争いはどちらも利がなく、不毛に終わるでしょう。

やり直すのは気が重いでしょうが、以前よりは必ず良くなります。

〔全体運〕

低調です。何をやっても上手くいきません。体力も低下しています。できればおとなしく静かにしていたい時です。

〔恋愛運〕

失恋の暗示です。気持ちが離れた相手にすがりつくのは逆効果です。別れたくなくても、ここはぐっと気持ちを抑えて、いったん引く方がよいでしょう。

〔金運〕

残念な状況です。出費が多すぎて収入が追いつきません。こんな時だからこそ、投資や儲け話に乗らないよう気をつけるべきです。堅実にいきましょう。

〔対人関係運〕

あなたから離れていく人がいるでしょう。それもまたご縁ですから仕方がありません。去る者は追わずの姿勢が吉です。

〔仕事・学業運〕

不注意によるミスが多くなります。再三確認をしましょう。残業やキツイ仕事が続いてしんどいのは、あと少しです。

〔開運の鍵〕

何度でもやり直す。

〔占術例〕

明日の旅行について占ってこの最終結果を得たなら、旅行計画に無理があるのかもしれません。十分に余裕を持った計画にすることで、トラブルを未然に防げます。

右の証人「竜の尾」

左の証人「悲しみ」

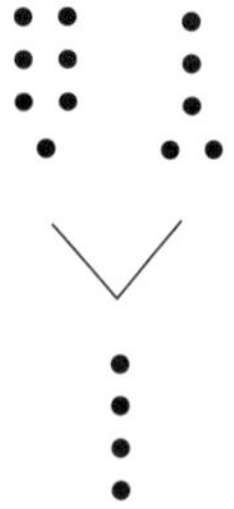

〔キーワード〕

やる気のなさからの失敗。

〔象意〕

終わりを意味する「竜の尾」と、「悲しみ」が証人となり、あなたのチャレンジが、やる気のなさにより失敗に終わることを暗示しています。

あなた側の証人として出た「竜の尾」は、この問題に対する関心のなさや意欲の低さを示しています。実は自分自身でも、「どうせ上手くはいかないだろう」と思っているのではないでしょうか。

しかし裁判官の「道」は、それでも前進せよと告げています。もしかしたら、進もうとしている方向が間違っているのかもしれません。本当に自分自身がやりたいこと、望むことは何なのか改めて考えてみるべき時です。

いいかげんな気持ちで進んでいくと、周りにも迷惑をかけることになります。どこかに問題があるようです。できればいったん止まって考え直す方がよいでしょう。

気力、体力が低下しているので無理しない方がよい時です。

〔全体運〕

低迷運。何もやる気になりません。焦らずに自分が本当にしたいことについて考えてみると、進むべき道が見えてきます。

〈恋愛運〉

好きになった相手に問題がある可能性。冷静になってよく考えてみましょう。お金を渡したり暴力を受けたりしてはいないでしょうか。

〈金運〉

労働意欲が低下しています。消費欲も低下しているので、出費が少なく、何とかなっている状態です。根本的な改善が必要です。

〈対人関係運〉

あなたに敵意を持ち、邪魔しようとする人がいるようです。対抗しようと思わず、離れる方が賢明です。

〈仕事・学業運〉

全くやる気が出てきません。進路が希望と合っていない可能性があります。仕事でも不平不満が出やすいでしょう。

〈開運の鍵〉

非常口。

〈占術例〉

マンネリで悩んでいる恋人との将来について占ってこの結果が出たのなら、もうお互いに気持ちは冷めているようです。いったん、距離を置いてつき合いを冷静に考え直すことも必要でしょう。

右の証人「少女」
左の証人「赤」

〈キーワード〉

毎日を楽しく。

〈象意〉

美と愛情を意味する「少女」と闘争心を表す「赤」が証人となって、変化を意味する裁判官「道」が生成されています。楽しげな「少女」が、あなた側の証人であるため、吉となります。つまり、ささやかな毎日のちょっとした変化を喜び、楽しむことができる時なのです。

客観的に見れば、収入が多くなったり、仕事で大成功したりするわけではないのですが、あなたとしては、とても満足できる結果となります。それは自分の好きなものに囲まれて、好きなことに取り組んできたからです。結果を出すためではなく、過程を楽しむことが満足度を深めます。

旅行に行ったり、イベントや合コン、飲み会などに参加したりすれば、お金に換算できない楽しく充実した時を過ごせるでしょう。

美的感覚が鋭くなっています。イメージチェンジをし、ヘアスタイルを変えると周りからの評価がぐっと高まります。

赤い服や赤いアクセサリーが吉です。

〈全体運〉

華やかな運気です。遊びの誘いが多く、楽しい時を過ごせるでしょう。迷ったら、好きな方や楽しい方を選びましょう。

〔恋愛運〕

近いうち大きな喜びを得ることができるでしょう。情熱的で積極的な相手と縁があります。電撃的に恋が深まる可能性も。

〔金運〕

それなりに、賢い買物ができる時です。お得なクーポン券やバーゲン情報を有効活用してみて。

〔対人関係運〕

友達と楽しく過ごせる時です。飲み会や食事会に誘われたら、ぜひ参加を。新しく知り合う人と親友になれるかも。

〔仕事・学業運〕

楽しく進めていくことができそうです。ちょっとした工夫も有効。友達と目標を決めて勉強するとやる気がぐんとアップし、実力がつきます。

〔開運の鍵〕

おしゃべり。

〔占術例〕

来年度の昇給を占ってこの最終結果が出たのなら、金額的にはあまり期待できないかもしれません。が、仕事そのものはきっと楽しいのでしょう。メンタル面での差し引きはプラスです。

右の証人「赤」

左の証人「少女」

【キーワード】

人と自分を比べて不平が募る。

【象意】

欲と闘争心を表す「赤」と、愛と美を意味する「少女」が左右の証人で、現在を表す裁判官が「道」です。あなた側の証人が「赤」ですから、何をしても、もっともっとと欲しがる気持ちが先に立ち、不満が残りやすいという意味になります。

周囲の状況を表す証人の「少女」が表す華やかで美味しい楽しいもの、ブランドものや素敵なパートナーを、自分以外のみんなが持っているように思えます。

そこから、妬《ねた》みや僻《ひが》みの気持ちが生まれてきます。客観的に見れば決して不足しているわけではないのに、人と比べてしまうので、きりがありません。

金運や仕事運も、満足できない結果となりやすいのですが、それも人と比べるからです。比べているうちは、自分自身の幸せに気づくことはできません。

欲しいものを手に入れようとして追いかけるほど、逃げていきます。立ち止まって引いてみることで、真実が見えてきます。

〈全体運〉

客観的に見れば決して悪くないのですが、不満が募りやすい時です。ささやかな楽しみを見つける工夫が大事です。


〈恋愛運〉

告白するチャンスがやってきます。勇気を出して気持ちを伝えましょう。ただし強引さはマイナス。ソフトにいきましょう。


〈金運〉

望むほどは入りませんが、実はそれほど悪くはないはず。楽しみながら節約をして、できる範囲でやりくりの工夫を。


〈対人関係運〉

人と比べるのではなく、オンリーワンの自分を誇りに思えるようになれば、交友関係がさらに広がります。


〈仕事・学業運〉

人の進行具合が気になって、自分自身の作業がおろそかになりそうです。人は人、自分は自分と割り切りましょう。


〈開運の鍵〉

一品ものやオーダーメイドの品。


〈占術例〉

久しぶりの同窓会について占ってこの最終結果を得たなら、欠席する方が心安くいられるかもしれません。元クラスメイトの幸せそうな暮らしぶりに嫉妬心が募《つの》りそうだからです。

右の証人「少年」

左の証人「白」

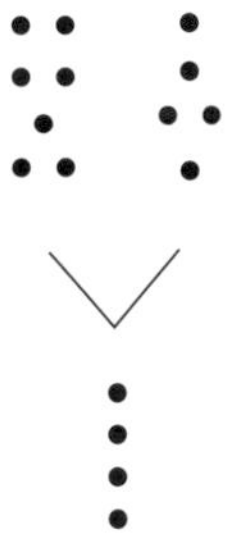

〈キーワード〉

焦って行動して失敗。

〈象意〉

「少年」と、公正潔癖を意味する「白」が証人で、変化を意味する「道」が裁判官です。軽率さを表す「少年」があなた側の証人なので、変化を求めて行動することが、失敗につながりやすいと読めます。

この場合の「少年」は、未熟さゆえの、性急な行動を表しています。トラブルを勇ましく解決してやろうと思うのですが、正義は相手側にあります。力尽くでは何も解決しないどころか、悪化するばかりです。落ち着いて頭を冷やして、よく考えましょう。

とはいえ、もしもうかつな行動で失敗してしまってもがっかりすることはありません。右の証人「少年」を過去、左の証人「白」を未来と見れば、失敗を糧に、公正な視点を得るという大きな成長が期待できるからです。

恋愛に関してだけは好機です。相手は内気でおとなしく、待っていても進展は期待できません。積極的な行動から、劇的な結婚へと進む可能性もあります。

〈全体運〉

焦るあまり、短絡的な行動をして失敗しやすい時です。行動を起こす前に、ゆっくりと深呼吸をするようにしましょう。トラブルの場合、相手の主張の方が正しいようです。

〈恋愛運〉

結婚運が急上昇中。積極的に自己アピールして吉。運命的な出会いがあり、電撃的に結婚へと進む可能性もあります。

〈金運〉

よくありません。見栄や対抗心からくだらないものに使ってしまい、金運がピンチを迎えそうです。引き締めましょう。

〈対人関係運〉

対抗心の高まりから、トラブルが起きやすい時です。失敗したと思ったら、真摯《しんし》に謝れば前よりも絆が強まります。

〈仕事・学業運〉

こつこつと続けることがバカらしくなり一気に成果を出そうとして、失敗しやすい時です。地道な作業が大切です。

〈開運の鍵〉

深呼吸。

〈占術例〉

転職を占ってこの結果を得たなら、焦って行動してはいけません。いったん、立ち止まって考え直す方がよいでしょう。

右の証人「白」
左の証人「少年」

〔キーワード〕

自分を信じて進む。

〔象意〕

正義を意味する「白」と、「少年」が証人で、変化を表す「道」が裁判官です。あなた側の証人が「白」なので、これから進もうとする道は正しいという占断となります。

とはいえ、相手側を意味する「少年」は、反抗と対抗のシンボルですから、平坦《へいたん》な道ではありません。あなたに反対する人、邪魔する人もいるでしょう。プロジェクトの中断や遅延もあり得ます。

しかし、それらを乗り越えて、あなたは、より強くなります。最終的には問題を解決し、敵に勝ち、大きな収穫を得ることができるでしょう。

目の前の小さな利益を追うのではなく、大局的に考え、良心と正義に則って行動しましょう。自分を信じて、粘り強く取り組んでいくことが大事です。

旅行先では、運命的な出会いがありそうです。健康運も良好です。

〔全体運〕

自分の思う通りに進んでよい時です。問題が起きたら、一つひとつ解決していけば大丈夫です。困難を乗り越えて最終的には希望が叶い、成功できます。

〈恋愛運〉

恋人募集中の人は、旅先での出会いに期待したい時です。恋人がいる人は結婚へと進むことになりそう。

〈金運〉

予想通り、まずまずです。この先は臨時の支出がありそうなので、少しずつ準備しておくとよいでしょう。

〈対人関係運〉

自分の主張を周りの人になかなかわかってもらえない時です。それでも自分の信じる道を進んでいけば、後から人がついてきます。

〈仕事・学業運〉

自分なりのやり方で物事に取り組み、成果を上げることになるでしょう。誘惑に負けないことが大事です。

〈開運の鍵〉

自分の良心に従う。

〈占術例〉

今の自分にとって一番大事なことは、何かを占ってこの結果を得たなら、自分を信じて前に進むことが大事という結果となります。良心に恥じないことであれば必ず成功するでしょう。

裁判官「つながり」の16種

何かと何かを結びつけるという意味を持つ「つながり」の、左右に立つ証人は、右と左とで、全く異なる性質を持っていることが多いのです。

例えば、少年と少女、赤と白、固定と変化。似たもの同士に見える、大吉と獲得のような組み合わせでも、そこには相反する要素が含まれています。最終結果は両極（左右）の喜ばしい結合、または相反する要素同士の緊張感として表現されています。

なお、結びつけるという象意から恋愛に関しては多くの場合、ハッピーな結果となります。

右の証人「人々」
左の証人「つながり」

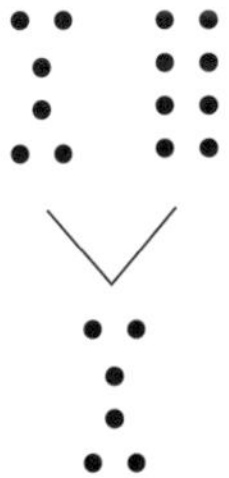

〈キーワード〉

違いを認める。

〈象意〉

過去を表す右の証人「人々」は受動的な状態を表し、未来を表す左の証人と、現在を表す「つながり」は目的に集中している状態を示します。

自分の意見を持たず、周りに流されている受動的な状態から、意志を持って行動する主体性を持つ存在へと変わっていきます。その第一歩はたとえ気にくわなくても自分と違う意見を認めることから始まります。相手を認め、その言葉に耳を傾けることが大事です。

目的や目標が定まり、やりたいことがハッキリします。趣味のサークルに入ったり、資格取得のための勉強を始めたりするのも吉です。

複数の選択肢を前にして、あれかこれかと迷っていた人も、自分の進むべき道が決まるでしょう。

恋愛や結婚に関しては、とてもよい結果です。運命の相手とおつき合いが始まるでしょう。恋人がいる人は自然に結婚へと進んでいけそうな気配です。

〔全体運〕

自分の意見が通りにくい時です。相手方に譲らなければ、物事が進みません。将来のことで迷っている人は目標が定まります。

〔恋愛運〕

急上昇中。運命的な出会いがありそうです。一目惚れから、そのまま電撃的に結婚へと進む可能性もあります。

〔金運〕

良好です。何か重要な買物をすることになりそうです。自分にとって大事なことのために、お金を使うことになるでしょう。

〔対人関係運〕

同僚やサークルの知り合いの中の特定の人と急速に仲良くなりそうです。趣味や好みがぴったり合う人でしょう。

〔仕事・学業運〕

目標が定まるまでは、やる気になれないでしょう。多くの可能性から一つだけを選ぶのは難しいことですが、選ばなくてはならない時が来ています。

〔開運の鍵〕

色ペン、マーカー。

〔占術例〕

資格試験の合否を占ってこの結果を得たなら？

仕事にぜひとも必要など、資格取得の目的がハッキリしているなら合格するでしょう。とりあえず取っておこうという曖昧《あいまい》な気持ちで受験するなら受かりません。

右の証人「つながり」

左の証人「人々」

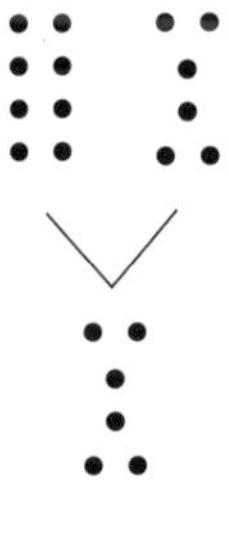

〔キーワード〕

思う通りに進む。

〔象意〕

あなた側の右の証人が、「つながり」で、周りの状況を示す左の証人が、多数を表す「人々」。裁判官はあなたと同じ「つながり」です。

あなたの意志が固まり、集中していくことで、将来的に多くの収穫を得るという結果です。

あなたと最終結果が同じシンボルなので、このまま思う通りに進んでよいという意味になります。周りも応援してくれます。

トラブルに見舞われている場合は、白黒を決するというより、お互いに納得のいく形で和解することになります。

相手に比べて自分が損をしているように思える場合もありますが、大丈夫です。最善策を選択できています。

自分がやるべきことはきちんと実行しなければなりません。責任さえ果たせば、正当な報酬や見返りを得ることができます。

恋愛と結婚に関しては、問題なくよい結果です。愛されて両思いになれます。


〈全体運〉

混乱は終息し、落ち着きを取り戻し、先行きの見通しが見えてくるでしょう。今やるべきことをすれば、将来は安泰です。


〈恋愛運〉

出会いが欲しいなら、自分が好きな異性のタイプを周りにアピールすれば、希望通りの人を紹介してもらえます。


〈金運〉

今がんばれば、近いうちに豊かになれます。人をうらやんでも仕方がありません。自分がやるべきことに集中しましょう。


〈対人関係運〉

対人関係のトラブルは和解することになります。特に問題がない場合は、近いうちに友達が増えそうです。


〈仕事・学業運〉

集中して取り組みたい時です。今がんばってもすぐに結果は出ませんが、これから先、大きな収穫となるでしょう。

〔開運の鍵〕

図書館、書店、博物館。

〔占術例〕

開運目的の旅行の行き先を占ってこの結果を得たなら、人が多く集まる図書館や書店、博物館が吉です。そこで行われるイベントがあればなおよし。出かければ、交友関係が広がるきっかけになります。

右の証人「道」
左の証人「拘束」

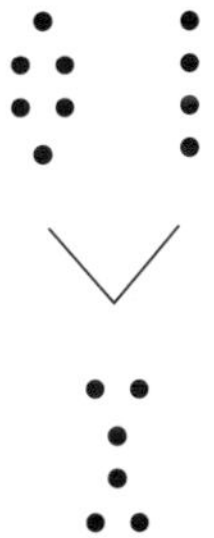

〔キーワード〕

動きたいのに動けない。

〔象意〕

変化を示す「道」と、膠着状態を表す「拘束」が左右の証人で、反対の状態を引き合わせる「つながり」が裁判官です。変わりたい、変わらなければならないのに、動けない、押さえつけられているという非常に苦しい緊張した状態です。

あなた側の証人が「道」ですから、あなたは本心から変わりたいと思っているはず。ですが周囲の状況がそれを許しません。
転職や留学など、新しいチャレンジを望んでもことごとく反対されそうです。この緊張状態は、変わりたいというあなたの気持ちが本当かどうか試すものなのです。
実際に動くことはできなくても、シミュレーションしてみることならできます。あらゆる可能性を探ってみましょう。どこかに未来に通じるヒントがあります。動けない苦しさは、成長するための必要な痛みです。時が来たら動けるように今は準備を。
強く結びつける力が働くので恋愛は吉です。

〈全体運〉

思い通りにいかない運気です。希望は叶わず、邪魔され反対されます。あるいは、どうしても動けない事情があるようです。

〈恋愛運〉

恋愛運吉。大好きな人と結婚するという意味になります。今、相手がいない場合は、電撃的な出会いの可能性があります。

〈金運〉

よくありません。がんばっても収入を増やすことは難しいでしょう。今の状態はしばらく続くので、支出を減らすことです。

〈対人関係運〉

今、仲のよい人との関係がさらに深まります。他の友達と仲良くしようとすると、嫉妬から邪魔されてしまいそうです。

〔仕事・学業運〕

成果が上がりません。がんばりたいという気持ちはあるのですが、意欲が結果に結びつかないのです。それでもがんばるしかない時です。

〔開運の鍵〕

リボン、ネクタイ。

〔占術例〕

友達グループに新しいメンバーを入れるかどうかを占ってこの結果を得たなら、入れない方がよいでしょう。今のメンバーとの関係がこじれる可能性があります。

右の証人「拘束」
右の証人「道」

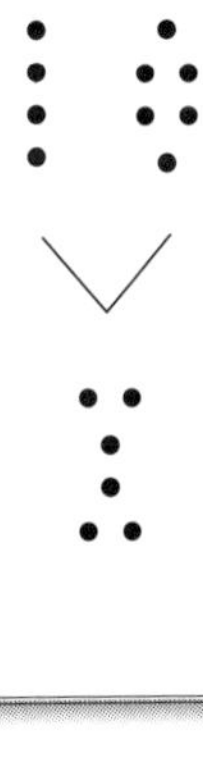

〔キーワード〕

迷い、悩む。

〔象意〕

あなたの側の証人が膠着、隔離を表す「拘束」で、相手や周りの状況を示す証人が変化を表す「道」。裁判官は異なるものを引き合わせる「つながり」です。

外に出たくない、変わりたくないというあなたを周りは放っておきません。あるいはあなたが動きたいと思っても、能力不足で動けません。何とかしなくてはならないのにどうにもできない、苦しさと焦りがあります。ですが、苦しさを越えたその先に、大きな成長が待っています。

迷いも悩みも、今のあなたには必要なのです。すぐに決断できないのは当然です。時間をかけて、状況を見て、自分自身に問いかけて、決断すればよいのです。力をつけるのにも時間はかかりますが大丈夫です。やがて花開く時が来ます。じきによいニュースも届きます。

「つながり」は結びつける作用があるので、恋愛や結婚に関しては無条件に吉です。結婚すれば幸せになれます。

〔全体運〕

しんどい時です。悩みや迷いがあり、動けないのでしょう。焦ることはありません。迷うことも必要です。

〔恋愛運〕

結婚を申し込まれそうです。相手はあなたを大事にしてくれます。恋人募集中の場合は、お見合いの話が持ち込まれるかも。

〔金運〕

低調です。極端にケチになっています。収入は多くないのですが、無駄遣いはしないので、貯めるにはよい時です。

〔対人関係運〕

仲よしとの関係性が少しずつ変わっていきます。今のままでいたいと思うでしょうが、変わることでさらに相手との絆が深まります。

〔仕事・学業運〕

低調です。意欲も気力も不足しています。手を広げるよりも、基本に戻りましょう。基礎を固める時です。

〈開運の鍵〉

スカーフ、ベルト。

〈占術例〉

あなたが提出したプランや書類、論文などが通るかどうか占ってこの結果を得たなら、残念ながら実力不足で難しいでしょう。けれど今苦労した体験が、後で必ず役立つ日が来ます。

右の証人「大吉」
左の証人「獲得」

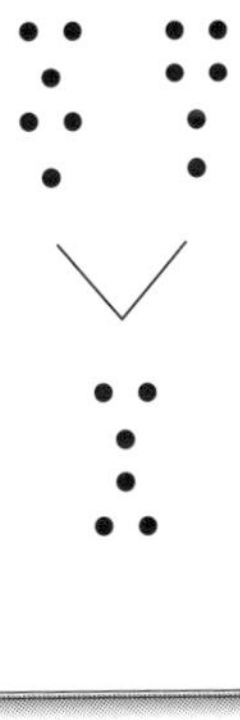

〈キーワード〉

積極的な行動が吉。

〈象意〉

あなた側の証人が、最高の幸運を表す「大吉」で、周りの状況を示す証人が喜ばしい「獲得」。裁判官は結びつける意味を持つ「つながり」です。

運命の後押しがある時です。あなたが自分の目的に集中することで、関係者全員が喜ぶ結果となります。

幸運が味方してくれます。自信を持ちましょう。

今やるべきことに一心に取り組むのです。そうすればみんなが幸せになれます。

自分の意志で、自ら積極的に行動していくことが大切です。今、何をすべきなのか、あなた自身がよく知っているはずです。

相手がいる問題の場合では与えるのがあなたで、相手は受け取る側です。与えても、あなたは何も失いません。逆にそうすることで、お互いに幸せになれるのです。

トラブルの場合も、歩み寄ることで、お互いに納得して和解し、今後は協力していくことになるでしょう。こちら側からの働きかけが解決への第一歩となります。

〈全体運〉

運勢は勢いよく快調です。自分の思う通りに物事が進みます。あなたの行動が周りのみんなを幸せにするでしょう。

〈恋愛運〉

自分からの積極的な行動が吉。片思いの恋が両思いになります。告白やプロポーズも成功するでしょう。

〈金運〉

満足できる金運です。ずっと欲しかった物を手に入れることができるでしょう。必要なだけ、お金が入ってきます。

〈対人関係運〉

対人運、出会い運が良好です。趣味や仕事を通して、自分の力になってくれる素敵な人との出会いがありそうです。

〔仕事・学業運〕

自分が本当にやりたいことに取り組める時です。その結果、大きな収穫を得ることになるでしょう。

〔開運の鍵〕

誰かに何かをプレゼントする。

〔占術例〕

直面している問題で、セカンドオピニオンを聞くべきかどうかを占ってこの結果を得たなら、自分の気持ち通りに、信頼できる人の意見を聞くべきです。自分から動くことで、有益な出会いがあるでしょう。

右の証人「獲得」
左の証人「大吉」

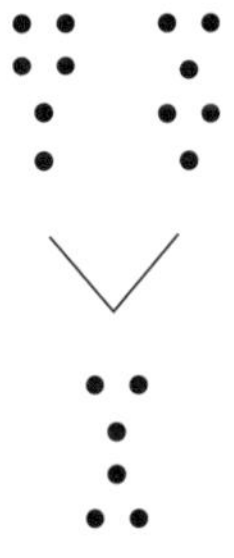

〔キーワード〕

協力による成功。

〔象意〕

何かを受け取る「獲得」があなた側の証人で、最高の幸運を表す「大吉」が周りの状況を示す左の証人です。裁判官はお互いの協力を表す「つながり」。

今は力を合わせ、協力するべき時です。相手の考えが違う場合も、心を広くして受け入れることで目的達成できます。

あれこれ選り好みをしている時ではありません。違う意見や対立する立場、相手の状況を受け入れることが、幸せにつながります。

合同で行うことや合併、共同作業はすべて吉。

恋愛にも最高に喜ばしい結果です。困難があっても乗り越えて、結婚へと至るでしょう。

トラブルが生じた場合は、いったん休戦して、目前の問題を解決するために協力することになりそうです。すべてを受け入れられなくても、当面、必要なことだけでよいのです。

自分が損するとは考えないこと。相手に譲ることで結果的に得をするはずです。

〔全体運〕

好調運。共同作業が吉です。お互いをフォローしながらよい関係を築くことができるでしょう。

〔恋愛運〕

最高の運気。祝福されての結婚。恋人募集中の場合は、条件を広げることで、思った以上に素敵な出会いを得られます。

〔金運〕

豊かに過ごせる時です。おごられ運やプレゼント運がよい時です。欲しい物があるなら、それとなくアピールしてみましょう。

〔対人関係運〕

仲間と力を合わせて何かをやりとげて、みんなの心が一つになるでしょう。トラブルも解決へと向かいます。

〔仕事・学業運〕

あなたの力が必要とされています。みんなのためにがんばることで、あなた自身も大きく成長できるのです。

〔開運の鍵〕

お茶会、飲み会。

〔占術例〕

賑やかすぎるお隣さんに抗議すべきかを占ってこの結果を得たなら、事を構えるより和解を目指すべき。まずは明るい挨拶から始めましょう。多少なりとも言葉交わす関係になれば、今よりは配慮してくれるはずです。

右の証人「小吉」
左の証人「喪失」

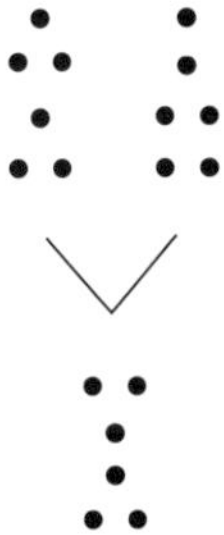

〔キーワード〕

等価交換。

〔象意〕

小さな幸運を表す「小吉」があなた側の証人で、「喪失」が周囲の状況を示す証人、そして相反する状況を表す「つながり」が裁判官です。

この結果は幸運を得る代わりに、何かを手放すという意味になります。勝ち負けで表すなら、5勝5敗ですが、「小吉」があなたの側にあるため、あなたのダメージは少ないでしょう。

仕事でも恋愛でも、手に入れるためには何かを支払わなければならないのです。羨望されるような仕事を続けるために私生活を犠牲にしたり、みんながうらやむ恋人を手に入れるために自分の夢をあきらめたり。状況に応じて、何を支払わなければならないのかが決まります。あなたはそれを受け入れるしかありません。

失ったものをいつまでも悔やんでも仕方がありません。今あるものと、新たに得たものを喜びましょう。あなたは確かに望むものを手に入れるのですから。

〔全体運〕

吉凶混合運。何かを手に入れ、何かを失うことになりそう。ですが、欲張らなければ幸せになれます。

〔恋愛運〕

大好きな人と一緒にいるために、何かしら犠牲を払うことになります。あなたの愛は深く強く、犠牲を払ったとしても、相手と一緒にいてよかったと思えるはず。

〔金運〕

出入りが多い時です。ですが、お金に換算できない大事なものを失いたくないのなら、必要な出費はケチらずに出すべき。

〔対人関係運〕

仲のよいメンバーに入れ替わりがありそうです。残った人、新しく入った人達は前よりもっと結束が深まります。

〔仕事・学業運〕

お金にはなりませんが大事な仕事を任されるでしょう。学業では、すぐに結果がでないけれど大事なことを学べます。

〔開運の鍵〕

腹八分目。

〔占術例〕

横暴な人物を糾弾すべきかどうかを占ってこの結果を得たなら、あなたの訴えは聞いてもらえますが、あなたの方も何らかのダメージを受けます。訴えるなら、それなりの覚悟が必要かもしれません。

右の証人「喪失」

左の証人「小吉」

〔キーワード〕

不満の残る等価交換。

〔象意〕

あなた側の証人は「喪失」、周りの状況を示す左の証人は、小さな幸運の「小吉」で、そして裁判官は、相反する状況を表す「つながり」です。何かを失う代わりに、何かを手に入れるという結果です。

勝ち負けでいえば5勝5敗の引き分けですが、「喪失」があなた側にあるため、心理的には失うダメージの方が大きいのです。

望みは叶わず、不本意ながら、大事な物を手放さなくてはならないでしょう。ショックが大きいので落ち込むのも仕方ありません。仕事と私生活、恋愛と趣味、夢と現実などの板挟みになり、どちらかを手放しますが、未練が残るでしょう。

ですが、手放したものの代わりに何かを得るはずです。その何かが、あなたを幸せにしてくれます。やがて時が経てば、これでよかったのだと思えるようになります。

〔全体運〕

不運が続くように思えますが、トータルの差し引きを見れば、そう悪くはありません。視野を広くして考えてみることです。

〔恋愛運〕

2番目に好きな人とつき合い、結婚することになりそうです。それがあなたが幸せになれる正しい選択です。

〔金運〕

低調です。常に足りない状態です。しかし、お金で買えない大事な何かは、あなたのそばにいつもあるはず。

〔対人関係運〕

友達に裏切られて悲しい思いをしますが、辛い時こそ助けてくれる本当の友達がいると知ることになるでしょう。

〔仕事・学業運〕

失意運。思うように進みません。自分の適性を考え直すべき。学業では、進路を見直すことで将来が見えてきます。

〔開運の鍵〕

泣く。泣ける映画や本もおすすめです。

〔占術例〕

お見合いパーティに参加したらどうなるか占ってこの結果を得たなら、希望通りの相手はいないようです。しかし、次点と思える相手とよい感じになれそう。何のために結婚したいのか、相手に何を求めるのか、改めて考えてみることも必要でしょう。

右の証人「喜び」
左の証人「竜の尾」

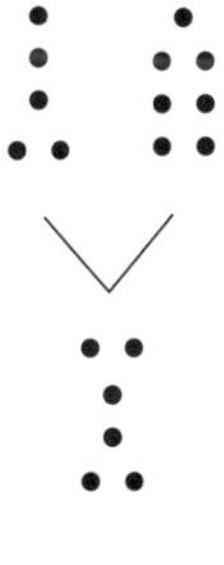

〔キーワード〕

嬉しい卒業。

〔象意〕

嬉しい笑いを表す「喜び」があなた側の証人、周りの状況を示す証人は完成を表す「竜の尾」、そして絆を表す「つながり」が裁判官です。喜びと笑いに満ちた完成、完了、卒業を表す結果です。完成を祝って大勢集まってきます。何か一つのステップが終了し、あなた自身大きく成長できたのでしょう。達成感と満足感からの笑顔です。

仕事は成功し、恋愛も成就するでしょう。トラブルも解決します。途中に苦労があっても「終わりよければすべてよし」と言い切れるような結末です。

そろそろ一区切りつける時が来たようです。終わりにすることで幸せになれます。

近いうちに懐かしい人との再会やパーティ、謝恩会など、華やかで嬉しく楽しい集まりのお誘いがあるか、あるいは嬉しいニュースが届きそうです。

健康状態も良好、体調も万全です。

〔全体運〕

嬉しく喜ばしい運勢です。これまでの活動が表彰されたり、何か受賞したりして、注目されることになりそうです。

〔恋愛運〕

好調です。大好きな人と両思いになれるでしょう。長い春を過ごしてきた人はいよいよ結婚することになりそうです。

〔金運〕

豊かに過ごせます。退職金や報奨金などまとまったお金が入りそうです。使わずに先々のために貯金するのがよさそうです。

〔対人関係運〕

懐かしい友達と旧交を温める機会がありそうです。クラス会や地元の友達と久しぶりに会うなどして、楽しく過ごせます。

〔仕事・学業運〕

満足できる成果を得られるでしょう。プロジェクトの完成や学校の卒業など、大きな区切りがもうすぐです。

〔開運の鍵〕

同窓会。

〔占術例〕

長い間、友人関係だった異性と今後恋愛に発展するかどうかを占ってこの結果を得たら、実は、お互い両思いで、近いうちに結婚する予感。新しい人生を始めるに当たっては、地元の友達や幼なじみが相談に乗ってくれます。

右の証人「竜の尾」

左の証人「喜び」

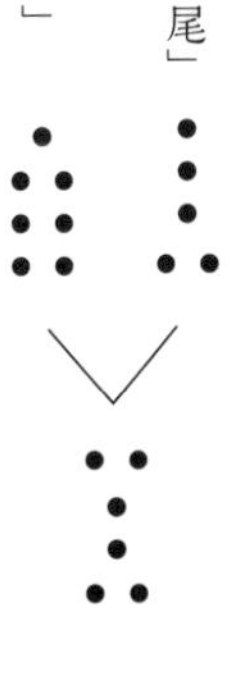

〔キーワード〕

潔い撤退。

〔象意〕

終わりを表す「竜の尾」があなた側の証人、周囲の状況を示す証人は笑いを表す「喜び」、裁判官は人生の岐路を表す「つながり」。

あなた側に、「竜の尾」が出ているので、先がないと感じているかもしれません。実際、リストラや婚約破棄、旅行の中断など、望まぬ終わりを示す場合もあります。が、結果的にそうなってよかったと思えるようになります。いさかいや裁判で相手に勝つのは難しいでしょう。リベンジを画策するより潔く撤退すべきです。

何かを終わらせることが、心からの喜びにつながります。迷いながら続けていることがあれば、きっぱりと終わりにしましょう。運が悪い、ついていないと思うことも多いでしょうが、決断が開運のきっかけとなります。終わりが始まりに、不運が幸運につながっているのです。

〈全体運〉

低調です。望みは叶わず、中断または中止となる可能性が高いでしょう。けれど物事は表面だけでは判断できません。いずれ本当のことがわかるでしょう。

〈恋愛運〉

波乱運。別れの暗示です。恋人募集中の場合は、募集中と口ではいいながら恋愛する気がないのが最大の問題でしょう。

〈金運〉

よくありません。必要なお金が足りずにどうしても困った場合は、プライドを捨てて誰かに借金をすることになりそう。

〈対人関係運〉

学校卒業や転職で人間関係が大きく変わりそうです。寂しく思うでしょうが、また新しい環境で友達ができます。

〔仕事・学業運〕

全くやる気が出ません。周りばかりが得しているように思えます。誰かのためでなく、自分のためにがんばろうと思えるかどうかが大事です。

〔開運の鍵〕

手帳や携帯を新しくする。

〔占術例〕

別れた恋人と復縁できるか占ってこの結果を得たなら、後ろを振り向かず前に進むことで幸せになれます。終わってしまった恋への未練はきっぱりと断ち切りましょう。あの時、決断してよかったと思える未来につながります。

右の証人「悲しみ」
左の証人「竜の頭」

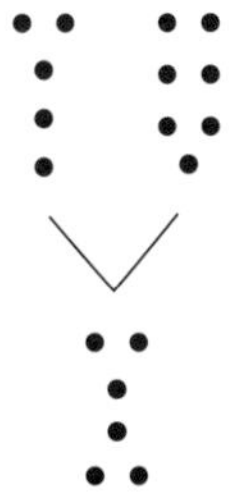

〔キーワード〕

不運をバネにする。

〔象意〕

あなた側の証人が不運を意味する「悲しみ」で、周囲の状況が始まりを意味する「竜の頭」。裁判官は運命の岐路を表す「つながり」です。

不運に沈んだどん底で、希望につながる、何かが始まるという結果です。

悲しみの中に明日への扉を開く鍵があります。あきらめた先に希望が見つかります。

今の望みは叶わず、行おうとしていることは失敗する可能性が高いでしょう。失敗の理由はいろいろ考えられますが、タイミングの悪さや不運など、どうしようもない原因であることが多いでしょう。誰かの責任にしてみても仕方がありません。あきらめるしかないのです。そのような不運を経験することで、スムーズに成功していたら気づかなかった、本当に大切なものを得ることになります。

難しい状況ではありますが、この経験があなたを強く、しなやかに鍛えてくれます。

〈全体運〉

不運からの失敗が暗示されていますが、その先に、新しく未来につながる道が見つかります。希望が未来へと導いてくれます。

〈恋愛運〉

失恋。想いは届かないでしょう。カップルの場合、ひどいケンカをしてしまいそう。そこからお互いの理解が深まります。

〈金運〉

厳しい状況ですが、本当に困ることはありません。何が必要で、何が必要でないのか、改めて考え直すきっかけとなります。

〈対人関係運〉

裏切られたり、仲間外れにされたり波乱運です。あなたが悪いのではありません。本当の友達は誰なのか、これでわかります。

〈仕事・学業運〉

仕事やテストでの失敗。落ち込みますが、ここが正念場です。自分自身の実力を冷静に判断できるようになります。

〔開運の鍵〕

馬蹄型のキーホルダー。

〔占術例〕

恋人にお金を貸していて、返してもらえるか占ってこの結果を得たなら、貸したお金は戻らないでしょう。あきらめた上で、恋人との関係を、見直すべきです。現実をしっかり見つめたその先に、取るべき道が見えてくるはずです。

右の証人「竜の頭」
左の証人「悲しみ」

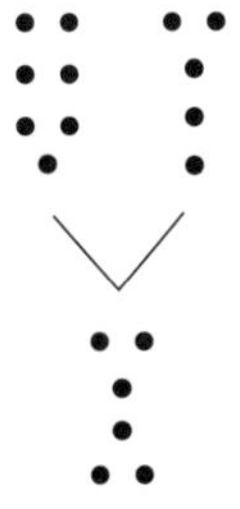

〔キーワード〕

困難の中を進む。

〔象意〕

あなた側の証人が始まりを示す「竜の頭」で、周りの状況を表す証人が宿命的な「悲しみ」。裁判官は運命の岐路を表す「つながり」です。

不運と悲しみに負けずに、前に進む困難と力強さを表す結果です。

周りの協力は期待できませんが、あなたなら願いを叶え、想いを遂げることができるでしょう。

あきらめないことです。

　あなたの道を邪魔しようとする出来事が起きますが、それは最初から想定内です。困難は覚悟の上で、あなたはその道を選ぶのです。

　トラブルは、知恵と工夫で解決できるでしょう。訴訟や争いにも勝ちます。恋のライバルにも勝って、理想の恋人を手に入れることができるでしょう。

　できることなら、負けた相手や今もなお困難の中にいる人達のことを、思いやる余裕があって欲しいと思います。


〈全体運〉

　安楽ではありませんが、思い通りに進んでいける力強い運勢です。願いは叶い、成功をつかむことができるでしょう。


〈恋愛運〉

　両思いになれます。ライバルがいたり、三角関係だったり、味方がいない困難な恋でも、あきらめずがんばれば思いが届きます。


〈金運〉

　がんばるほどに金運が上がっていきます。人よりも厳しく辛い仕事でがんばるほど、豊かになれます。


〈対人関係運〉

　一対一ならこちら側がリードできます。ですが、集団の中だと思うように意見が通りません。したいことは一人で取り組む方がよさそう。


〈仕事・学業運〉

　一人でがんばるべき時です。誰かに頼らず、自分自身の力で乗り切りましょう。それが自信と実力アップにつながります。

〔開運の鍵〕

橋。

〔占術例〕

兄弟同士で遺産相続について争っている時に占ってこの結果を得たなら、あなたに有利です。ただし、兄弟間の不和は修復できず、親戚《しんせき》とも疎遠になるのは仕方ないでしょう。

右の証人「少女」
左の証人「少年」

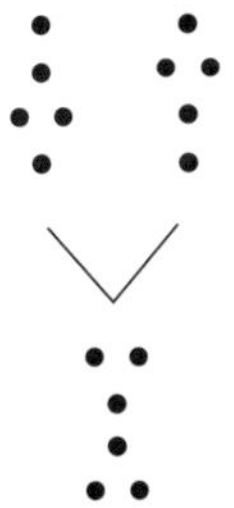

〔キーワード〕

男女仲良く。

〔象意〕

あなた側の証人が「少女」で、相手や周囲の状況を示す証人が「少年」、そして相反する性質を結びつける「つながり」が裁判官です。

少年少女と、男女揃って協力して成功するというとてもよい結果です。特に恋愛面で最高によい結果です。二人は固く結ばれるでしょう。

占っているあなたの性別にかかわらず、この場合、「少女」があなた側ですから、あなたは受け身の姿勢となります。周囲が積極的、能動的なサポートをしてくれるでしょう。

問題やトラブルが生じたら、役割を分担して解決に取り組みましょう。自分で何もかも抱え込まず、周囲に助けを求めるのです。

仕事でも趣味でも成功のキーワードは、男女仲よくすること。男女が協力すれば、成果が上がります。

健康運も良好。バランスの取れた食生活が吉。間もなくよいニュースが届くでしょう。

〔全体運〕

とてもよい運勢です。周囲のサポートで願いが叶うでしょう。男女混合の飲み会や旅行、イベントは大成功します。

〔恋愛運〕

最高の恋愛運です。運命の人と出会い、電撃的な恋が始まりそうです。カップルの人はプロポーズされて結婚します

〔金運〕

豊かな金運です。プレゼント運、おごられ運が良いので、欲しいものをさりげなくアピールしておくとよいでしょう。

〔対人関係運〕

男女の人間関係がとてもよくなります。対人関係のトラブルを解決するにも、異性の意見が役立ちます。

〔仕事・学業運〕

男女ペアで取り組むことではかどります。学業

や仕事も、好きな人と一緒にいたいからなど、下心がある方が、がんばれる時です。

〔開運の鍵〕

ペアグッズ。

〔占術例〕

知人の紹介でつき合い始めた恋人とギクシャクして、別れようかと占ってこの結果を得たら、別れないで。ささいな不満が目につく時期ですが、本来の相性はよいはず。かつてのときめきを思い出して。

右の証人「少年」
左の証人「少女」

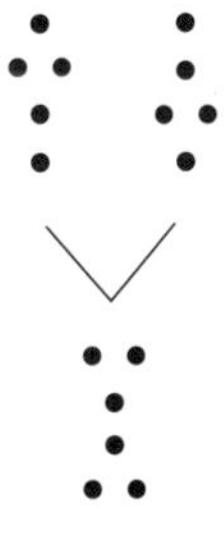

〔キーワード〕

自分をアピールできる時。

〔象意〕

あなた側の証人が「少年」で、相手や周りの状況を表す証人が「少女」。そして裁判官は、相反する性質を結びつける「つながり」です。

少年少女と、男女がお互いをサポートして成功できるとてもよい結果です。実際に両思いや結婚を示す場合も、象徴的に男女の協力、結合を表す場合もあります。

占っているあなたの性別がどちらであれ、この場合、あなた側が「少年」ですから、男らしい積極性を発揮することで、周囲から「少女」が示す気配りや優しさといったサポートを受け取るがことができるでしょう。

ただし短気はいけません。

相手から何かを得たい場合は、まず自分から差し出しましょう。

トラブルや困難は、あなたの実力を周囲にアピールする絶好の機会です。あなたなら、自分の力で解決できるはず。自分を信じて進みましょう。やがて嬉しい評価と収穫を得ることになるでしょう。

〔全体運〕

好調運です。やる気と前向きさがさらなる幸運を呼び込みます。男女混合の飲み会や旅行、イベントに幸運があります。

〔恋愛運〕

告白が成功して両思いになれます。恋人募集中の人は、出会いの場に積極的に出かけましょう。運命的な出会いがあります。

〔金運〕

右肩上がりです。投資やギャンブルにツキはありませんが、仕事でがんばった分だけ評価が上がり、収入アップにつながります。

〔対人関係運〕

男女混合のグループでとても楽しく過ごせる時です。異性からのアドバイスや意見によって、視野が大きく広がります。

〈仕事・学業運〉

得意分野で活躍できます。自らアピールしていくことも大事。学業では、得意なことから取り組みましょう。苦手分野は周りが助けてくれます。

〈開運の鍵〉

合コン。

〈占術例〉

結婚相手の両親との同居を打診された時に占ってこの結果を得たなら、同居でのメリットは十分あります。夫が主導して新居を建てるのが円満の秘訣《ひけつ》でしょう。

右の証人「白」
左の証人「赤」

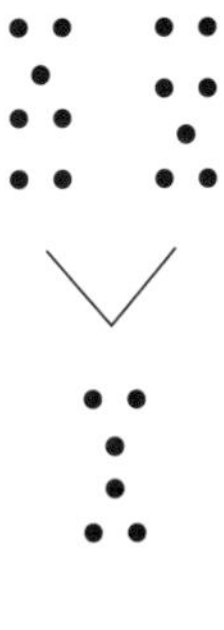

〈キーワード〉

本音と建て前。

〈象意〉

潔白を表す「白」があなた側の証人で、熱情を表す「赤」が周りの状況の証人。そして対立する要素を結びつける「つながり」が裁判官です。

一方は、公正潔白を示す白。もう一方は、血と激情を暗示する赤。あなた側が白なので、正義はあなたの上にあると読めます。しかし、正攻法で倒せない敵もいますし、冷静さと同じくらい熱情が必要な時もあります。
情熱と冷静さ、表の顔と裏の顔をその時によって使い分けることが必要です。今回の難局をクリアするためには、どちらも不可欠なのです。
どのような状況でも強い精神力で自制心と客観性を保つことが大事になってきます。
トラブルに際しても冷静に対応することで、解決できます。訴訟にも勝てるでしょう。
恋愛には押して引く、などの工夫が効果的です。恋愛成就、結婚が近いという意味になるので、勇気を出して告白しましょう。

〔全体運〕

吉運です。創意工夫で成功をつかみます。自分の能力を信じて、勇気を持って進むことです。

〔恋愛運〕

両思い、結婚が近いという結果です。恋人募集中の場合は、自分と正反対のタイプと出会って恋に落ちてしまいそうです。

〔金運〕

良好です。使うべきところには使い、引き締めるところは引き締め、収支のバランスもよい状態です。

〔対人関係運〕

建前と本音を上手く使い分けることで上手くいきます。トラブルに際しては感情的になりすぎないことが大事です。

〈仕事・学業運〉

仕事に関しては事前の根回しが有効です。学業は適度に息抜きしながら、やる時はしっかりやることが大事です。

〈開運の鍵〉

赤と白の文具。

〈占術例〉

結婚して十年。伴侶《はんりょ》に異性として見てもらえなくなったことに悩んでこの結果を得たなら、結婚生活は維持しつつ、他の異性にこっそり恋してみては？　ときめくことで、ホルモンが活性化し夫婦関係もリフレッシュします。

右の証人「赤」

左の証人「白」

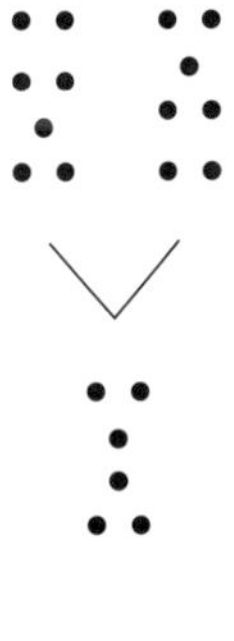

〈キーワード〉

短気による失敗。

〈象意〉

熱情を表す「赤」があなた側の証人で、潔白を表す「白」が周りの状況を示す証人。互いに対立する要素を結びつける「つながり」が裁判官です。

情熱と冷静の結びつきを示す結果ですが、血の赤を意味する凶意の強い「赤」があなた側なので、トラブルが暗示されています。

短気と怒りに煽《あお》られた衝動的な行動が、トラブルの原因となります。肝心なところで冷静さが発揮されず、短気になってはいけないところで爆発してしまい、後で一人になって猛省して悔やむのです。

相手がいるトラブルの場合、相手の冷静な対応が、余計に火に油をそそぐがごとく、あなたの怒りを煽る結果となっています。

まずは深呼吸して冷静になりましょう。落ち着いて対応すれば、トラブルもちゃんとクリアできるはずです。誰かに頼んで、間に入ってもらうのもよい方法です。

〔全体運〕

トラブルの暗示。タイミングも悪く、対応もちぐはぐで、小さなきっかけが大事になってしまいやすい時です。

〔恋愛運〕

思いがすれ違いやすい時です。カップルもケンカをしやすいでしょう。恋人募集中の人は、理想が高すぎます。

〔金運〕

衝動買いで無駄遣いしやすい時です。後で悔やむことになります。うっかりミスで余計な買い物をしてしまったら、できることなら返品しましょう。

〔対人関係運〕

勘違いをしてクレームつけてしまうなど、何かとトラブルになりやすい時です。落ち着いて対処しましょう。

〈仕事・学業運〉

いたずらに焦る気持ちと間違った見通しのために、失敗しやすい時です。客観的かつ冷静に状況を見てみれば、対処方法が見つかります。

〈開運の鍵〉

メモ。手帳。

〈占術例〉

問題が何であれ、パートナーとワリカンにするかどうかでもめた時に占って、この結果を得たなら、今回は相手の主張に理があります。お互い理解し合う努力が必要です。落ち着いて話し合う時間を作りましょう。

裁判官「拘束」の16種

裁判官「拘束」の左右には、「喜び」と「悲しみ」、「竜の頭」という始まりと、「竜の尾」という終わり、「少年」と闘争心を表す「赤」、「少女」と純潔を表す「白」などの証人が現れます。これらは、一方の存在ともう一方の存在がお互いを補完し、あるいは深め、発展させる組み合わせとなっています。

つまり、両者（左右の証人）はコインの裏表のように、運命的に結びついているのです。それは強くきつい拘束であると同時に、この世の摂理を表すものでもあります。

右の証人「人々」
左の証人「拘束」

〔キーワード〕

欲にとらわれる。

〔象意〕

何かが多い状態や大人数を表す「人々」があなた側の証人で、孤独を表す「拘束」が相手側の証人。正反対であるかのような左右の証人の間に立つ裁判官は、左の証人と同じ「拘束」。

この結果を見ると、あなたは、所有することに異様にこだわりがあるようです。今持っているものを少しも失いたくないのでしょう。誰にも渡さない！　と必死に囲い込んでいるようです。

その欲こそが、苦しみの原因です。

楽しいことも悲しいこともみんなで分かち合えば楽になります。それなのに、誰にもあげたくない、もっともっと欲しいと思ってしまうのが、今のあなたです。

客観的に見れば悪くない結果です。今あるものが増えはしませんが、減りもしません。

新しいチャレンジには不向きです。まずは自分自身をこだわりから解き放ってからでないと、前に進むことはできないからです。

〔全体運〕

現状維持。悪くはありませんが、他人と比べて不満を感じやすいでしょう。基礎を固めると吉。

〔恋愛運〕

恋人がいる人は愛情が深すぎて、嫉妬に苦しみます。相手に不実なところはありません。信じる心が大切です。

〔金運〕

手堅い金運です。予定外の収入がない代わり、予定通りのお金がきちんと入ってきます。衝動買いなどはしないで、しっかりやりくりできるでしょう。

〔対人関係運〕

新しい出会いは期待できませんが、昔からの仲間との縁は固く保たれています。喜びや悲しみを分かち合うことで、より絆が深まります。

〔仕事・学業運〕

大きく業績を伸ばすのは難しいでしょう。現状維持が精一杯です。学業でも、欲張らずに基礎を固める時です。

〔開運の鍵〕

人におごる。

〔占術例〕

いよいよ独立して仕事をすることになり、アドバイスを得ようとしてこの結果を得たなら、性急に顧客を増やそうとしないことです。じっくり基礎を固めるべき時です。仲間と仕事を分担することも検討してみましょう。

右の証人「拘束」
左の証人「人々」

〈キーワード〉

てこでも動かない。

〈象意〉

あなた側の証人が膠着を意味する「拘束」で、相手の状況を示す証人が集団を表す「人々」、裁判官はあなたと同じく「拘束」です。

「拘束」が、物事を増大する意味を持つ「人々」と一緒に出ていることで強調され、よりかたくなになっています。

つまり、動けないのではなく、動きたくないのです。今のあなたは、冒険などもってのほか、と思っています。新しいことはしたくないと、現状にしがみついています。そのとらわれを手放せば、未来が開けてくるのですが……。

とりあえず、今は体力と気力が低下しているので仕方ありません。まずは体力を養い、足元を固める時です。

トラブルに巻き込まれそうになっても、相手の挑発に乗らなければ、損することはありません。争いに勝つのは難しいので、休戦か現状維持を狙いましょう。

〈全体運〉

低調です。体力と気力が低下して、新しいことにチャレンジする気になれないでしょう。おとなしくしていれば無難です。

〈恋愛運〉

低調です。恋愛する気力が出ません。特にリスクのある恋愛はしたくないので、ハラハラするくらいなら、孤独な方がましと思うでしょう。

〈金運〉

欲を出さなければ、困窮することはありません。そこそこのお金は入ってきます。手堅く運用すれば、悪くない金運です。

〈対人関係運〉

特別にトラブルはありませんが、一人でいるのが気楽な時です。無理して友達につき合うより、家で読書やビデオ鑑賞する方が楽しく過ごせるでしょう。

〈仕事・学業運〉

基礎固めの時です。派手に表に出て活躍することはありません。学業でも地道に基礎を復習したい時です。

〈開運の鍵〉

家にこもって一人でできる趣味。

〈占術例〉

家業を継ぐべきかどうかを占ってこの結果を得たなら、既に「ノー」と言えないくらいガッチリと囲い込まれているのでは。手堅い職業なのでしょう。継げばそれなりにやっていけるはずです。

右の証人「道」
左の証人「つながり」

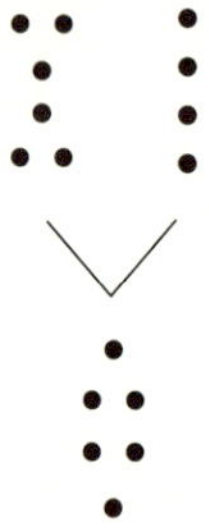

〔キーワード〕

視野が狭い。

〔象意〕

変化と行動を表す「道」があなた側の証人で、「つながり」が周囲の状況の証人。裁判官はこだわりを示す「拘束」です。

今、一つのことに集中している状態です。周りからのアドバイスも耳に入らず、かたくなに凝り固まっています。行動の「道」があなた側なので、思い通りに行動していると自分自身では思っているのですが、周りが見えていません。視野がとても狭くなってしまっていて、その結果、失敗する可能性があります。

進んでいこうとする道が間違っているようです。場合によっては中止し、やり直しする勇気も必要です。かたくなになってしまうと「もう駄目だ」と思いがちですが、気持ちさえ切り替えればやり直すこともできるのです。

トラブルが起こったら自分一人で解決しようと思わず、人に相談し、力を借りましょう。人とのつながりが、よりよい未来を引き寄せてくれます。未来はあなたが思うほど悪くありません。

視野を広げるためにも、旅行は吉。

〔全体運〕

一本道をまっしぐらに進んでいくように見えますが、他の選択肢も検討すべき。一歩引いてみれば、他の道も見えてきます。

〈恋愛運〉

婚約破棄の可能性。恋人募集中の場合は、好みが狭すぎて、相手が見つかりません。許容範囲を広げてみましょう。

〈金運〉

厳しい状況です。予定していた入金がなく、ピンチに陥りそう。今をしのげば、後少しで楽になります。

〈対人関係運〉

思う通りにいきません。親身なアドバイスをしてくれる人がいるのに、聞き入れられなくなっています。耳に痛い意見ほど、真剣に受け取る必要があります。

〈仕事・学業運〉

期待外れ。やり方や方法を変えてみましょう。学業も、塾や教材にこだわりすぎ。いろいろ試してみましょう。

〈開運の鍵〉

人の助言を聞く。

〈占術例〉

先輩や上司から嫌がらせを受けている時にこの結果を得たなら、一人で悩まず、別な先輩や上司、あるいは友達や家族などに相談すべき。力になってくれます。

右の証人「つながり」
左の証人「道」

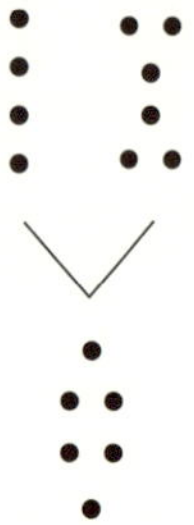

〈キーワード〉

こだわりを手放せない。

〈象意〉

「つながり」があなた側の証人で、周囲の状況の証人は変化を表す「道」。裁判官はこだわりを示す「拘束」です。

つながりに固執しすぎて、動けなくなっているのです。

周囲の状況は刻々と変わっていくのに、あなたは気づきません。自分の目の前にあることだけで精一杯、一つのことにかたくなにこだわり続けています。

必死にしがみついている「それ」を手放したら、驚くほど楽になれるでしょう。そうわかっていてもなかなかそうできないのは仕方ありません。せめて、自分の未来を自分自身で選ぶのだと意識してみましょう。前向きな未来のためには大事なことです。

トラブルは間もなく解決します。あと少し我慢すれば、状況はよくなります。

〈全体運〉

周りが見えなくなっています。一つのことにこだわりすぎているのです。時が経てば気持ちがほぐれて楽になります。肩の力を抜いてみましょう。

〔恋愛運〕

二人の結びつきは強いのですが、周りの人の意見をもっと聞き入れる必要がありそうです。恋人募集中の場合は近いうち新しい出会いがありそう。

〔金運〕

豊かではありませんが、困ることもありません。入る範囲でやりくりできます。改善するには収入を増やすなど根本的な改革が必要でしょう。

〔対人関係運〕

特定の人とのつき合いだけにこだわりすぎているようです。もっといろいろな人とつき合うことで視野が広がります。

〔仕事・学業運〕

自分のやり方に固執しすぎているようです。よいとされるものを積極的に取り入れてみるべきでしょう。

〔開運の鍵〕

カバンや机の中を整理すること。

〔占術例〕

婚約者が遠方へ転勤。仕事を辞めてついていくべきかどうかを占ってこの結果を得たなら、仕事を手放すことを検討してみてもよさそうです。すぐはに決断できないでしょうが、変化の時がもうすぐやってきます。

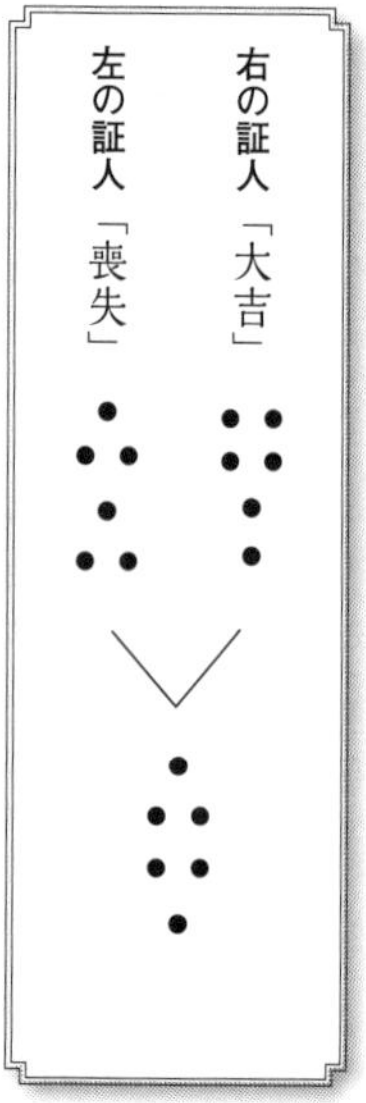

〔キーワード〕

寂しい成功。

〔象意〕

あなた側の証人が「大吉」、周りの状況を示す証人が「喪失」。この正反対の証人から生成される裁判官が、「拘束」です。この場合、あなたは「自分」という牢獄《ろうごく》にとらわれています。言い換えると、自分の殻に閉じこもり、他人に心を開けない状況にいるということです。

「大吉」が意味する幸運は自分自身の力でつかみ取るもの。人の力をあてにせず自力でがんばるのはよいのですが、それは寂しいことでもあります。

友達や家族の応援があるわけでもなく、一人もくもくと努力し、成功を手にするのでしょう。

争いや訴訟、勝負事には勝ちますが、一人で勝利の喜びをかみしめることになるでしょう。

今は、信じられるのは自分だけなのです。

〔全体運〕

思う通りに進みます。実力に加え、タイミングが味方して、成功することができるでしょう。あなたを理解して助けてくれる人がいないのが残念です。

〔恋愛運〕

周りに反対されながらも、困難を乗り越えて恋を成就させます。駆け落ちや二人だけの結婚式もあり得ます。

〔金運〕

好調です。昇給や増収など定期的な収入が増強され、金運そのものの底上げができる時です。おごってもらおうと近寄ってくる人がいるので、周りには言わない方がよさそう。

〔対人関係運〕

周りの人が信用できない時です。嫉妬や妬みからの嫌がらせを受けるかも。周囲と距離を置く方がよいでしょう。

〔仕事・学業運〕

同期で自分だけが出世や昇進することになりそう。学業でも周りに嫉妬されるくらい成績が上がります。

〔開運の鍵〕

宝石箱。

〔占術例〕

周りがあなたのプランに反対するなか、あなた一人が勝利や成功を確信している時にこの結果を得たら、その確信は妄想ではありません。しかし、プランを実行する段階で、孤軍奮闘となることは覚悟しておきましょう。

右の証人「喪失」
左の証人「大吉」

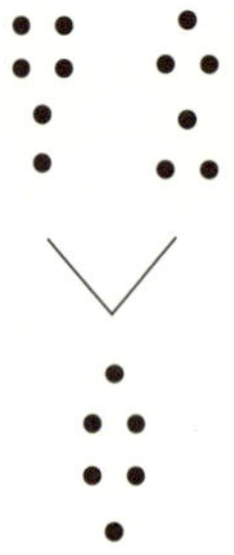

〔キーワード〕

トラウマから立ち直れない。

〔象意〕

「喪失」があなた側の証人、「大吉」が周囲の状況の証人。これらの相反する左右の証人から生成される裁判官が、「拘束」です。あなたが何かを失い、周囲の成功を羨み、不運を嘆いて自分の殻にとじこもる、という結果になります。

大きな喪失体験、例えば失恋やリストラなどのショッキングな出来事が、あなたの心のトラウマになっているようです。本当はこんな時こそ、誰かに助けを求めるべきなのですが、もう誰のことも信じられなくなっています。とにかく、心の傷が治るまでは、人からの誘いは断って、休息すべきでしょう。

トラブルや争いに関しても、今は運もツキもなく、頼れる人もいない状態で、勝てる要素がありません。防御に徹するべきです。

内にこもっていれば当面は大丈夫です。近いうちに挽回できるチャンスがやってきます。それまでに力を蓄えておきましょう。

「大吉」は未来の姿でもあります。

〔全体運〕

不運続き。ショックな体験から立ち直れないまま、引きこもってしまいそう。当分の間、休息が必要です。

〔恋愛運〕

好きな人からは避けられ、タイプでない人に言い寄られそう。トラブルに巻き込まれる可能性もあり、今は一人でいる方がよさそうです。

〔金運〕

残念な金運です。お金を落としたり、詐欺に遭ったりする可能性あり。大きな買物はもう少し後にする方がよいでしょう。

〔対人関係運〕

心が弱っていて、対人関係で傷つきやすい時です。つき合いは控えめにして体力と気力の回復に努めましょう。

〔仕事・学業運〕

自分のアイデアや提案がことごとく受け入れてもらえずに嫌になりそう。学業もはかどりません。しばらくは辛抱を。

〔開運の鍵〕

快眠用の枕。

〔占術例〕

親戚から借金の申し込みをされた件を占ってこの結果を得た場合、貸したら返ってきません。その親戚との不仲も暗示する結果です。きっぱりと断りましょう。

右の証人「小吉」
左の証人「獲得」

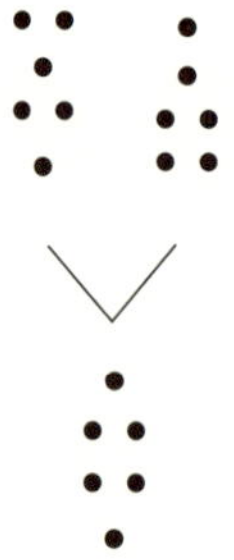

〔キーワード〕

仲間内のささやかな楽しみ。

〔象意〕

ささやかな幸せを表す「小吉」があなた側の証人、何かを得ることを表す「獲得」が周囲の状況を示す証人で、裁判官は閉じこもりを意味する「拘束」です。

たとえるなら、仲間内で利益を山分けする、というイメージでしょう。「小吉」も「獲得」も吉シンボルですが、裁判官が拘束を意味する「拘束」なので、嬉しい成果は内々にとどまります。

友達との競争で勝利する、地元の小さなコンテストで表彰される、仲間内の賭けに勝っておごってもらう、などささやかな楽しさが得られるでしょう。

あるいは、公表できない事情がある可能性も。例えば、同僚にはいえない秘密の昇進、親戚には内緒の遺産相続など。嬉しく喜ばしいことですが、誰にもいえません。

恋愛や結婚にもよい結果ですが、再婚や不倫略奪婚など訳ありで、結婚式はせずひっそり籍を入れるカップルも。

〔全体運〕

高望みしなければ平和な時です。ささやかな幸せを味わえるでしょう。仲間内、家族内での喜び事がありそうです。

〔恋愛運〕

好きな人と一緒になれるでしょう。恋人募集中の場合は、バツイチなど訳ありの人とよいご縁がありそうです。

〔金運〕

それなりです。大金は入らないけれど、ささやかに毎日を楽しむことができます。身の丈に合った幸せを得られるでしょう。

〔対人関係運〕

仲間との絆が深まる時です。あるいは地元の友達や幼なじみなど、つき合いが長い相手と旧交を温めることになりそうです。

〔仕事・学業運〕

がんばりますが、なかなか思うような成果が出ません。方向性は間違っていないので、このままがんばりましょう。

〔開運の鍵〕

ブドウジュース。

〔占術例〕

自分の趣味にぴったりのサークルをネットで発見し、入ろうか迷っている時にこの結果を得たなら、マイナーな趣味であるほど、深い満足が得られるでしょう。趣味を同じくする人達とマニアックな話ができるはずです。

右の証人「獲得」
左の証人「小吉」

〔キーワード〕

内緒の喜び事。

〔象意〕

何かを得る「獲得」があなた側の証人で、「小吉」が周囲の状況を示す証人です。どちらも吉シンボルですが、裁判官は隔離、固着を意味する「拘束」。

嬉しいことがあるけれど、誰にも言えず内緒にしなければならないようです。

例えば、宝くじが当たる、職場の人気者とつき合うことになったなど、みんなに自慢したいのは山々だけれど、誰にも言わない方がよいと思えるような事情があるのでしょう。

高額の宝くじが当たった、みんなの人気者と恋人同士になったなどと吹聴したら、嫉妬を買うだけ。こっそり一人で喜ぶしかありません。

せめて嬉しいことがあったなら、その分、周りの人に優しくしてみてはいかがでしょうか。「小吉」が暗示するさらなる運気アップにもつながります。

トラブルや争い事は、自然消滅の形で解消するでしょう。騒ぎ立てる必要はありません。

〔全体運〕

人には言えないけれど、嬉しいことがあるでしょう。それを自慢するのはよくありませんが、喜びを周りにおすそ分けするつもりで、サービス精神を発揮すると吉。

〈恋愛運〉

思いが届いて両思いになれそうです。二人だけの内緒のデート、あるいは二人だけの結婚式という暗示です。

〈金運〉

十分です。贅沢はできませんが、欲しい物は手に入ります。堅実に増やしていける時です。

〈対人関係運〉

親友との絆が深まるでしょう。この人と友達でよかったと心から思えるような出来事がありそうです。

〈仕事・学業運〉

思う通りに進みます。しかし、思う以上にはならないでしょう。高めの目標を立ててがんばりましょう。

〈開運の鍵〉

隠れ家的な喫茶店やレストラン。

〈占術例〉

資格取得に向けて通信教育を受けることにメリットがあるかどうか占ってこの結果を得たなら、学ぶのは楽しいかもしれませんが、資格を生かして働くのは難しそうです。修了証や免許証を壁に飾るだけで終わりになりそう。

右の証人「喜び」
左の証人「悲しみ」

〔キーワード〕

限定的な喜び。

〔象意〕

「喜び」があなた側の証人で、「悲しみ」が周囲の状況を示す証人。対照的な左右の証人から生成される裁判官はこだわり、孤独という意味を持つ「拘束」です。

二人の証人は対照的な意味を持ちますが、どちらも感情の高ぶりを表すシンボルです。裁判官が暗示する何かへのこだわりから、笑ったり泣いたり感情的ないさかいが起こることもあるでしょう。

あなた側の証人が「喜び」ですから、あなたは嬉しいのですが、周囲は泣いています。争いや戦いには勝つでしょうが、その結果、孤立したり、周りとぎくしゃくしたりしてしまう可能性が高いでしょう。あまりおおっぴらに喜ばない方がよさそうです。

嬉しいけれどさほどの実利はない、という場合もあります。結果的に損をする可能性も。どちらにしろ、嬉しいことがあっても気前よくはしゃいでいる場合ではなさそうです。

〔全体運〕

サークルや仲間内でトラブルがありそう。自分だけ贔屓《ひいき》され、微妙な空気を生む可能性も。嬉しいけれど、喜べません。

〔恋愛運〕

両思いになれます。ですが、その喜びは誰かの涙と引き替えでしょう。あるいは訳ありの人を好きになってしまいそうです。

〔金運〕

必要なだけ十分あります。足りなければ誰かが貸してくれますが、借金をすると先々面倒なことになるのでお勧めしません。

〔対人関係運〕

依怙《えこ》贔屓や僻みから、仲間内で微妙な関係になりそう。あなたに直接的な被害は及ばないので、しばらく静観を。

〔仕事・学業運〕

楽しみながら進めて、しっかりと成果を上げられそうです。一つひとつ取り組んでいくことが大事です。

〔開運の鍵〕

大きな声で歌う。

〔占術例〕

パートナーのいる異性を好きに成り、あきらめきれずに占ってこの結果を得たなら、あなたの思いは実るでしょう。けれど、いわゆる略奪愛であることは事実。誰かの不幸の上に、今の自分の幸せがあるのだということを、忘れる日はないでしょう。

右の証人「悲しみ」
左の証人「喜び」

〈キーワード〉

感情のぶつかり合い。

〈象意〉

「悲しみ」があなた側の証人で、「喜び」が相手を表す証人、対照的な意味を持つ左右の証人の間には、とらわれて動けない状態を示す「拘束」という裁判官が立っています。

感情のぶつかり合いが起こるでしょう。「悲しみ」があなた側なので、あなたが泣くことになります。結果として、人が信じられなくなり、引きこもりたくなってしまいそうです。

信じている人から裏切られたり、仲間外れにされたり、何かを取られたりする可能性があります。ただ「拘束」には万全な防御という意味もあるので、実際の損害はあまりないでしょう。けれど、心の痛みは相当なものです。

しばらくは一人で休息して、心を休めることも必要でしょう。悲しみが癒えて外に出られるようになる頃には、喜びと幸せが待っているはずです。

〈全体運〉

不運とトラブルの暗示。あなたは悪くないのに、嫌な思いをさせられそう。実害がほとんどないのが救いです。

〔恋愛運〕

時間はかかりますが、思いはやがて届くでしょう。目の前の小さなことに一喜一憂せず、長い目で見ることが大事です。

〔金運〕

よくありません。思ったほど入らず、不満が募ります。気持ちを切り替えて節約することで、やがてよくなっていきます。

〔対人関係運〕

ケンカやトラブルがありそう。原因は誤解や勘違いです。つき合いの長い友達なら、きっと修復できます。

〔仕事・学業運〕

期待通りにはいかないでしょう。想定外のトラブルや難しい箇所が出てきて、難航しそうです。腰をすえて、じっくり取り組んでください。

〔開運の鍵〕

水晶。

〔占術例〕

仲よしグループで自分だけがランチや旅行に誘われなかったことを知り、その理由を占ってこの結果を得たなら、仲よしグループのメンバーで感情的な行き違いがあったのでしょう。時間はかかりますが修復できるはず。

右の証人「少女」
左の証人「白」

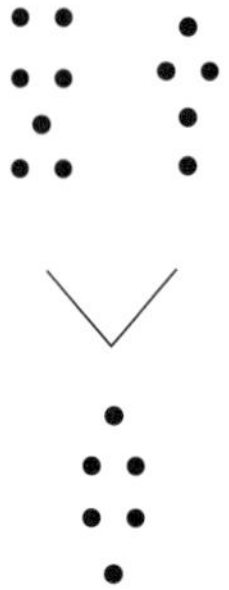

〔キーワード〕

籠の中の幸せ。

〔象意〕

美や愛情を表す「少女」があなた側の証人、清く正しい「白」が周囲の状況を示す証人、裁判官は限定、固定を意味する「拘束」です。

「少女」の美しさ、「白」の正しさが、限定的な場所で発揮されている状態。

例えば、規律の厳しい女子校とか、演劇や芸術関係のサークルなどのイメージです。

「拘束」は動きたくても動けない状態を示しますが、この場合はその方が幸せでいられます。価値観や美意識が同じ仲間と一緒の旅行やイベント参加はとても楽しく過ごせるはずです。金銭的にはトントンですが、金銭に換えられない充実感があります。

争いや訴訟に勝つのは難しいでしょう。トラブルには感情的に対抗してはいけません。厄介な問題は長期化する可能性があります。

手広くやろうと思わず、場所や分野、期間などを限定しておくのがトラブル回避のポイントです。

〔全体運〕

仲間と楽しく過ごせる時です。身近な日常の中に、楽しいことや可愛らしいこと、面白いことが見つかります。

〔恋愛運〕

片思いの人は両思いになれそう。正直な告白が好感につながります。恋人募集中の場合は、出会いはまだ先のようです。

〔金運〕

それなりです。豊かではありませんが、困ることもありません。お金に換えられない楽しさや喜びを得られる時です。

〔対人関係運〕

趣味や好みを同じくする仲間との絆が深まる時です。旅行やイベント参加でみんなの心が一つになるでしょう。

〔仕事・学業運〕

思うような成果が出ない時です。結果を出そうと焦らずに、日々の作業を楽しく行う工夫が、先々の結果につながります。

〔開運の鍵〕

きれいで可愛いもの、美しいもの。

〔占術例〕

元恋人からヨリを戻そうといわれた件を占ってこの結果を得たなら、ヨリを戻せばそれなりに楽しく過ごせるでしょう。二人だけの狭い世界の中で、相手がこれまで以上に束縛してくるのは覚悟してください。

右の証人「白」
左の証人「少女」

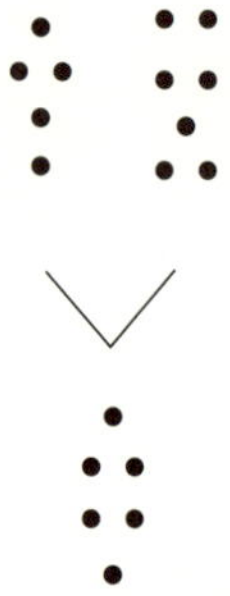

〔キーワード〕

地道にがんばる時。

〔象意〕

清く正しい「白」があなた側の証人で、美や愛情を表す「少女」が周囲の状況を示す左の証人、裁判官は、こだわりや固定を表す「拘束」です。

状況は変わらず、しばらく進展はなさそうですが、左右の証人が吉なので、裁判官の凶意が和らいでいます。トラブルや問題が生じた時は慎重にきちんと対応しましょう。時間はかかりますが、解決していくことができます。

「白」が主張する正しいことを進めていくには、時間がかかるのです。不正に近道を行くのではなく、一歩一歩正しい道を進むのです。そんなあなたを周りはちゃんと見てくれています。やがて確かな評価となって返ってくるでしょう。

今すぐ収穫が得られるわけではないので、目の前の損得に左右されないように。

遊びは後回しにして、今はするべきことをする時です。逆にいえば、今ちゃんとしておけば、後から楽になります。

〔全体運〕

仕事などで忙しくなりそうです。遊びに行く暇はなさそうですが、今がんばっておけば後で楽になります。

〔恋愛運〕

片思い。好きな人を遠くから見つめるだけで精一杯でしょう。とても忙しくて気ままな外出を楽しむのは困難です。新しい出会いは期待できません。

〔金運〕

入金は増えませんがやりくりがしっかりできて、貯金を増やせそうです。地道な積み重ねが大事です。時には息抜きも。

〔対人関係運〕

周りから遊びの誘いがないのは、あなたが真面目すぎるからのようです。趣味や好みが合う友達とは楽しく過ごせます。

〔仕事・学業運〕

忙しくなりそうです。一歩一歩成果を積み重ねていく時です。学業でも地道な積み重ねが大事です。

〔開運の鍵〕

整理整頓《せいとん》。

〔占術例〕

浮気が原因で婚約破棄となった恋人から慰謝料を取れるかどうか占ってこの結果を得たなら、時間はかかりますが取れるでしょう。感情的にならずに弁護士にきちんと相談することが大事です。

右の証人「少年」
左の証人「赤」

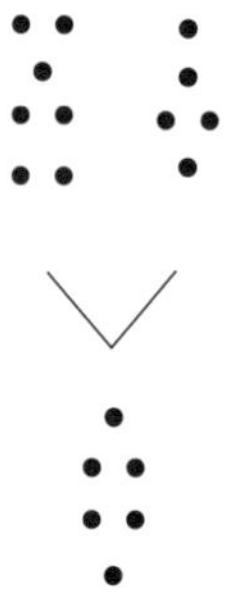

〔キーワード〕

失敗して閉じこもる。

〔象意〕

短気や未熟さを意味する「少年」があなた側の証人で、闘争心や争いを意味する「赤」が周囲の状況の証人。何やら不穏な二人の証人から生成される裁判官は、監禁や膠着を意味する「拘束」です。

「少年」には未熟さからの失敗という意味があるので、短気や未熟さから争いになり、負けて希望は叶わないという結果です。「拘束」は失敗の罰として外出禁止になったり、お金がなくなって遊びに行けなくなったり、ヤケを起こして家に閉じこもっている状態を表しています。場合によってはケガや病気で入院したり、事件を起こして収監されたりという可能性も。

トラブルの原因はあなたにあります。相手のせいにするのは簡単ですが、根本的な問題解決にはなりません。

短気やいいかげんさ、努力不足、見通しの甘さを警告する結果です。特に法に触れる可能性のある行為は厳に慎まなければなりません。挑発に乗ってはいけません。

〔全体運〕

争いとトラブルに巻き込まれやすい時です。軽はずみな行動は慎みましょう。ケガや事故にも注意。

〔恋愛運〕

好きな人とケンカをして、傷つけてしまいそう。相手が悪い！　と思うでしょうが、原因の根本はあなた自身にあります。

〔金運〕

よくないでしょう。落としたりなくしたり、盗難に遭う可能性があります。投資話には乗らないこと。世の中には簡単にお金が入るうまい話などありません。

〔対人関係運〕

仲のよい人を傷つけてしまいそうです。関係を修復するためには、しばらく距離を置く方がよいようです。

〔仕事・学業運〕

失敗しそうです。技術や能力が足りず、見通しが甘く、性急すぎるのです。失敗を糧に次回、がんばりましょう。

〔開運の鍵〕

根回し。

〔占術例〕

来月の健康運を占ってこの結果を得たなら、不摂生でダウンする可能性があります。自己管理をきちんとすれば大丈夫。自分を過信して無理するのもいけません。

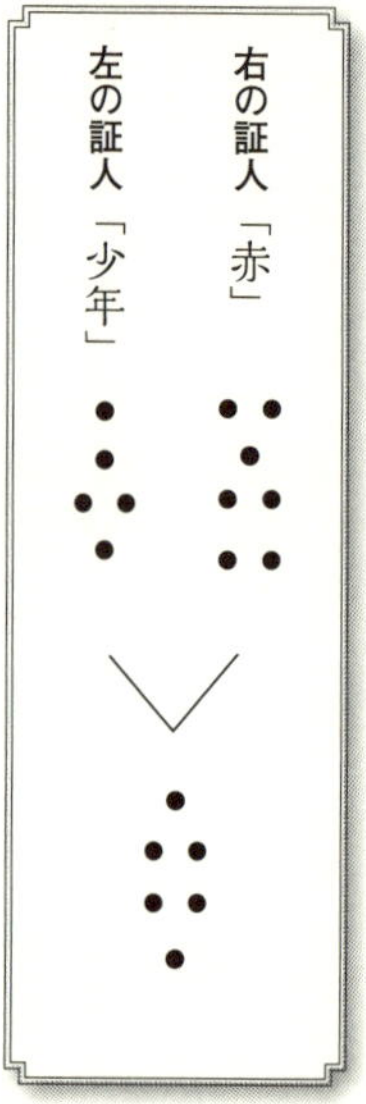

〈キーワード〉

強引さからの失敗。

〈象意〉

あなた側の証人が闘争心を意味する「赤」、周囲の状況を示す証人が性急さや短気を表す「少年」で、おだやかでない二人の証人から生成される裁判官が監禁、隔離を意味する「拘束」です。

「赤」には強引さからのトラブルという意味があるので、それが周りの不満や反発を煽り、結果的に失敗し、動けない状況になるのです。悪事が発覚して外出禁止になるくらいの軽い結果で済むか、「拘束」の本来の意味である監獄行きになるか、何にせよ、法に触れる行動を強く戒める結果です。

法で定められていなくても、例えば不倫など、世間一般の倫理に背くことも、相応の報いを受けることになります。誰も見ていなくても、道を踏み外してはいけません。

訴訟や争いには勝ちますが、勝ってもメリットはありません。損害を負い、自分の評判を落とし、結果的に前より悪くなるだけです。

行動する前に深呼吸して心を落ち着け、自分のしようとしていることがルール違反でないか再確認してみましょう。

〔全体運〕

短気と闘争心から、トラブルを引き起こしやすい時です。悪事は発覚し厄介なことになります。事故や窃盗に注意。

〔恋愛運〕

婚約破棄や離婚の暗示。片思いの人は、大事な人と大ゲンカしてしまいそう。恋人募集中の人は格好つけたために恥ずかしい思いをしそう。自重しましょう。

〔金運〕

財産をなくす可能性があります。ギャンブルは厳禁。詐欺にも注意。投資の話には乗らないこと。

〔対人関係運〕

波乱運です。とりわけ口は災いの元。売り言葉に買い言葉でケンカがエスカレートしてしまいそうなので気をつけて。

〔仕事・学業運〕

攻めると失敗します。今は足元を固めるべき。新規事業や新しい分野へのチャレンジは無謀。学業も基礎が大事。

〔開運の鍵〕

短気は損気。

〔占術例〕

ダイエットを成功させるための方法を占ってこの結果を得たなら、近道はありません。美と健康は1日にして成らず。怪しい薬などに手を出さないよう自重して。

右の証人「竜の頭」
左の証人「竜の尾」

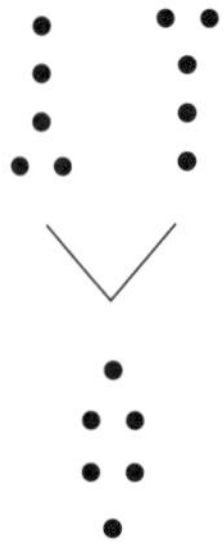

〔キーワード〕

一定期間の拘束。

〔象意〕

始まりを表す「竜の頭」があなた側の証人で、周囲の状況を示す証人が終わりを表す「竜の尾」。対照的な二人の証人から生成される裁判官は、固定、膠着状態を示す「拘束」です。

ある期間中、動けない状況になる可能性が高いでしょう。あなた側の証人が勢いのある「竜の頭」なので、先手必勝です。

相手がある問題の場合、お互いの利害は真っ向から対立していますが、裁判官が「拘束」なので、勝ったとしても得る利益はわずかでしょう。

この場合は、少しでも早く片をつけることにメリットがあります。というのも、あなたが思っているより問題は根深いのです。できればあまり深入りせず、早い段階で撤退する方がよさそう。問題が長引くほど解決困難になります。

また、若さも勝利をつかむポイントになります。

物事の始まりと終わりが重要です。時期をきっちり決めておくことも大事でしょう。

旅行ではとても大きな収穫が得られます。

〔全体運〕

期間限定の何かに取り組むことになりそうです。その期間はとても忙しくなりますが集中して取り組めば収穫があります。

〔恋愛運〕

一目惚れの暗示ですが短い恋に終わりそうです。この時期知り合う人と長期的な関係を築くのは難しいでしょう。

〔金運〕

入ったお金と同じ金額が出ていきそう。結果的にはトントンです。収入も平均的な金額にとどまるでしょう。

〔対人関係運〕

新しい出会いがありますが、短いつき合いで終わりそう。共通点が少ないので、長く続かないのです。

〔仕事・学業運〕

基本、基礎をしっかり固められる時です。ダラダラと続けるのではなく、時間や日時を決めて効率よく取り組んで。

〔開運の鍵〕

タイマー。

〔占術例〕

子供が通うことになった幼稚園でママ友ができるかどうか占ってこの結果を得たら、子供が幼稚園にいる間のみのつき合いと割り切るのがよいでしょう。かえって収穫があり、楽しく過ごせます。

右の証人「竜の尾」
左の証人「竜の頭」

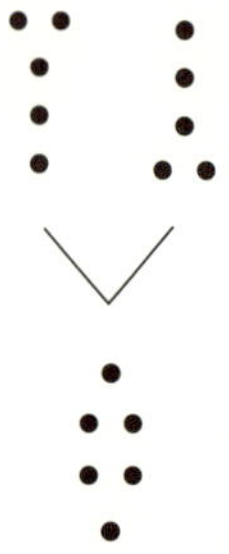

〈キーワード〉

終わりと失望。

〈象意〉

終わりを表す「竜の尾」があなた側の証人で、周囲の状況を表す証人が始まりの「竜の頭」。対照的な二人の証人から生成される裁判官は、固定、膠着状態を示す「拘束」です。

あなたにとっての終わりが、誰かにとっての始まりとなります。失恋や退職、リストラ、卒業、引越しなどの暗示です。

「竜の尾」はあなたの体力と気力の低下を示しているので、運気的には低調でしょう。気が抜けて、何もしたくなくなりそう。一方、相手方は好調です。争い、競争に勝つことは難しそうです。

今はしばらく休んで力を蓄える時です。焦らず次のチャンスを待ちましょう。

何か新しく始めようと思っている場合、初めからつまずく可能性があります。その際は潔く延期、中止する方がよさそう。いずれ、仕切り直して再開できる時が来ます。

〈全体運〉

運気は低迷中。何かが終わりになり、気持ちの緊張が途切れてしまいそう。こういう時に風邪を引いて寝込んだりしやすいので体調管理に要注意です。

〈恋愛運〉

失恋、別れの暗示です。恋愛運も低迷しています。新しい出会いも期待できません。恋愛に興味が持てないのでしょう。

〈金運〉

よくありません。あればあるだけ使って、すっからかんになってしまいそう。多額のお金を持ち歩かない方がよいでしょう。

〈対人関係運〉

親しい人の裏の顔を見てしまって、人間不信におちいるかもしれません。身近な人間関係の入れ替わりがあります。

〈仕事・学業運〉

全くやる気になりません。仕事への興味が持てず、気力と体力も低下しています。しばらく休息する方がよさそう。

〈開運の鍵〉

カレンダー。

〈占術例〉

思わせぶりな態度を取る異性が、本当に自分に気があるのかどうか占ってみてこの結果を得たなら、あなたの思い過ごしです。恋愛が始まる気配はありません。気持ちを切り替えて、次の恋に狙いを定めましょう。

裁判官「大吉」の16種

結果が「大吉」ですから、どの証人の組み合わせでも基本的に吉となります。「拘束」や、「喪失」、「悲しみ」など凶シンボルが左右の証人となった場合でも、よい面が強調されます。あるいは、今は悲しくても、長い目で見ればベストの結果を得ることもあるでしょう。

文豪トルストイは、「幸福な家庭はどこも似ているが、不幸な家庭はさまざまに違う」と述べていますが、幸福の顔もさまざまです。

また、それぞれの証人が持つシンボルの意味が、大吉運を引き寄せるためのポイントにもなっています。

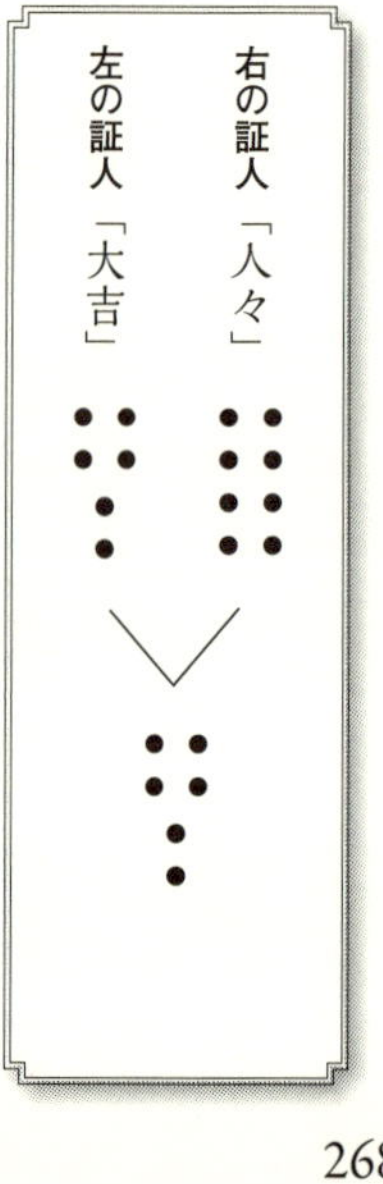

〈キーワード〉

最大の強力と幸運。

〈象意〉

物事を強調する力を持つ「人々」があなた側の証人で、「大吉」が周囲の状況を示す証人。そして裁判官も左の証人と同じ「大吉」。

大吉が強調されているので、大吉の上をいく最大吉となります。

あなた側に「人々」が来ているので、多くの人が味方になってくれるでしょう。たくさんの人に助けられて、幸運を得ることになります。仕事でも私生活でも、願いは叶い、思う通りに物事が進みます。

「人々」は争い事を嫌い、和をよしとするシンボルですから、争い事やトラブルは白黒を決する形で終息するのではなく、あなたに利益をもたらす形での和解となるでしょう。

水辺に吉があります。海や川への旅行は大吉です。

まもなく素晴らしいニュースが届くでしょう。

〔全体運〕

幸運期。よいことが続きます。親しい人と一緒に楽しく過ごすことができるでしょう。長年の願いが叶います。

〔恋愛運〕

願いが叶って好きな人と両思いになれます。恋人募集中の場合は、理想の相手との出会いがあるでしょう。

〔金運〕

大吉です。クジが当たったり、臨時収入があったり、お給料のベースアップも期待できます。豊かに過ごせる時です。

〔対人関係運〕

味方になってくれる人がたくさんいます。困ったことがあったら相談してみましょう。喜んで助けてくれます。

〔仕事・学業運〕

大きく成長できる時です。がんばるほどに評価されて、認められて実績を重ねていきます。学業も飛躍的に伸びる時です。

〔開運の鍵〕

大きい方、多い方を選ぶ。

〔占術例〕

社員旅行やイベントの幹事になり、上手くこなせるか心配になった時にこの結果を得たなら、心配は無用です。みんなが協力してくれて、思い出に残る最高のイベントとなるでしょう。一人でがんばろうと思わないことです。特に温泉や水辺への旅行なら大吉運です。

右の証人「大吉」
左の証人「人々」

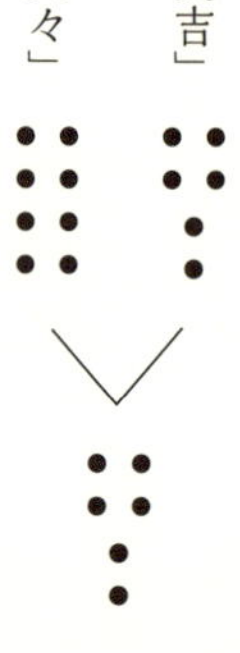

〔キーワード〕

すべて上手くいく大吉運。

〔象意〕

「大吉」があなた側の証人で、強調を意味する「人々」が周囲の状況を示す証人。裁判官はあなたと同じく、「大吉」です。

あなたも結果となる裁判官も大吉ですから、やることなすことすべてが上手くいきます。あなたの活躍が周りの人達までも幸せにしていきます。あなたが「こうしよう」と思っていることをそのまま進めればＯＫです。たとえ困難に思えることでも幸運が味方をしてくれて大成功するでしょう。

直観が鋭くなっているので、これはやめておいた方がいいと思うものには近寄らないことです。悪運を避け、幸運だけを引き寄せることができる時です。気力と体力ともに充実しています。

争いや裁判にも勝利します。金運も恋愛運も最高です。自分の思う以上に何もかも上手くいくでしょう。だからといって慢心せず、周りへの感謝を忘れなければさらに大きな幸運が未来に待っています。

〔全体運〕

大幸運期。願いが叶い、どんなことも思う以上に上手くいきます。近いうちにさらに嬉しいニュースが届くでしょう。

〔恋愛運〕

モテモテ運です。みんなの人気者から告白される可能性あり。片思いの人は思いが届いて両思いになれるでしょう。

〔金運〕

大吉です。昇進して給与がアップしたり、最高の栄誉と賞金を得たりなど、大きな喜びに包まれるでしょう。クジ運もついています。豊かに過ごせます。

〔対人関係運〕

新しい人間関係が大きく広がり、友達がたくさんできます。職場や趣味関係でもよい関係を築くことができるでしょう。

〔仕事・学業運〕

大躍進の時です。実力のうえに幸運が加わり、大きな収穫を得るでしょう。学業でも試験で実力以上の成果を出せます。

〔開運の鍵〕

直観を信じる。

〔占術例〕

結婚しても今の仕事を続けられるか迷って占ってこの結果を得たなら、全く心配はいりません。仕事を続けることで結婚生活も充実し、素晴らしい毎日となるでしょう。

右の証人「道」

左の証人「小吉」

〔キーワード〕

積極的な行動が吉。

〔象意〕

変化を表す「道」があなた側の証人で、ささやかな幸せを表す「小吉」が周りの状況を示す証人。裁判官は「大吉」です。

あなたの働きかけと行動が周りによい影響を及ぼし、吉運につながるという結果です。積極的に動くほど、幸運効果は大きくなります。

あなたにも「何かしたい」「今のままではいけ

ない、変わりたい」と思う気持ちがあるのでしょう。その気持ちを行動に表した時に、運命が動き始めます。周りも応援してくれます。

いつもと違う道を通ってみたり、ファッションをイメージチェンジしてみたりなど、自ら変化することが幸運につながります。

ただ、あなたはまだ成長途中の身。トラブルや争いに完勝するのは難しいでしょう。今はチャレンジと失敗を繰り返して成長していく時なのです。周りの人も協力してくれます。

すぐに結果は出ませんが、今の行動がいずれ将来の幸せに結びつきます。

〔全体運〕

快調運。積極的な行動がさらなる吉運を引き寄せます。大きく成長できる時です。ただし収穫を得るのはまだ先です。

〔恋愛運〕

片思い。思いが届くのはまだ先でしょう。出会いを求める人には、理想に近い出会いがありそうです。一目惚れの予感。

〔金運〕

出入りが大きい時です。将来のための準備や勉強など自分に使うお金は必要経費なのでケチらないように。

〔対人関係運〕

友達や身近な人があなたのために役立つアドバイスをしてくれて、力になってくれます。頼って吉。

〈仕事・学業運〉

チャレンジと成長の時です。新しい分野に挑戦すると、将来につながる芽が見つかるはず。学業も積極的に進めましょう。

〈開運の鍵〉

縁日、お祭り。

〈占術例〉

恋人の浮気で別れたけれど、未練がある時にこの結果を得たのなら、後戻りせず次の恋を探すべき。髪を切ったり、引越ししたり自ら変わろうとする行動が吉運と新しいよい縁をを呼び込みます。

右の証人「小吉」

左の証人「道」

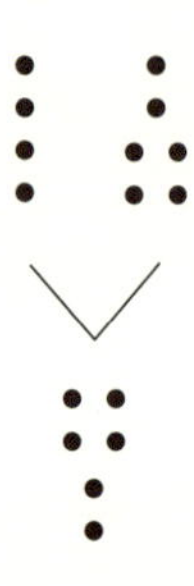

〈キーワード〉

自力でがんばる。

〈象意〉

他力の吉を表す「小吉」があなた側の右の証人で、変化を表す「道」が周囲の状況の証人。裁判官は「大吉」です。

吉運の助けを得て、周りが変わっていくという結果です。

相手に変わって欲しい、周りに何かを知って欲しいと思っている人には特に嬉しい結果です。

あなた側にある「小吉」はささやかな吉運なので、やることなすことすべて成功するわけではありません。けれど、部分的には失敗しても、トータルで見れば満足できるはず。最初の結果だけですべてを判断しないでください。終わりよければすべてよしと思えるでしょう。

相手に期待し、待つ姿勢ではなく、自ら働きかけていくことも大切です。

争いやトラブルは、最終的に勝つことができるでしょう。近いうちによい知らせが届きそうです。

〔全体運〕

全体的によい時です。問題は最終的に解決し、仕事も私生活もよい方向に向かうでしょう。苦労が報われます。

〔恋愛運〕

両思いになれるでしょう。カップルの人は引越しや転勤などきっかけがあって、二人の関係性が深まりそうです。

〔金運〕

人のために有意義なお金の使い方ができる時です。結果的に自分にも得があります。目先の損得に左右されないことが大事です。

〔対人関係運〕

人任せにしてはいけない時です。周りの人はあてになりません。やるべきことは自分で。最終チェックも忘れずに。

〈仕事・学業運〉

始めは困難に思えますが、自分の力で進めていくうちにぐっと手応えを感じるようになります。大きく成長できる時です。

〈開運の鍵〉

大局的に見る。

〈占術例〉

小遣い増額が叶うかどうか占ってこの結果を得たなら、単に増額を訴えるのではなく作戦を立てましょう。家族のためにお金を使いたいからという姿勢を見せるのです。自分一人の欲得のためでないとわかってもらえれば希望も叶うはず。

右の証人「つながり」
左の証人「獲得」

〈キーワード〉

集まることが吉。

〈象意〉

集合を意味する「つながり」があなた側の証人で、「獲得」が周囲の状況を示す証人。裁判官は「大吉」です。

「つながり」の、四方八方から集めるという象意が吉を引き寄せます。友達が集まってサークルを作る、好きなモノを集めてコレクションする、会社の部署が集まって大きな部署になる合体するなど、一緒になることがすべてよい結果になります。

異なるもの同士が磁石のように引きつけ合うでしょう。あり得ない組み合わせが絶妙なコラボレーションを生み、敵味方は和解し喜びに満たされます。仕事でもプライベートでも誘われたら乗って吉。

もちろん、男女が結びつく恋愛においても大吉運となります。告白、デート、プロポーズすべてよい結果となるでしょう。結婚は、みんなに祝福されて最高に嬉しい日となります。

さらに、商売での成功を表す結果でもあります。イベントやフェアは大成功でしょう。

〔全体運〕

集まってすることはすべて上手くいきます。トラブルも解消し、みんなが笑いと喜びに満たされるでしょう。

〔恋愛運〕

恋愛、結婚運が最高です。恋人募集中の人は、運命の相手と出会い、一目で恋に落ちるでしょう。

〔金運〕

吉運。特に商売運が大吉。たくさんの人が来てくれて、予想以上の売り上げがあり、さらに今後の顧客増も期待できます。

〔対人関係運〕

サークルや仲間間の絆が深まるでしょう。仲間との旅行も吉。対立していた人とも仲直りして前より仲よくなれます。

〔仕事・学業運〕

異業種との共同作業やフェアに収穫がある時です。学業は、友達と得意な科目を教え合うと互いに大きなメリットが。

〔開運の鍵〕

駅。

〔占術例〕

仲のよい友達から趣味のサークル活動へ参加してほしいと誘われて占ってこの結果を得たなら、受けて大吉です。経験がないジャンルでも大丈夫。友達が一緒なら上手く運ぶこと間違いなし。イベントへの出展もぜひ前向きに。

右の証人「獲得」
左の証人「つながり」

〔キーワード〕

受け身が吉。

〔象意〕

「獲得」があなた側の右の証人で、集合や絆を意味する「つながり」が周囲の状況を示す証人。裁判官は「大吉」です。

あなた側は受け身の「獲得」なので、来るものを受けるだけで大吉運がやってきます。特に「つながり」が示す、合併や合同、一緒に何かをする話は受ければ必ず得るものがあります。

友達からの誘いや仕事の引き抜き、サークルや勉強会へのお誘いもお受けしましょう。一見面倒そうに思えても、デメリットよりメリットの方がずっと大きいはずです。

公私ともに、将来有望な、よい縁がつながるでしょう。

また、金銭的にも大きな幸運が期待できます。遺産が入ったり、配当金など臨時収入があったり、予想外の嬉しい入金がありそうです。

トラブルや争いは相手側から折れてくるので、有利な和解に持ち込むことができます。

健康運も快調。仕事も私生活も充実します。

〔全体運〕

大吉運。何もしなくても願いが叶い、物事が上手く進みます。お誘いはすべて受けて吉。大きな収穫につながります。

〔恋愛運〕

プロポーズ、結婚の申し込みがある予感。思い当たる相手がいない場合、近いうちに電撃的な出会いがありそう。玉の輿《こし》となる可能性もあります。

〔金運〕

大吉運。予想外のお金が入ってきそう。買物は不動産や車、家電など大きなものを買うと得するでしょう。

〔対人関係運〕

知り合いが増えるでしょう。あなたのもとに人が大勢集まってきます。みんなと良い関係を築くことができるでしょう。

〔仕事・学業運〕

仕事で嬉しく得することがあるでしょう。学業も楽しく進みます。試験では実力以上の結果を出すことができます。

〔開運の鍵〕

飲み会、合コン。

〔占術例〕

お見合い会社主催の合コンパーティに参加することになり、成果を占ってこの結果を得たなら、大吉運です。その場で運命の結婚相手に出会う可能性大です。かしこまらず、いつもの自分で参加すればOK。

右の証人「喪失」
左の証人「拘束」

〔キーワード〕

身軽が幸せ。

〔象意〕

「喪失」があなた側の証人で、固定を意味する「拘束」が周囲の状況を示す証人。裁判官は、「大吉」です。

左右の証人は、単体で見た時は凶のシンボルですが、この場合は、何かを手放すことによって、運勢が安定して吉と判断します。

あなた側の証人が「喪失」なので、あなた自身が進んで何かを手放すことが幸運につながります。
　例えば、腐れ縁を切る、悪癖をすっぱり止める、義理でしぶしぶ参加していたサークルを抜けるなど。思い当たることがない場合は、大掃除をして不要品を処分するだけでもOKです。
　場合によっては、問題ありの恋人や長い間の夢を、あきらめきれず未練を残しながら手放すことになる可能性もあります。ですが結果的には、自分にとって本当に大事なものがわかってよかったと思えるでしょう。運命の大掃除を断行すると、あなたのもとには、何よりも大切なかけがえのない宝物だけが残るはずです。

〔全体運〕

　いろいろあって、しみじみと幸せを感じる運勢。ついていないと思うこともあるでしょうが、最終的には上手くいきます。

〔恋愛運〕

　失恋の暗示。その後、自分にとって本当に大切な人がだれなのかわかります。運命の人は意外と身近にいるかもしれません。

〔金運〕

　大きな出費がありますが、その後、持ち直して堅実に豊かになっていけるでしょう。必要な出費はケチらないことが大事です。

〔対人関係運〕

　人間関係の入れ替わりがありそう。去っていく人がいるのは仕方ありません。自分にとって本当に大事な人が残ります。

〈仕事・学業運〉

苦労しますが、結果的に大きな成果を得ることができるでしょう。得することばかり考えないことが大事です。

〈開運の鍵〉

大掃除。

〈占術例〉

落としたサイフが出てくるかどうか占ってこの結果を得たなら、残念ながら出てこないでしょう。ですが、周りの人が慰めてくれます。こんな時にしか知ることのない身近な人の優しさに触れて、お金に代えられない喜びを得るはず。

右の証人「拘束」
左の証人「喪失」

〈キーワード〉

地道な努力が報われる。

〈象意〉

固着を意味する「拘束」があなた側の証人で、「喪失」が周囲の状況を示す証人。裁判官は、「大吉」です。

左右の証人は、単体で見た時には凶シンボルですが、この場合、動けない状況で失って吉と判断します。

あなた側の証人が「拘束」なので、家にこもっているか、仕事が忙しくて遊べないか、とにかく不自由な状態です。ですがそれが結果的に、余計なものを手放し、本当に大事なものは何なのか、気づかせてくれるよい結果となるのです。

時間はかかりますが望みは叶います。仕事では農業や工業が特に有望です。

一気に豊かにはなりませんが、地道な努力が認められて、成功できるでしょう。瞬発力ではなく、持久力が求められています。

ダイエットにもよい時期です。

恋愛に関しても、一途な思いが報われます。あちこちにモテモテとはいえませんが、本当に好きな人には気持ちが伝わります。

〔全体運〕

地味ながら、少しずつ努力が認められて成功できる運勢。自分にとって何が大事なのか絞っていくことが大事です。

〔恋愛運〕

心から好きな人と結ばれるでしょう。しかし、相手への思いが中途半端なら届きません。本気の度合いが試されています。

〔金運〕

手堅い金運。投資やリスキーな支出は凶。地道に時間をかけて着実に豊かになっていくでしょう。不良債権の処分は吉。

〔対人関係運〕

新しい出会いはありませんが、仲のよい人との絆を深めていける時です。また、トラブルメーカーは自然と離れていきます。

〈仕事・学業運〉

遊ぶヒマが全くないほど忙しくなりますが、がんばるほどに後々成果となって戻ってきます。勉強も今が勝負時。

〈開運の鍵〉

規則正しい生活。

〈占術例〉

職場でセクハラを受けていて、占ってこの結果を得たなら、近いうちに解決します。逃げるために仕事を辞める必要はありません。毅然とした態度をつらぬけば、いずれ相手が異動させられることになるでしょう。

右の証人「喜び」
左の証人「少女」

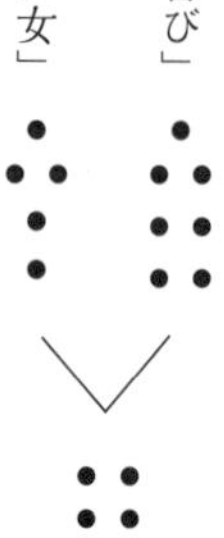

〈キーワード〉

みんなハッピー！

〈象意〉

はじけるような「喜び」があなた側の証人で、美や愛情を表す「少女」が周囲の状況を示す証人です。裁判官は「大吉」です。女の子達や、きれいなものに囲まれて最高にハッピーです。

パーティや飲み会、イベントなど、みんなが集まり、時間を忘れて楽しく過ごすことになりそうです。「喜び」があなた側の証人ですから、気持ちを解放して思いっきり笑うことが大きな幸せを呼び込みます。

堅苦しいことや、難しい話は後回し。とにかく今を楽しみましょう。

体調も万全、気分は最高。勝負や争い事には強気で臨めば、相手が逃げ出していきます。

旅行も素晴らしく楽しいものとなるでしょう。趣味やスポーツも楽しいことはすべて幸運に結びつきます。

〔全体運〕

楽しく賑やかに過ごせる時です。女の子からの誘いがありそう。パーティや飲み会も最高に楽しく過ごせます。

〔恋愛運〕

モテる時です。一目惚れする可能性も。いきなり情熱的な恋が始まりそうです。または女性が取り持ってくれてカップルが誕生します。片思いの人は恋心が届きます。

〔金運〕

満足できる金運です。欲しかったものを買ったり、旅行をしたり、楽しいイベントに有意義にお金を使うことができるでしょう。

〔対人関係運〕

友達と一緒にとても楽しく過ごせます。飲み会や食事会など遊びの誘いに乗って吉。素晴らしく楽しい時を過ごせそう。

〈仕事・学業運〉

楽しみながら成果を上げることができます。反対に、苦しみながら仕事や学習を進めるのは禁物。心から楽しい！　と思える時に最高のパフォーマンスを発揮できるのです。

〈開運の鍵〉

高層ビル。

〈占術例〉

フリーランスで仕事をしていて、いきなり大きな仕事を受けることになり、上手くいくか占ってこの結果を得たなら、心配無用、大成功するでしょう。特に女性陣が力になってくれます。必死になるより、楽しく作業することで結果的によい仕事ができます。

右の証人「少女」
左の証人「喜び」

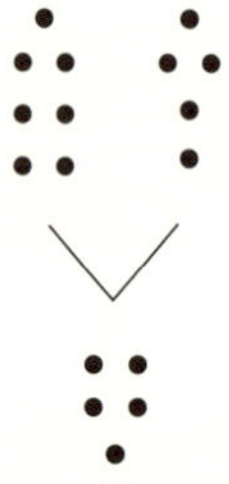

〈キーワード〉

若い女性。

〈象意〉

愛情や美を表す「少女」があなた側の証人で、周囲の状況を示す証人は「喜び」。裁判官は「大吉」です。

あなたが若い女性なら、何もしなくてもそのまま幸せになれる大吉運です。そうでない場合は、女性的な感性やきれいなもの、可愛いものが幸運を呼び込みます。

恋愛と人間関係に関することはすべて吉です。結婚は、玉の輿が期待できます。

出かけるなら、美術展や演劇、コンサートなど、美や音楽、芸術に関する催しが吉。最高に素晴らしい思い出になります。芸術関連の趣味を深めるのにもよい時です。

きれいになれる時なのですから、無理のないダイエットやイメージチェンジもお勧めです。

争いと戦いに関してだけは不利でしょう。敵はしぶとくパワフルです。早めに和解に持っていく方がよさそう。

〔全体運〕

喜ばしく楽しい時です。望みが叶い、幸せになれます。大事な人と愛に満ちた一時を過ごせるでしょう。

〔恋愛運〕

最高の恋愛運です。好きな人と両思いになれます。情熱的なプロポーズの可能性も。恋人募集中の人は理想的な人と出会えそう。

〔金運〕

豊かになれる時です。玉の輿が期待できます。既婚者の場合は、配偶者の収入増や遺産相続などの可能性ありです。

〔対人関係運〕

大事な人達との絆が深まります。友達との旅行にも最適。男女混合で出かければ恋が始まりそうです。

〔仕事・学業運〕

仕事をきっかけに恋が始まりそう。また、恋する気持ちが仕事や勉強へのモチベーションをアップさせてくれます。

〔開運の鍵〕

ローズクォーツ。

〔占術例〕

大人になって余裕もできたのでピアノを習ってみようかと占ってこの結果を得たら、ピアノを始めることで大きな満足を得られるでしょう。がんばりすぎずに、楽しく練習することが上達のポイントです。グループレッスンなら、そこで好みの異性との運命的な出会いも期待できそう！

右の証人「少年」
左の証人「竜の尾」

〔キーワード〕

失敗の先に成功あり。

〔象意〕

「少年」があなた側の証人で、終わりを表す「竜の尾」が周りの状況を示す証人。裁判官は「大吉」です。

吉凶混合の波乱運となりますが、少年のようなひたむきさやチャレンジ精神が、ハッピーエンドを引き寄せます。

失敗や間違いを恐れないことが大切です。どんな分野でも、失敗から学び、間違いから収穫を得て、大きく成長するでしょう。

最後までやりとげることも同じくらい大事です。途中で「もう駄目だ」と思うかもしれませんが、最後までやりきることでしか見えないものがあります。

終わりを表す「竜の尾」は、また新たなステージのスタートでもあるのです。

戦いや競争には有利な結果です。積極的な攻撃が勝利につながります。

〔全体運〕

トラブルを乗り越えて、大きく成長できる時です。力をふりしぼって最後までやり切った時に、感動に近いほどの満足感を味わうことができるでしょう。

〔恋愛運〕

吉凶混合。モテる時ですが、三角関係などのトラブルにも巻き込まれやすい時です。慢心しないことが大事です。

〔金運〕

盗難の心配あり。注意力散漫になっているので財布などを落とさないよう要注意。ハイリスク、ハイリターンな投資では、一時的な利益を得られるでしょう。

〔対人関係運〕

うぬぼれから身近な人とケンカしてしまいそう。ですが、ケンカすることでより深くわかり合えて親しくなれる可能性もあります。

〔仕事・学業運〕

最初は見通しが立たず、苦労しますが、だんだん調子が出てきて、最後は満足できる仕上がりになるでしょう。

〔開運の鍵〕

最後まであきらめない。

〔占術例〕

ダイエットを始めて体重が減ってきたのでリバウンドしないためにどうすればいいか占ってこの結果を得たら、あなた自身が「もうイヤだ」と投げ出さないようにすることが最大のポイント。もう駄目だと思わないで、健康的食生活と適度な運動を続けましょう。

右の証人　「竜の尾」

左の証人　「少年」

〔キーワード〕

白黒を決する。

〔象意〕

終わりを意味する「竜の尾」があなた側の証人で、「少年」が周りの状況を示す証人。裁判官は「大吉」です。

何かが終わって新しく始まるチャレンジが幸運につながるという結果です。卒業や退職など終わるタイミングでこの結果を得た場合、満足できて祝福される終わりという意味になります。それ以外の場合、近いうちに何かを終わらせなくてはならないのでしょう。

中途半端が一番よくありません。白黒ハッキリさせることが大事です。宙ぶらりんになっている案件があるなら、ここでひと区切りつけましょう。気がかりなことはそのままにせず、確かめるべきです。どんなことでも、ハッキリさせてから先に進む方がよいのです。

争いや競争では、強大な敵を前に、無傷ではいられませんが、戦いから得るものがあるでしょう。

恋愛では近い未来の新しい出会いが暗示されています。

〔全体運〕

吉凶混合運。何かが終わり、新しいステージに入ります。気持ちを切り替えることで幸運をつかむことができます。

〔恋愛運〕

新しい恋が始まる可能性。恋人の浮気などの心配がある時は、ハッキリさせた方がよいでしょう。

〔金運〕

豊かではありませんが、お金に代えられない楽しみやチャレンジができる時です。足りないことが工夫を生むのです。

〔対人関係運〕

人間関係に入れ替わりがありそう。今、離れていく人はそもそも縁がなかったのです。去る者追わずの姿勢で見送りましょう。

〈仕事・学業運〉

まだ未熟で、思うような成果が上がりません。学業の場合、志望校を変える方がよい場合があります。

〈開運の鍵〉

現実を受け入れる。

〈占術例〉

ストーカーまがいの異性につきまとわれて、どうすればいいかを占ってこの結果を得たなら、警察に通報する方がよさそう。そのうち何とかなるかも、と安易に考えて、何もしないでいるのが一番よくありません。

右の証人「白」
左の証人「悲しみ」

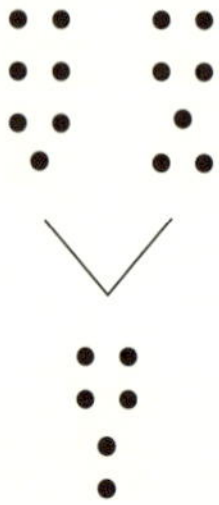

〈キーワード〉

正義が勝つ。

〈象意〉

正義を意味する「白」があなた側の証人で、「悲しみ」が周囲の状況の証人です。裁判官は「大吉」です。

正義がみんなの喜びにつながるとは限りません。あなたが正しさを主張することで、誰かが泣くことになるでしょう。ですが、結果的には上手くいきます。世の中というものは、個人の喜びや悲しみとは別な仕組みで動いているのです。
「白」があなた側の証人なので、正義はあなたにあります。思う通りに進めて間違いありません。ただ、全員を納得させることは難しそうです。特に利害が絡んだ問題は厄介ですが、例外を作らず、原則に忠実に判断することが大事です。トラブルや争いに関しては記録をしっかり取っておくことをお勧めします。
早く行動するほど上手くいきます。後に延ばすほど、厄介な問題が発生してくるでしょう。ぐずぐずしないで迅速に対応しましょう。
旅行はとても楽しいものになるでしょう。

〔全体運〕

吉運。自分の思い通りに物事が進みます。近いうちによいニュースが届きそうです。トラブルも迅速に解決します。

〔恋愛運〕

思いが届きます。近いうちに二人の恋は成就するでしょう。浮気などの恋のトラブルも解決して、元に戻ります。

〔金運〕

好調です。仕事も順調で、貯金も増えます。もう少ししたら、お金が必要になってくるので今のうちに貯めておきましょう。

〔対人関係運〕

吉凶混合運。味方になってくれる人もいれば、敵視する人もいます。全員と仲よくするのは難しいでしょう。

〈仕事・学業運〉

スタートダッシュに力を入れてがんばりたい時です。長引くほどに、気力も体力も低下していきます。最初の計画が大事です。

〈開運の鍵〉

早寝早起き。

〈占術例〉

金銭にちょっとルーズな恋人との結婚に迷いがあってこの結果を得たなら、やめて正解。相手に泣いてすがられても、金銭感覚の違いは見過ごせない問題です。別れを決断する方が、お互いに幸せになれます。

右の証人「悲しみ」
左の証人「白」

〈キーワード〉

忍耐と粘りが成功を招く。

〈象意〉

受難を意味する「悲しみ」があなた側の証人で、正義を意味する「白」が周囲の状況の証人。裁判官は「大吉」です。

この場合あなた側に出た「悲しみ」は堅固な状態、守備が万全として読みます。

辛いのは、今だけです。

あなたが動かなければ上手くいきます。しんどい時もあるでしょうが、最後まで守り切ることができます。自分をしっかり保つことがみんなの利益につながります。

忍耐と粘りが成功につながります。途中であきらめてはいけません。仕事では農業や建築、金属関係などに吉運があります。

争いやトラブルでも、あきらめなければ勝てるはずです。精神力と思いの強さが試されることになりそうです。

体力や実力はあるのですから、問題は、精神力をどう維持するかです。長期戦になるので、上手くストレス解消することも大事です。

〔全体運〕

ゆっくりと吉運がやってきます。最後までがんばった人に大きなご褒美があるでしょう。攻めるより守りに回るのが吉。

〔恋愛運〕

あきらめなければ最後には思いが届きます。恋のハードルは、相手の信頼を得るための試験なのです。

〔金運〕

堅実な金運。臨時収入は期待できませんが、昇給や各種手当の増額など、少しずつ収入が増えていきます。

〔対人関係運〕

あなたに辛く当たる人が、いずれ本当の味方になってくれるでしょう。表面上の態度に惑わされてはいけません。

〈仕事・学業運〉

地道な積み重ねが大事な時です。すぐに成果は出ませんが、長く続けるほど、実になります。学業も基礎が大事です。

〈開運の鍵〉

基礎を固める。

〈占術例〉

学生時代の友人とだんだん疎遠になり仲良くするにはどうしたらいいか占ってこの結果を得たなら、ぶれない自分自身をつらぬくことです。就職や結婚などで変わっていく相手に合わせてみても、違和感が募るだけです。自分が変わらなければ本当の友人が残ります。

右の証人「赤」
左の証人「竜の頭」

〈キーワード〉

修羅場の後、成功を得る。

〈象意〉

情熱や闘争心を表す「赤」があなた側の証人で、始まりを表す「竜の頭」が周囲の状況の証人。裁判官は「大吉」です。

ダイナミックな動きがありそうです。情熱的、衝動的な動きかけで、何かが始まり、大きな成功へとつながります。

「赤」は積極性を示すシンボルですから、迷ったり悩んだり遠慮している暇はありません。行動すれば、物事がよい方向に進みます。ただし、犠牲を払う覚悟は必要です。

特に恋愛や金銭をめぐって修羅場になる可能性があります。

トラブルや事故や争いが暗示されていますが、いい子ぶっていては勝てません。敵に対しては、粘り強く狡猾《こうかつ》に対抗しましょう。絶対に勝つ！という強い思いがあれば勝てます。

善悪に関係なく、あなたにとっての利益があります。例えば訴訟でこちらに非があっても、敏腕弁護士に頼めば勝てます。

〔全体運〕

吉凶混合運。何かとトラブルやスキャンダルに巻き込まれやすい時です。けれどそれを踏み台にして成功できる強い運気です。

〔恋愛運〕

浮気や三角関係など、トラブルの可能性。修羅場も覚悟して。恋人からの暴力や理不尽な仕打ちには負けずに立ち向かって。

〔金運〕

出入りが多い期間。大金が入ったからと油断しないように。ハイリスク・ハイリターンの投資はやめた方が無難です。

〔対人関係運〕

波乱運。人間関係でのトラブルがありそう。今すぐ頼れる人はいませんが、これから新しい出会いが広がります。

〈仕事・学業運〉

積極的な攻めの姿勢で、収穫を得るでしょう。やる気さえあれば、経験不足でも大丈夫。学業は好きな教科の成績がぐんと伸びる時です。苦手科目は後回しでＯＫ。

〈開運の鍵〉

打たれ強さ。

〈占術例〉

気立ても器量もよい後輩がモテモテ。嫉妬心が押さえられずどうしたらよいかを占ってこの結果を得たなら、負けたくないと想う気持ちをバネにして、自分磨きをしましょう。ライバル心が成長の原動力になります。

右の証人「竜の頭」

左の証人「赤」

〈キーワード〉

スタートダッシュ。

〈象意〉

始まりを表す「竜の頭」があなた側の証人で、争いや闘争心を意味する「赤」が周囲の状況を示す証人。裁判官は「大吉」です。

何かを始めることで、周囲の反対や嫉妬を受けますが、自分を信じて進んで吉です。

新しく始めることに幸運の導きがあります。満足できる結果となるでしょう。

仕事でも恋愛でも初めが肝心です。いいかげんに始めると最後までとりとめのない状態が続きます。最初にルールを決めて、スタートダッシュで勢いをつけましょう。勢いのよいあなたを妬む人もいるでしょうが、気にすることはありません。

欲しいものは戦って勝ち取りましょう。

トラブルや争いには、正々堂々と立ち向かうことで勝てます。卑怯《ひきょう》な手を使ってはいけません。最後は正義が勝つからです。

体力・気力ともに充実しています。旅行は一人旅が吉。大きな収穫があるでしょう。

〔全体運〕

勢いのある吉運。新しく何かが始めり、周りの反対やトラブルにも負けずにどんどん進んでいきます。

〔恋愛運〕

楽しい恋愛ができる時です。恋人募集中の人は、エネルギッシュで魅力ある人と、電撃的な恋が始まりそうです。

〔金運〕

最初はよくても、だんだん厳しくなってきます。新規事業は初期投資を回収するのに、しばらくかかるでしょう。

〔対人関係運〕

新しい人間関係が大きく広がる時です。その中には、良い人も悪い人もいます。第一印象が正しいはずです。

〈仕事・学業運〉

新しい分野へ挑戦することで大きく成長できます。学業も今までと違う勉強法に挑戦すると、成績が伸びるでしょう。

〈開運の鍵〉

初めが肝心。

〈占術例〉

英会話教室に通うことになり、今後を占ってこの結果を得たなら、幸先のよいスタートです。受講生と和気《わき》藹々《あいあい》、という雰囲気ではなさそうですが、英会話はぐんぐん上達するでしょう。周りに嫉妬されても気にせずに。

裁判官「小吉」の16種

「小吉」は、小さな幸運や援助運を示すシンボルが裁判官ですから、どのような証人の組み合わせでも基本的には喜ばしい結果となります。ただし、幸運期は長くは続かないので、タイミングよくしっかりとチャンスをつかむことが重要になってきます。

そのためには「小吉」が持つ援助運のよさを引き出すのが大切です。自分の力だけでは、せっかくの幸運を生かすことはできません。相手や周囲の状況を表す左の証人のプラスの側面を引き出すことが、開運のための大事なポイントとなります。

右の証人「人々」
左の証人「小吉」

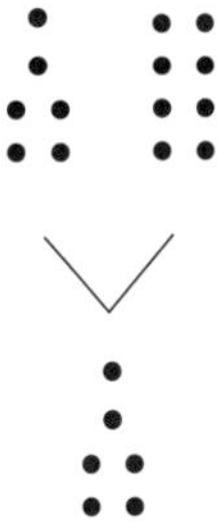

〈キーワード〉

助けられて幸せをつかむ。

〈象意〉

安定を表す「人々」があなた側の証人で、小さな幸運を意味する「小吉」が周りの状況を示す証人に出ていて、裁判官も「小吉」です。

あなた側の証人の「人々」は受動的なシンボルなので、何かするなら前例通りに行うのがよいでしょう。「小吉」は援助運がよいことを表しているので、何もしなくても周りが助けてくれて上手くいきます。

むしろ、希望を叶えるためには自己主張をしすぎない方がよいのです。攻めるより受け身の姿勢で、与えられた幸運と恵みを素直に受け取る方が幸せになれます。

金銭面でも仕事でも、周りからの応援と偶然の幸運に助けられて、少しずつよい方向に向かっていきます。感謝の心を忘れなければ願いは叶い、大きな喜びを得ることができるでしょう。

海や水辺が吉。海外とのよい縁もあります。

争いや競争で勝つのは難しい時です。味方を多く集めれば有利な形で和解できます。

〈全体運〉

ラッキーな運勢。周りに助けられて仕事も私生活もよい方向に向かいます。水辺に旅行すれば開運できます。

〈恋愛運〉

一対一でのつき合いはまだ早いようです。グループ交際が吉。恋人募集中の場合は、紹介によい縁があります。

〈金運〉

プレゼント運やもらい物運があります。商売や事業を始めるなら、海外との取引で豊かになれるでしょう。

〈対人関係運〉

力強い味方が近くにいるはず。困った時には誰かが助けてくれます。素直な心で援助を受け取って吉。

〈仕事・学業運〉

全力で取り組むことで大きな収穫が期待できます。出し惜しみしないこと。学業は、よい先生と出会えます。

〈開運の鍵〉

外国製品。

〈占術例〉

身近に出会いがなく、結婚相談所に行ってみようか迷って占ってこの結果を得たなら、まずは周りに相談してみましょう。友達や親戚、同僚など周りの人が世話してくれてよい縁がつながることになるでしょう。

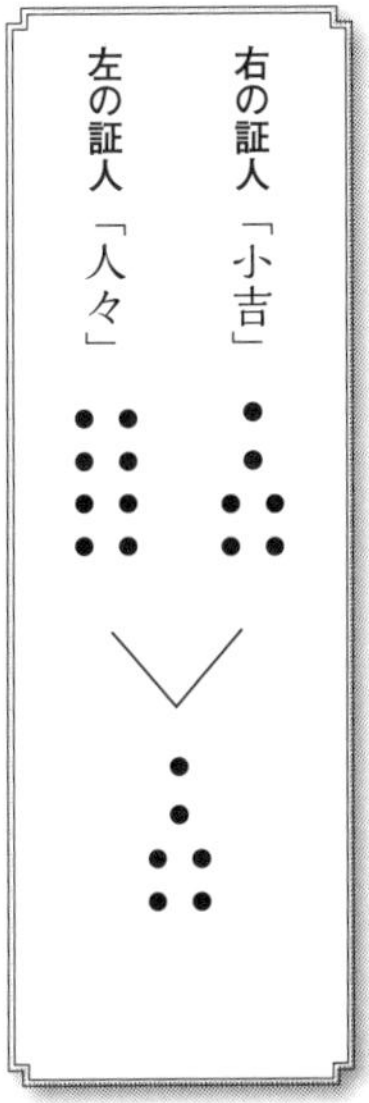

〔キーワード〕

最後には幸せになる。

〔象意〕

小さな幸運を意味する「小吉」があなた側の証人で、周囲の状況を示す左の証人は安定を表す「人々」です。裁判官は、やはり、小さな幸運を表す「小吉」です。

「小吉」は一時的な幸運を表すのですが、ものごとの増大を意味する「人々」で強調されているので、より大きな幸運が期待できます。

特に金運や仕事運ではあなたの努力と周りの協力と応援が相乗効果を発揮し、かなり豊かな収穫を得ることができるでしょう。トップを取るのは簡単ではありませんが、次点なら十分狙えます。

空気を読んで周りの状況に臨機応変に対応していくことが、幸運を味方にするポイントです。こだわりすぎず、その場その場で対応を変えていきましょう。

近いうちによいニュースが届くはずです。

争いや訴訟の場合は、向こうの力が強大で、勝つのは難しいでしょう。全面勝利ではなく、部分的な勝ちを取る方が得策です。

〔全体運〕

変わりやすい運勢ですが、最終的には幸せになれます。成功したいならチャンスを逃さずつかむことです。

〔恋愛運〕

恋愛運上昇中。近いうちに複数の素敵な出会いがありそうです。出会いが欲しいなら合コンや飲み会など積極的に参加を。

〔金運〕

豊かに過ごせます。チャンスを上手くつかめば仕事の収入アップが期待できそうです。もらい物運やプレゼント運もあります。

〔対人関係運〕

人間関係が大きく広がる時です。出会う人みんなが、それぞれの形で、あなたの力になってくれるでしょう。

〔仕事・学業運〕

業績や成績の上下はありますが、トータルでみれば大きく成長できる時です。1回ごとの結果にこだわりすぎないで。

〔開運の鍵〕

お礼メール。

〔占術例〕

車を購入することになり、無理しても高くてよいものを買うか、無理しない範囲で買うか迷って占ってこの結果を得たら、無理は禁物。完璧を望まず、適度に妥協することで、結果的に満足感を得られます。

右の証人「道」
左の証人「大吉」

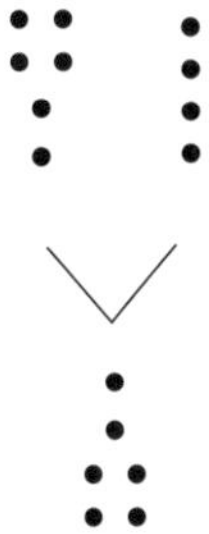

〔キーワード〕

変化による幸せ。

〔象意〕

変化を意味する「道」があなた側の証人で、「大吉」が周囲の状況を示す証人です。裁判官は小さな幸運を示す「小吉」です。

変わることによって、大きな幸運を得られます。今の状態にとどまりたくても、運命は動き始めています。変化への不安やとまどいも、当然あるでしょう。努力や試行錯誤も必要です。ですから、何もせずに幸せになれるわけではありません。

変わろうとする意志に行動が伴った時に、素晴らしい明日をつかむことになるでしょう。

具体的に何をしてよいかわからない場合は、とにかくどこかに出かけてみましょう。あなたの証人である「道」は旅を表すシンボルです。外に出て歩き出せば、幸運に導かれて、自然と物事がよい方向に進み始めます。

最初の一歩を踏み出すためには、あなた自身が決断しなくてはなりません。

旅行も運気改善のきっかけになります。

〔全体運〕

忙しくなりそう。運命が動き始めています。試行錯誤しながら先に進むことで、自然と幸運に導かれて豊かになれます。

〈恋愛運〉

波乱運です。恋人がいる人は、お互いの気持ちが変化していきます。恋人募集中の人は近いうち最高の出会いがありそう。

〈金運〉

昇給や転職など金運アップのチャンスが訪れます。上手くつかむことができれば、豊かになれるでしょう。

〈対人関係運〉

まずまずいつも通り。アドバイスをしてくれる人もいますが、本当に重要な決断は一人でしなくてはなりません。

〈仕事・学業運〉

仕事も学業も今は将来につながる道を探す時です。一度や二度の失敗にめげずに、いろいろチャレンジしてみましょう。

〈開運の鍵〉

散歩。

〈占術例〉

友人としてつき合っていた異性から告白され、結婚したいと言われて、困っている件を占ってこの結果を得たなら、自分の気持ちを大切に。結婚の意思がないならきちんとお断りを。友達同士ではいられないなら、ここで区切りをつける方が、お互いに幸せになれます。

右の証人「大吉」
左の証人「道」

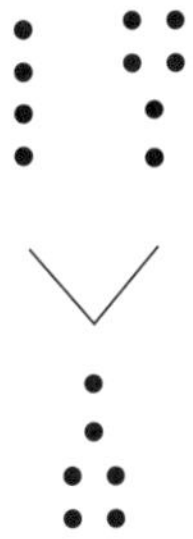

〈キーワード〉

旅行で開運。

〈象意〉

「大吉」があなた側の証人で、周囲の状況を示す証人は変化を表す「道」。裁判官は小さな幸運を表す「小吉」です。

あなたの側の証人が大吉運なので、とにかくツイています。思い通りに物事が進み、仕事も私生活も上手くいきます。クジ運もよく、偶然の幸運に助けられ、危険やトラブルをよけて、大発展できるでしょう。既にトラブルに巻き込まれている場合も、結果的に最善の形で解決することができます。

「道」は旅を意味するので、旅行には大きな開運効果があります。長旅でなくても構いません。日帰りでもドライブでも、嬉しい収穫があるでしょう。旅先で出会った人が、仕事上の重要な取引先となったり、人生のパートナーとなったりする可能性もあります。

タイミングを逃さないことが大事です。特に旅先の出会いは一期一会。おそらく次はありません。その時々で、後悔しないよう行動していきましょう。

〈全体運〉

大吉運。願いが叶います。転職や引越しなど、環境が変わる可能性があります。その先にはよりよい未来が待っています。

〈恋愛運〉

大好調。片思いの人は、めでたく両思いになれるでしょう。恋人募集中の人は、新しい環境で異性と知り合うことになりそう。


〈金運〉

大吉運。臨時収入で懐が温かくなりそうです。貯めておくより、勉強やスキルアップのために使えば将来的に、より豊かになれます。


〈対人関係運〉

人間関係の入れ変わりがありそうです。自分が何をしたいのか、目的意識を明確にしていれば、願いを叶えてくれる人と出会えるでしょう。


〈仕事・学業運〉

発展運。実力を評価されて、重要なポジションを任されるでしょう。学業は将来につながるよい成績を収められます。


〈開運の鍵〉

旅に出る。


〈占術例〉

志望校に落ちて、今後の進路をどうしたらいいか占ってこの結果を得たら、自分を見つめ直す旅に出ましょう。そうすれば、必ず将来につながる発見があるはずです。

右の証人「つながり」
左の証人「喪失」

〔キーワード〕

何かを得て何かを失う。

〔象意〕

「つながり」があなた側の証人で、「喪失」が周りの状況を表す証人です。そして裁判官は小さな幸運を表す「小吉」です。「つながり」が意味する何かが集ってきます。人が集まるか、モノかお金か、その結果幸せになれるのですが、代わりに「喪失」が示す通りに何かを手放すことになります。

つまり、何かを得て、何かを失う。その「何か」を自分で選ぶことが大事です。すべてが無償で手に入るわけではありません。欲しいものを得るために、相応の対価を支払わなくてはならないのです。

「つながり」は人生の交差点を意味するシンボルでもあるので、将来を決める重要な選択となりそうです。じっくり考えて、でもタイミングは逃さずに、よい選択ができるでしょう。自分自身の気持ちをしっかり見つめるべき時です。

トラブルや争いは、ほとんど実害なく、無事に解決に向かいます。

〔全体運〕

何らかの選択をすべき時です。何が重要で、何がそうでないのか、しっかり選びましょう。周りにも影響を及ぼすので、理解と協力を得られるようちゃんと説明を。

〈恋愛運〉

条件つきの恋愛成就や結婚、遠距離恋愛や何か譲歩しての結婚となる可能性があります。納得して進めば吉。


〈金運〉

予定外の出費がありますが、手堅くやりくりして、結果的にトントンに持ち込めるでしょう。気を引き締めていきたい時です。


〈対人関係運〉

仲間の結束は堅いのですが、ご縁が薄い人が離れていくでしょう。結果的により結束が強まります。


〈仕事・学業運〉

自分にとって何が重要なのか、選ばなくてはならない時です。学業でも教科や進路の選択の時です。


〈開運の鍵〉

モノを減らす。


〈占術例〉

転職した職場で友達ができないのを占ってこの結果を得たら、仕事をするのは金銭のためか、それとも友達を作るためなのか、選択しなければならないのだという意味になります。

右の証人「喪失」
左の証人「つながり」

〔キーワード〕

何かをなくし何かを得る。

〔象意〕

「喪失」があなたの側の証人で、絆を表す「つながり」が周囲の状況を示す証人です。裁判官は小さな幸運を表す「小吉」。

何かをなくしますが、自分にとって本当に大事なものを知って、最終的に幸せになれます。

今の望みを叶えるのは難しいでしょう。ただ、その方が結果的によいのです。後から振り返れば、それほど残念がることでもなかったとわかります。当初は辛く感じますが、実害はあまりありません。

トラブルや争いでは、自分が譲歩する形になるかもしれませんが、心配はいりません。

一番の問題は、なくしたもの、手に入らなかった望みにいつまでもしがみついていることです。すっきりと割り切ることも必要です。

恋愛では想う人に想われず、タイプでない人から好かれることになりそう。逃げる相手を追いかけるより、愛してくれる人と一緒にいる方が幸せになれます。

〔全体運〕

何かを失った代わりに、何かを得ることになるでしょう。また、あまり聞きたくないニュースを聞くことになるかも。気持ちを切り替えることが大事です。

〔恋愛運〕

自分の思うようにはいきませんが、好きになってくれる人がいます。あるいはお見合いから結婚へと進むことになる可能性も。

〔金運〕

予定外の大きな出費があり、厳しい状況です。本当にどうにもならなくなったら、誰かが助けてくれます。

〔対人関係運〕

友達が嘘をついていたり、陰口を言っていたりするのを知ってしまうかも。残念ですが、その人はそういう人なのでしょう。

〔仕事・学業運〕

思うような仕事をやらせてもらえず、不満が募ります。けれどそれが何であれ、やるべきことをするのが大事です。

〔開運の鍵〕

趣味のコレクション。

〔占術例〕

疎遠になっていた友人から結婚式招待がきた件を占ってこの結果を得たなら、無理して出ると、損した気分になりそう。欠席してもよさそうです。

右の証人「獲得」
左の証人「拘束」

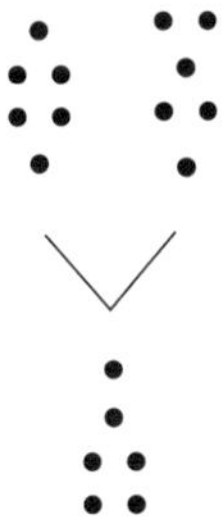

〈キーワード〉

こだわりが得を生む。

〈象意〉

「獲得」があなたの側の証人で、孤独を表す「拘束」が周囲の状況を示す証人です。裁判官は小さな幸運の「小吉」。

ズバリ、得をします。周りの人よりよい物をもらったり、一人だけ優遇してもらったり。得した分を、できるだけ周りに還元していくとよいでしょう。そうすれば、今度は自分が困った時に周りが助けてくれます。

争いやトラブルにも勝ちます。相手は平気な顔をしているかもしれませんがダメージは相当なはず。気遣ってあげてください。また、恋愛や対人関係の問題では、相手側がかなり無理をしてくれているようです。感謝と思いやりを忘れずに。

そして幸運をつかむポイントは、「拘束」が表すこだわり。これだけは絶対に譲れないというこだわりは何でしょうか。迷ったら、自分自身の原点に戻りましょう。

〈全体運〉

何かと得する嬉しい幸運期。周りの人が協力したり、我慢したりしてくれています。周りへの感謝を忘れずに。

〈恋愛運〉

モテますが、片思いの相手には振り向いてもらえません。カップルの場合は相手が譲歩してくれて上手くいきます。

〈金運〉

金銭運も良好ですが、吉運を保つためには、無駄遣いしないことが大事です。臨時収入や収入増加分はしっかり貯めておいて。

〈対人関係運〉

友達のありがたみが心に染みる時です。トラブルは有利な形で解決します。今後のために、相手をフォローしてあげて。

〈仕事・学業運〉

望むポジションや、やりたい仕事を任せてもらえて、やる気倍増。周りから妬まれないように注意しましょう。謙虚な姿勢が吉。

〈開運の鍵〉

友達へのプレゼント。

〈占術例〉

会社の同僚に服や持ち物をいつも真似されて不愉快。という件を占ってこの結果を得たら、真似されたくないと思うほどにひどくなります。真似したいならどうぞ、と広い心で対応しましょう。簡単には真似できないくらい自分流を極めれば、気にならなくなります。

右の証人「拘束」
左の証人「獲得」

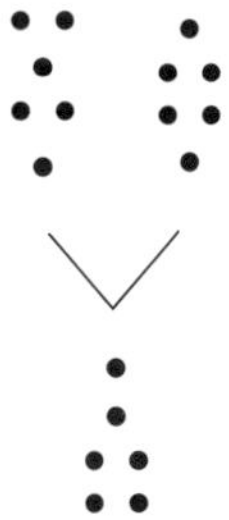

〔キーワード〕

攻めより守って勝つ。

〔象意〕

孤独や防御を表す「拘束」があなた側の証人で、周囲の状況を表す証人は「獲得」。裁判官は小さな幸運の「小吉」です。

防御は完璧です。最後まで耐えぬいて勝利を収めるでしょう。攻めに走ってはいけません。

現状維持であれば問題ありませんが、何かを手に入れたいなら、願いを叶えるのは難しいでしょう。得するのは周囲の人や相手側だけです。お金や手間暇をつぎ込んでも無駄になってしまいそう。何もしなければ損はしません。

裁判官は小さな幸運を意味しますから、多くを望まない方がよいのです。「足るを知る」心が幸運を呼び込みます。

もう一つ大事なことは、「獲得」が表す、受け入れる心です。希望と違っていても、状況に不満があっても、相手に欠点があっても現状を受け入れることで幸せになれます。そして相手にも受け入れてもらえます。

まずは守りを固めること。それからゆっくりと心を開いていけば大丈夫。

〔全体運〕

堅実な運勢。大発展は望めませんが、時間をかけるほどに成功し、豊かになれます。まずは足元を固めましょう。

〔恋愛運〕

理想が高すぎるようです。相手に何かしてもらおうと望むのを止めれば、身近なところにふさわしい人が見つかります。

〔金運〕

地味ですが、手堅い金運です。一攫千金はありませんが、少しずつ貯めて、大きな富を築くことができるでしょう。

〔対人関係運〕

あなたのことを本当に思ってくれている友人がいます。友人はあなたにもっと心を開いて欲しいと思っています。

〔仕事・学業運〕

功を焦ってはいけません。地味な裏方作業を続けているうちに次第に認められていきます。学業でも基礎・基本が大事。

〔開運の鍵〕

鉢植えの植物。

〔占術例〕

友人からお金の無心をされて占ってこの結果を得たなら、断ること。貸したら戻ってこないばかりか相手の為にもなりません。受け入れるとは、相手の言うなりになることではありません。

右の証人「喜び」
左の証人「赤」

〔キーワード〕

自然体で幸せに。

〔象意〕

「喜び」があなた側の証人で、周囲の状況を示す証人は、いさかいを表す「赤」。裁判官は小さな幸運の「小吉」です。

理屈ではなく感情のままに行動することで良い方向に向かうでしょう。周りから反対の声や不満は出るでしょうが、あなた側に吉運を表す「喜び」があるので、自然体でいれば大抵のことは上手くいきます。

むしろケンカしたり、感情をぶつけ合ったりしてもよいのです。表面だけ取り繕った笑顔ではなく、本心から笑えるようになります。

実利はあまり期待できませんが、お金がなくてもハッピーです。人から見たら豊かではなくても、あなたにとっては最高に楽しい時期です。

全員に好かれよう、全員一致で賛同してもらおうとするのは難しいでしょう。反対があってもいいと思い切ることで、未来が開けます。問題やトラブルは最善の形で決着するでしょう。心配はいりません。

〔全体運〕

喜びと笑いに満ちた運勢です。嬉しく楽しいことがあります。多少の問題はあっても、最終的には上手くいきます。

〈恋愛運〉

基本的には異性と楽しく過ごせる時です。片思いの場合は、強力なライバルが現れそう。無理に張り合うより、自然体が吉。


〈金運〉

お金がなくても楽しく過ごせる時です。周りの人がプレゼントをくれたり、必要なものを融通してくれたりと、あなたを助けてくれるでしょう。


〈対人関係運〉

最高に楽しく過ごせる時です。本音でつき合うことができます。ぶつかり合うことで、より仲よくなれるでしょう。


〈仕事・学業運〉

幸運に助けられる運勢。周りの人も協力してくれます。欲張りすぎず、感謝と喜びを素直に表現して吉。


〈開運の鍵〉

お金のかからない遊び。


〈占術例〉

恋人が異性の友人とメールのやりとりをしている件を占ってこの結果を得たなら、一人で悩んでいないで恋人に正直に話してみましょう。たとえケンカになっても、お互い本音で話すことで、仲直りできます。

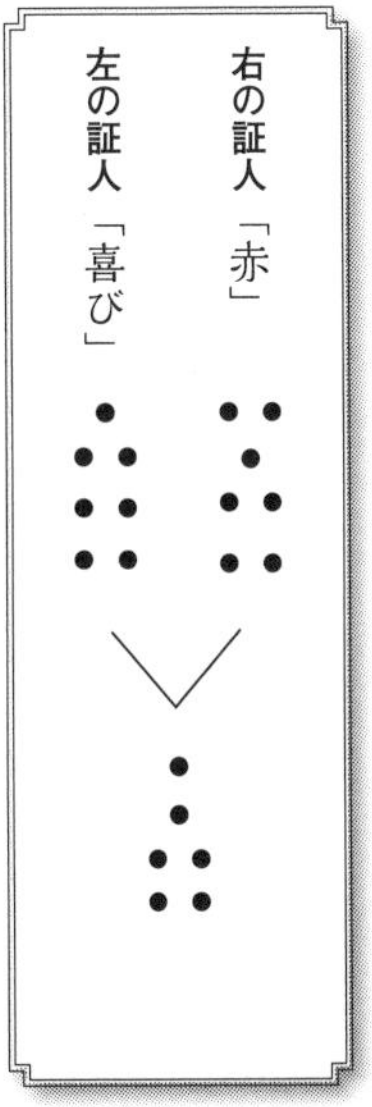

〔キーワード〕

欲深さを自覚して吉。

〔象意〕

闘争心を表す「赤」があなた側の証人で、「喜び」が周囲の状況を示す証人。裁判官は小さな幸運の「小吉」です。

周りの状況はよいのに、あなたは「こんなものでは全く足りない」とあがいている状態。苦しさの元凶は周りではなく、あなたの果てしない欲望なのです。

思い通りにいかず、望みが叶わず、不満が募りますが、多くを望まないなら、十分満足できる結果であるはず。カッときて行動すると、今あるものまで失うことになります。盗難、投資の失敗による散財、無謀な転職の失敗などに気をつけましょう。

自分が本当に欲しいものは何なのか、改めて考えてみることも必要でしょう。

ただし、争い事と、ライバルのいる恋愛に関しては勝ちます。何としてでも手に入れたいという強い欲求が、あなたに勝利をつかませるのです。

〔全体運〕

思うようにいかない時です。欲が深いほど、失望が深くなります。多くを望まなければ、楽しく過ごせる時です。

〔恋愛運〕

三角関係や不倫など、問題のある恋愛で、恋の勝利者になれるでしょう。恋人募集中の場合は、焦りすぎが敗因になります。気持ちを楽に持てば、楽しく過ごせる異性の友達ができます。

〔金運〕

波乱運。大金を落としたり、投資で失ったりする可能性あり。欲を出すと失敗します。楽して儲けるなんてうまい話はありません。

〔対人関係運〕

気持ちが不安定になっていて、相手の好意を素直に受け取れない時です。相手には悪意はありません。裏読みしすぎです。

〔仕事・学業運〕

大きく当てようとして、大きく外れてしまいそうです。無理しない方がよい時なのです。分を知れば、楽しく過ごせます。

〔開運の鍵〕

B級グルメ。

〔占術例〕

相続について兄弟でもめている件を占ってこの結果を得たなら、欲深さが争いを招いています。もめるほど財産があることを、まずありがたいと思うべき。感謝の心が問題解決へと導きます。

右の証人「悲しみ」
左の証人「少年」

〈キーワード〉

みんなで少しずつ我慢する。

〈象意〉

あなた側の証人が「悲しみ」で、相手側の左の証人は未熟さを表す「少年」。裁判官は小さな幸せを示す「小吉」です。

みんなが少しずつ悲しみに耐えて、我慢して幸せになれるでしょう。

あなた側の証人の「悲しみ」はあなたにはどうしようもない宿命的な不幸やトラブルを表しますが、この悲しみの先には、いつものささやかな一時を喜べる幸せな日々が待っています。

争いやトラブルに関しては、勝者はいません。関わった人全員が少しずつダメージを負い、損をすることになるでしょう。それで最終的には上手くいきます。相手の非を責めずに許してあげることができればいいのですが。

全体的に労多く実入りの少ないときですが、建築土木や農業などの仕事についている人にとっては地道ながら着実に実績を積んでいける時です。

〈全体運〉

報われない苦労の多い時ですが、この苦労が将来の豊かさの基礎になります。短期的なプラスマイナスではなく長い目で見れば、下積みで成長できる時なのです。

〈恋愛運〉

邪魔が入りそう。仕事の都合で遠距離になったり、家族の事情で結婚が遠くなったりする可能性もあります。今は耐える時です。


〈金運〉

忙しいのに、お金が増えず、金銭的に苦しい時です。どうしても必要な臨時支出は公的機関の融資利用を検討してみて。


〈対人関係運〉

理由のない意地悪や不当な扱いを受ける可能性があります。あなたに非はないので、自分を責める必要はありません。


〈仕事・学業運〉

突発的な失敗やミスがあるかもかもしれません。すべてを完璧にこなすことは不可能なので、何かあった時に臨機応変に対応できるように準備を。


〈開運の鍵〉

格闘技。


〈占術例〉

家計が火の車でどうしたらいいかを占ってこの結果を得たなら、特効薬はありません。家族のみんなが少しずつ節約し、副業など仕事を増やすことも検討しながら、どうにかやりくりすべきです。

右の証人「少年」
左の証人「悲しみ」

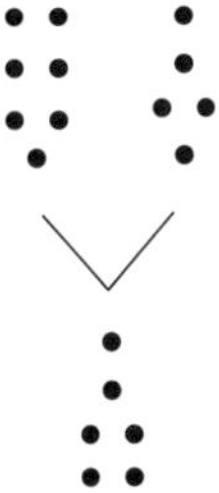

〈キーワード〉

時間をかけて幸せに。

〈象意〉

あなた側の証人は未熟さを表す「少年」で、周囲の状況を示す証人は「悲しみ」。裁判官は小さな幸運を表す「小吉」です。

未熟さからの失敗と、周りの人を悲しませるようなトラブルが暗示されていますが、雨降って地固まるのことわざのごとく、乗り越えれば幸せになれます。上手くいかないことを人のせいにしたくなりますが、本当の原因は、あなたの未熟さにあります。仕事への不平、対人面での不満、金銭面での不遇も、本来は時間をかけて自分の力で乗り越えていかなければならないものです。すぐには解決できません。

ただし、あなた側の「少年」は、争いと恋愛に関しては強いので、ライバルのいる恋愛や争い事で勝利をつかむことができるでしょう。その際、相手を必要以上に叩きのめして、恨まれたりしないように気をつけましょう。

控えめに、忍耐強く、取り組んで吉です。

〈全体運〉

トラブルや失敗の可能性。大事なことほど、注意深く、忍耐強く取り組みましょう。失敗から学ぶことも多いはず。

〈恋愛運〉

恋愛運は好調。モテる時ですが、三角関係などトラブルの暗示も。片思いの場合は勇気を出して告白すれば、晴れて両思いになれるでしょう。

〈金運〉

無駄なことに使ってしまいやすい時です。落としたり無くしたりする可能性もあるので、大金は持ち歩かない方がよいでしょう。

〈対人関係運〉

身近な人との関係が悪化してしまいそう。自分の未熟さを指摘されたら素直に受け入れて。一回り大きくなれます。

〈仕事・学業運〉

力不足です。実力以上の仕事に取り組んで失敗しそう。自分の実力を客観的に把握することも大事です。地道に努力を。

〈開運の鍵〉

地図。

〈占術例〉

会話が苦手で、会社の飲み会が苦痛なのを占ってこの結果を得たなら、しばらくは我慢しておつき合いするのが最善かもしれません。時間をかけて慣れていけば、臨機応変に対応できるようになります。

右の証人「少女」
左の証人「竜の頭」

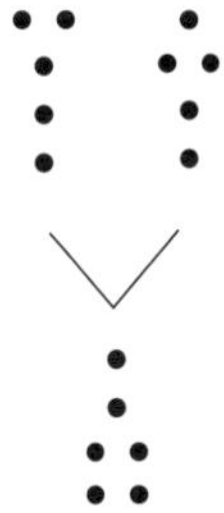

〈キーワード〉

新しいお気に入り。

〈象意〉

あなた側の証人は美と愛情を意味する「少女」で、周囲の状況を示す証人は始まりを意味する「竜の頭」。裁判官は小さな幸せを表す「小吉」です。

美しくて、きれいで可愛くて楽しい、新しく始まる何かが、幸せをもたらしてくれます。

「少女」は身近な喜びを意味しますから、日常的なささやかな幸せです。近くに可愛いショップがオープンしたり、アクセサリー作りや陶芸を習い始めたりすることで、毎日が豊かに生き生きとしてくるでしょう。そこからまた、新たな何かが始まります。可愛いショップで運命的な人との出会いがあるかもしれないし、習い始めた陶芸が将来の副業になるかもしれません。

新しく始めることはどんな分野でも吉です。転職や進学、引越しなど、幸先よいスタートです。女性から何かを受け継ぐという意味もあります。トラブルは和解によって解決するでしょう。

〈全体運〉

楽しく華やかな運勢。日常を豊かにしてくれるような喜びがあるでしょう。願いは叶い、嬉しいニュースが届きます。

〈恋愛運〉

玉の輿運。素晴らしい相手との出会いが期待できそう。パートナーがいる人は、二人きりの旅行が大吉。愛が深まります。


〈金運〉

リッチな恋人や、玉の輿で金運アップ。おごられ運やもらいもの運もよい時です。買物もお得情報が得られます。


〈対人関係運〉

趣味や遊びを通して新しい友達がたくさん増えるでしょう。グループでのレジャーや食事会など、楽しく過ごせそうです。


〈仕事・学業運〉

楽しく仕事ができる時です。新しい分野で活躍できます。学業でも新しい参考書や塾でぐんと実力アップしそう。


〈開運の鍵〉

新品の靴、バッグ。


〈占術例〉

苦手な女性への対応方法を占ってこの結果を得たら、次回上司が新しく持ってきたバッグや服や靴を話題にしてみましょう。意外にも話が弾んで、苦手意識がなくなり、楽しく会話できるようになるでしょう。

右の証人「竜の頭」
左の証人「少女」

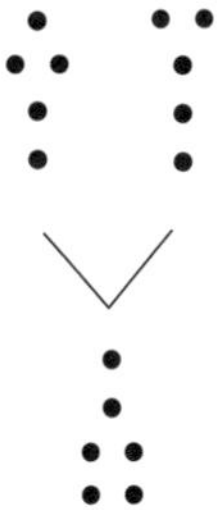

〔キーワード〕

少女が幸運をもたらす。

〔象意〕

あなた側の証人は始まりを意味する「竜の頭」で、周囲の状況を示す証人は美と愛情を表す「少女」。裁判官は小さな幸せを表す「小吉」です。

新しく始めることが、美と喜びをもたらし、幸せになれます。

若い女性がラッキーパーソンです。直接の知り合いでなくても、女性タレントや女優のブログやトークから必要な情報を得られる可能性があります。また女性的なことにも幸運があります。可愛いものや美しいもの、アクセサリー、ファッションに注目してみましょう。

恋愛でも仕事でも、今、何かが始まったばかりなので、収穫を得るのはまだ先になるでしょう。今はいろいろやってみること、試行錯誤が必要です。失敗もあり、と割り切りましょう。トラブルや争いは、相手の気まぐれで終息することになりそうです。

理はこちら側にあります。事を荒立てない方が得策。

〔全体運〕

勢いのある運気。入学や入社、新しい習い事など、新しく始めることにはすべて、女性からの強力な応援があります。

〔恋愛運〕

新しい出会いはありますが、今はいろいろな人とグループ交際が楽しい時です。パートナーがいる人は相手の意外な一面を知ることになりそうです。

〔金運〕

上昇中です。新しく始める仕事や副業が収入アップにつながりそう。お得な情報は女友達から得られます。

〔対人関係運〕

女友達と楽しく過ごせそう。飲み会や食事会は、センスのよい店をチョイスしましょう。対人関係のトラブルも無事解決します。

〔仕事・学業運〕

試行錯誤しつつ新しい分野で活躍できる時です。仕事も勉強も困った時は女性の同僚や先輩が力になってくれます。

〔開運の鍵〕

ショッピング。

〔占術例〕

語学を習得したいと思い、どうすればいいか占ってこの結果を得たら、女友達に聞いてみるのがよいという結果です。楽しくて面白くてお得な語学スクールや個人講師の情報が得られるでしょう。

右の証人「白」
左の証人「竜の尾」

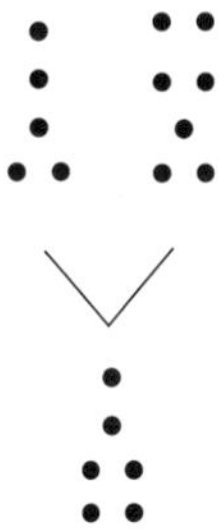

〈キーワード〉

清く正しい毎日。

〈象意〉

公正や潔白を表す「白」があなた側の証人で、終わりを意味する「竜の尾」が周りの状況を示す証人。裁判官は小さな幸せの「小吉」です。

清く正しくあることで、望みが叶い、計画が完成するという意味になります。

あなた側に吉の意味を持つ「白」が出ているので、「竜の尾」が表す終わりとは、挫折や中断ではなく「完成」を暗示します。途中であきらめず、最後までやりとげることが幸運をつかむポイントです。努力は報われ、最後には成功を手に入れるでしょう。終わりが、また新しいスタートとなります。

周りへの感謝が、自分自身の努力と同じくらい大切です。正しいことを続けていれば、必ず誰かの目にとまり、評価してもらえます。

トラブルや争いは、相手が折れて決着します。毅然とした態度をつらぬきましょう。

近いうち嬉しいニュースが届きそうです。

〈全体運〉

順調で穏やかな運気。今やるべきことにしっかり取り組めば、かねてからの大望が叶います。

〈恋愛運〉

恋人募集中の人は、準備期間となります。この間に、自分自身を磨きましょう。恋人がいる人は、結婚というゴールを迎えることに。

〈金運〉

営業や商売で金運上昇が見込める時です。奇策が功を奏するのではなく、地道な積み重ねがよい評判を呼んで実を結びます。

〈対人関係運〉

長年の友人が引越しや留学などの理由で離れていく可能性があります。晴れの門出なので、快く送り出してあげて。

〈仕事・学業運〉

正攻法が評価される時です。学業は成績よりも、授業態度や普段の品行が評価に大きく影響するでしょう。

〈開運の鍵〉

石けん。

〈占術例〉

健康のためにできることをしたいと思い占ってこの結果を得たなら、喫煙や深酒など、悪習慣から卒業するのによいタイミングです。今なら途中で挫折してしまわずに、ちゃんと達成できて、健康な体を得ることができるでしょう。

右の証人「竜の尾」
左の証人「白」

〈キーワード〉

終わらせて吉。

〈象意〉

終わりを意味する「竜の尾」があなた側の証人で、周りの状況を表す証人は公正や潔白の「白」。裁判官は小さな幸せの「小吉」です。

今、何かを終わらせることが、みんなの幸せと秩序の維持につながります。何を終わらせればいいかは、あなたが一番よくわかっているはず。運命に逆らって、何とか続けようとしても、その努力が報われることはないでしょう。

何かが終わった後も、人生は続いていきます。新しいスタート地点に立つために、何かを断ち切らなくてはならないのです。

終了に伴う痛みは、成長の痛みです。

こだわりを手放して、気持ちの整理がつけば、楽になれます。すっきりと目が覚めたような気持ちになるでしょう。実際、以前は見えなかったことが見えるようになり、理解できるようになるはず。

〈全体運〉

取り組んでいる何かが終わります。引越し、転勤、リストラなど望まない終わり方の可能性もありますが、新しく生まれ変わって幸せになるチャンスです。

〔恋愛運〕
失恋、別れの暗示。お互いの主張が対立している場合、相手に正義があります。自分から折れることも必要でしょう。

〔金運〕
低調です。見込んでいた入金が入らず、困窮しそうです。今の仕事や副業に、見切りをつけたいなら、潮時かもしれません。

〔対人関係運〕
素直になれない時です。しかし、相手の主張の方が正しいでしょう。トラブルは正直に謝れば解決できます。

〔仕事・学業運〕
今のやり方では上手くいきません。他の方法を探しましょう。人のアドバイスに真摯に耳を傾けましょう。

〔開運の鍵〕
食事を残さない。

〔占術例〕
恋人のたび重なる浮気に悩んでこの結果を得たなら、あなた自身、本心ではもう別れたいと思っているはず。浮気性な恋人に今後も苦しめられるよりは、別れを選択する方が幸せになれます。今は辛くても、決断した瞬間、目が覚めるでしょう。

裁判官「獲得」の16種

裁判官「獲得」はまさにお得な結果を導きます。左右の証人によっては、さほど嬉しくない場合もあり得ますが、少なくとも損することはありません。仕事、金銭、恋愛、どの分野でも、何かしら得るものがあります。

左右どちらかの証人が凶のシンボルの場合、個人的に欲しかったものとは違うかもしれませんが、運命がそれを欲しているのです。右の証人が、どうすればそれを得られるのか教えてくれます。

また「獲得」の象意の通り、納得し受け入れることが問題解決につながります。

右の証人「人々」
左の証人「獲得」

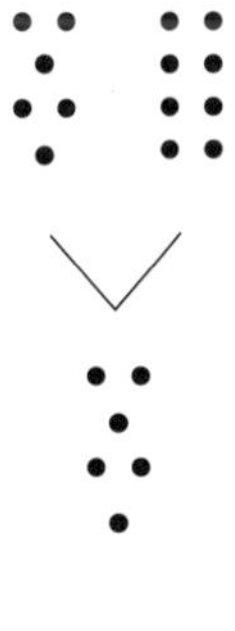

〔キーワード〕

大勢で楽しく。

〔象意〕

集まり、グループを意味する「人々」があなた側の証人で、獲得を意味する「獲得」が、周囲の状況の証人と、裁判官に出ています。

大勢の人が集まるほど、大きく得ることができます。一定数以上が集まれば半額といったキャンペーンや、みんなで集まれば貸し切りができるなど、人数が集まるほど嬉しいことが増えていきます。

計画していることがあるなら、とにかくたくさんの人を誘って仲間を増やしましょう。数を頼みとする場合ではなくても、やりたいことを公言すれば、応援してくれる人、情報をもたらしてくれる人が現れます。

トラブルや争いも、当人同士で解決しようとせず、人の手を借りましょう。公的な相談窓口や、たくさんの人が見るネットの掲示板で聞いてみるのも一つの方法です。

多くの人が関わることで、より大きな成功と喜びを得ることができるのです。焦らず時間をかける方が上手くいきます。

〈全体運〉

多くの人と楽しく過ごせる時です。人数が集まるほど吉。人が集まるイベントや飲み会、行事には進んで参加してみましょう。

〈恋愛運〉

友達や仲間に協力してもらって両思いになれるでしょう。恋人募集中の場合も、友達からの紹介によい縁があります。

〈金運〉

金運上昇中。一つツキ始めると、いろいろと連動して上手くいくようになるでしょう。棚ボタ的な臨時収入もありそう。

〈対人関係運〉

新しい友達が増えます。大勢で楽しく過ごせる時です。仲間や友達との旅行も大吉です。自然体でいられる時です。

〔仕事・学業運〕

大きな収穫があります。チームワークに吉があります。学業でも、友達と一緒に勉強するとはかどります。

〔開運の鍵〕

ダメ元で誘ってみる。

〔占術例〕

結婚を考えている相手がバツイチ。どうしようか迷って占ってこの結果を得たら、できるだけ多くの人に意見を聞いてみましょう。いろいろな意見を聞くことで、状況を受け入れる気持ちになれて、最良の決断ができます。

右の証人「獲得」
左の証人「人々」

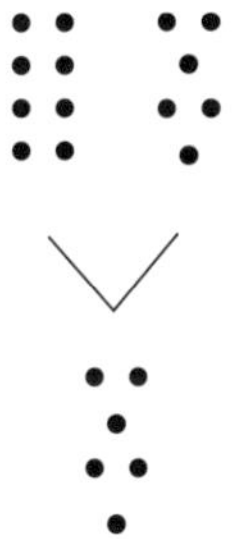

〔キーワード〕

たくさんのものを得る。

〔象意〕

「獲得」があなた側の証人と、裁判官の両方に出ています。周囲の状況は意味を強める「人々」です。

「獲得」は攻めて得るのではなく、受け入れて得ることを示します。「人々」にも受容という意味があります。

たくさんの人から愛や贈り物や賞賛を受け取る

ことになるでしょう。この際、もらえるものは、何でももらって吉です。がんばったご褒美や仕事が認められての昇進や昇給、売り上げ倍増の喜びが、期待できます。

一番欲しいものが得られるでしょう。喜びを多くの人と分かち合うことになります。たくさんの人が祝福してくれます。願いを叶えるためには焦ってはいけません。ある程度、時間はかかりますす。そして時間をかけるほど、得るものは大きくなります。

トラブルや争いには、ダメージなしで勝つでしょう。体力も充実していて好調です。

水辺への旅行に収穫があります。

〔全体運〕

喜ばしい運勢。嬉しいニュースが届きます。自然体でいるだけで望みが叶い、豊かになれます。

〔恋愛運〕

時間はかかりますが大好きな人と結ばれます。恋人募集中の人は、いきなり告白されるかも。まずは友達から始めるのが吉。

〔金運〕

好調です。嬉しい臨時収入だけでなく、昇給やベースアップも期待できそうです。買物もバーゲンなどで得できそう。

〔対人関係運〕

あなたのもとに人が集まってきます。さまざまにタイプの違う人がいますが、その違いこそが面白いのです。

〔仕事・学業運〕

時間をかけるほどに、大きな成果を上げることができます。学業も腰を据えて取り組みたい時です。成長の時です。

〔開運の鍵〕

みんなで分かち合う。

〔占術例〕

もっと広い家に引越ししたいと思って占ってこの結果を得たら、願いは叶います。とりあえず引越し資金を貯めながら時期を待ちましょう。信頼できる人にも相談して時間をかけるほど、よい住まいが見つかります。焦らずゆっくりが吉。

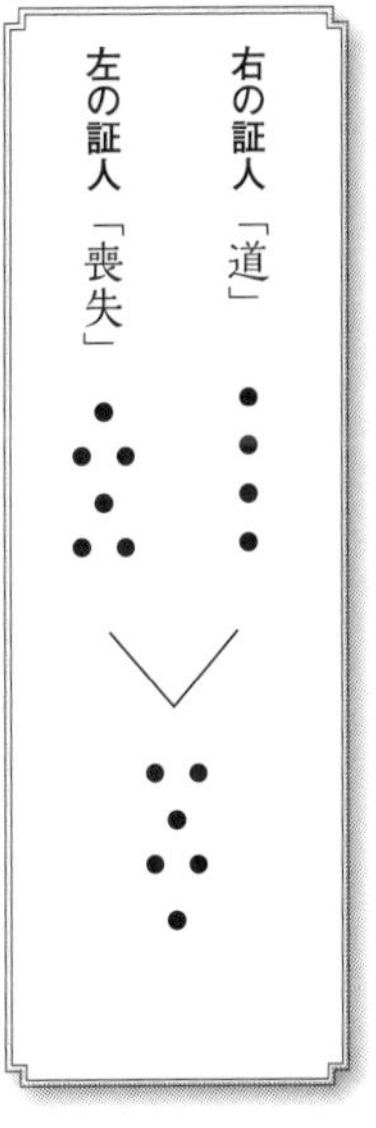

〔キーワード〕

試行錯誤しながら前へ進む。

〔象意〕

変化と行動を意味する「道」があなた側の証人で、周囲の状況を表す証人が「喪失」。裁判官は何かを得る「獲得」です。

あなたが変化し行動することで、収穫がありますす。事を構えている相手は、代わりに何かを失うことになるでしょう。

目標がある場合、一度で成功させるのは難しそうです。何かを手に入れるにはそれなりの準備と手間暇をつぎ込む必要があります。今は変化しつつあるところですから、試行錯誤や失敗もあります。運気は変わりやすく吉凶が混ざりあって進行するでしょう。しかし、挑戦してみるのはいいことです。

「道」は旅を意味するシンボルですが、今回の旅では、何かを失う可能性があります。その代わり得るものもあります。

忙しかったり、不摂生したりしやすいので、健康状態に気をつけたい時です。仕事もプライベートも無理は禁物です。

〈全体運〉

吉凶混合運。失敗しつつ前に進んでいくことになるでしょう。期待せずにチャレンジすれば意外に上手くいきます。

〈恋愛運〉

知恵と工夫で恋愛運がアップ。片思いの人にただ気持ちを押しつけるのではなく、引くことも必要です。

〈金運〉

不安定です。臨時収入が入った翌日には臨時の出費があったりするでしょう。しばらくは落ち着きませんが、何とかなります。

〈対人関係運〉

嫌な相手は自分自身の嫌いな部分を写す鏡です。相手への嫌悪感を、成長のきっかけに変えていける時です。

〔仕事・学業運〕

期待していたほど伸びず失望してしまいそうですが、期待していなかった分野で成長できそうです。思う通りにならないからこそ、面白いのです。

〔開運の鍵〕

ミネラルウォーター。

〔占術例〕

近所の占い講座に行ってみようかと思い、どうなるか占ってこの結果を得たなら、その講座で思うような成果を得るのは難しそう。試しに行ってみるとわかります。

右の証人「喪失」
左の証人「道」

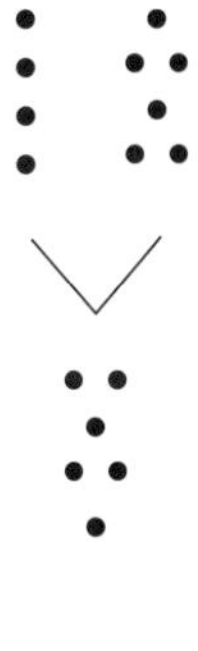

〔キーワード〕

空になった杯が満たされる。

〔象意〕

「喪失」があなた側の証人で、変化を表す「道」が周囲の状況を示す証人。裁判官は何かを得る「獲得」です。

「喪失」で空にした杯が、「獲得」で満たされます。何かを手放して、何かを得て、未来が変わっていくでしょう。

もう既に何かを失っているのかもしれません。

仕事や信頼や愛情を失い、金銭的な損失に悔しく悲しい思いをしたのでしょうか。ですが、失ったものとは違う何かを得ることになります。新しい職場や新しい人間関係と信頼、別なところからの収入など、手放したことで新しい縁がつながります。

昔のことにこだわるのはやめましょう。取り戻せないものはさっさとあきらめて、次に進む方が楽になれますし、得るものがあります。

まだしばらくは不安定な状態が続きますが、自分の道を見つけたならば、もう気持ちがゆらぐことはありません。

〔全体運〕

何かを失って得ることになります。前向きな気持ちでいることが吉運を呼び込みます。困った時には女性が助けてくれます。

〔恋愛運〕

気になる人の心は不安定のようです。好きなのか違うのか、その時によって反応が違うので振り回されてしまいそう。

〔金運〕

低調です。少しずつ良くなっていきますが、まだしばらくは我慢しなければなりません。引き締めていきましょう。

〔対人関係運〕

身近な人との距離感に悩みそう。相手に合わせようとすると無理することになります。自然体でいるのが吉。

〔仕事・学業運〕

マイナスからのスタートになりそうですが、最終的にはまずまずの結果に。学業は進路が決まってやる気が湧いてきます。

〔開運の鍵〕

自分用のカップを新調する。

〔占術例〕

引越しを予定していて、引越し後の生活を占ってこの結果を得たなら、引越す前のご近所さんとは疎遠になりそうですが、新しい環境で新しい人間関係が広がりそうです。

右の証人「つながり」
左の証人「大吉」

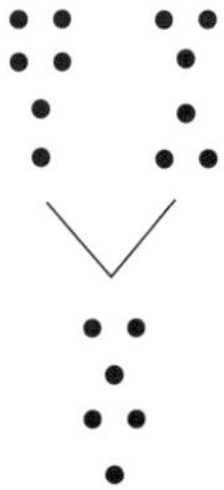

〔キーワード〕

やるべきことに取り組む。

〔象意〕

縁を表す「つながり」があなた側の証人で、「大吉」が周りの状況を表す証人。裁判官は「獲得」です。

これ！　と思う対象に打ち込み、集中することで、大きな収穫が得られます。周囲の人も幸運の女神も、あなたの味方になってくれます。

今は、やるべきことに集中することが大事です。

悔やんだり迷ったりしている暇はありません。何をすればよいのかわからないなら、求められていることをすればよいのです。「つながり」は強く引きつける力を表しますから、あなたを必要としている相手に、自然と引き寄せられていきます。

誰かと一緒に何かをすることやコラボレーション、合同での活動はすべて吉です。素晴らしい結果となるでしょう。

恋愛や結婚にも大吉。この人と思ったら一途に想いをつらぬきましょう。心が届いて、両思いになれます。

トラブルや争いには勝ちます。自分にもみんなにも嬉しい結末となります。

〔全体運〕

活気のある吉運。今こそ、集中して取り組む時です。あなたが必要とされています。運命の転換点になる可能性ありです。

〔恋愛運〕

恋愛、結婚に大吉運。片思いは両思いに、恋人募集中の人は理想の相手と出会えるでしょう。お見合いも良縁に恵まれます。

〔金運〕

吉運。いつも通りにしているだけで自然とお金が貯まっていきます。商売や副業も好調です。右肩上がりでよくなります。

〔対人関係運〕

素晴らしい友人と仲間に囲まれて、気持ちよく過ごせる時です。仕事や趣味では、求めていた人材が集まってきます。

〔仕事・学業運〕

好調です。集中力が高まっています。得意分野で活躍できます。学業では、目標が定まり、モチベーションがアップします。

〔開運の鍵〕

集中力。

〔占術例〕

年の差のある相手との結婚を親に反対されて、解決策を占ってこの結果を得たら、熱意で説得できます！　前向きに！

右の証人「大吉」
左の証人「つながり」

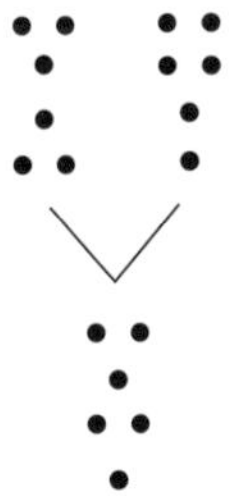

〔キーワード〕

願いは叶い収穫を得る。

〔象意〕

「大吉」があなた側の証人で、絆や集合を表す「つながり」が周囲の状況を示す証人。裁判官は何かを得る「獲得」です。

あなた側に大吉シンボルが出ているので、何をしても上手くいき、大きな収穫を得られます。そして、周りの人達が自然とあなたのところに集まってきます。

望みは叶い、思う通りに進みます。自分を信じて行動して大丈夫です。たとえ困難に思えても、奇跡のような幸運が味方してくれます。あなたの自信と行動力が、奇跡を呼び寄せるのです。

有名人や、その道の専門家から協力を得られるかもしれません。

直観が冴えています。理屈よりも、勘を信じて行動するとよいことがあります。

近いうちに最高に嬉しいニュースが届くでしょう。予想以上に嬉しい結果となります。

トラブルや争いは、敵が降参し、あっけなく解決するでしょう。

〔全体運〕

大吉運。自分から動くことで、よりよい方向に進みます。人が羨《うらや》うような成功を手にすることができるでしょう。

〔恋愛運〕

強力な幸運に導かれて、恋を成就させるでしょう。困難な恋や片思いでも、相手の気持ちを引き寄せることが可能です。

〔金運〕

絶好調。大金が入る可能性があります。遺産が入るかも。仕事も好調で昇格や昇給が期待できます。宝くじや抽選運も好調です。

〔対人関係運〕

あなたの活躍に惹かれて、自然と人が集まってきます。あなたに憧れる後輩やファンと親交を深めることになりそう。

〔仕事・学業運〕

幸運と才能と努力で大きな成果を発揮するでしょう。学業でも成績がぐんと伸びます。山勘も当たる時です。

〔開運の鍵〕

勘を信じる。

〔占術例〕

二者択一の問題で、どちらにするか迷ってこの結果を得たら、直観で選びましょう。理屈は関係なしに、自分がこうしたいと思う方が正解です。思う通り行動すれば必ず、運気はあなたに味方して、協力者が現れて納得できるよい結果となります。

右の証人「拘束」
左の証人「小吉」

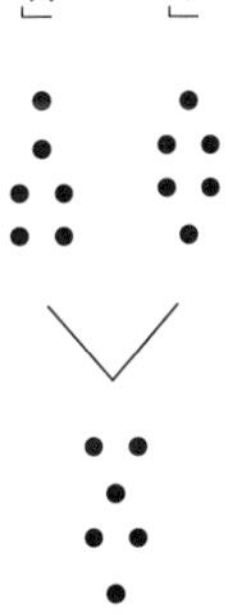

〔キーワード〕

自分をつらぬいて幸せになれる。

〔象意〕

固定やこだわりを意味する「拘束」があなた側の証人で、小さな幸運を表す「小吉」が周囲の状況を示す証人。裁判官は何かを得る「獲得」です。

動かないことや一つのことにこだわって、幸運を引き寄せ、大きな収穫につながります。今は、あちこち手をひろげてはいけません。

気持ちが内向的になりがちな時です。発展期ではありません。足元を固め、何か一つを深めて究めるのにはよい時期です。

恋愛面でも、大勢の異性にモテたりはしませんが、一途な愛は報われます。特に、バツ一や複雑な事情がある相手の傷ついた心に、あなたの深く一途な愛が届きます。

最終的には収穫がありますが、何事も時間がかかります。すぐに成果は出ないと心得ておきましょう。

戦いや争いに勝つのは難しいでしょう。けれど守りは堅いので、無理に攻めずに守りに徹するのが得策です。

〔全体運〕

一人で過ごすことが多くなりそう。何か打ち込む趣味や仕事がある人にとっては、集中して取り組める時期となります。

〔恋愛運〕

一人で楽しく過ごせるので、恋人が欲しいと思わないでしょう。ずっと片思いしている人は、相手に気持ちが届きます。

〔金運〕

厳しい時ですが、無駄遣いせず引き締めていけば、周りからの援助もあり最終的に差し引きプラスにすることができます。

〔対人関係運〕

人に頼れない時です。残念ですが、今は周りに味方がいません。あなたなら自分の力で乗り切れるはず。自分を信じて。

〔仕事・学業運〕

一つにこだわって取り組むことで成果を上げられる時です。愚直なほどの繰り返しが、後から効いてきます。

〔開運の鍵〕

サウナ。

〔占術例〕

いつもモノをねだってくる友達とのつき合いについて占ってこの結果を得たなら、その友達は本当に友達なのか、一考してください。迷いながら一緒にいるより、一人でいる方がずっと気楽で楽しく過ごせるはずです。

右の証人「小吉」
左の証人「拘束」

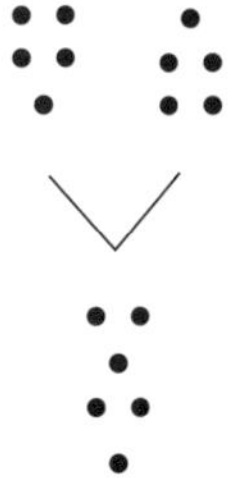

〔キーワード〕

小さな幸せを喜べる心。

〔象意〕

小さな幸運を表す「小吉」があなた側の証人で、孤独、こだわりを意味する「拘束」が周りの状況の証人。裁判官は何かを得る「獲得」です。

小さな幸せを喜べる心が、心も生活も豊かな毎日を引き寄せます。大金や華々しい名誉とは縁がなく、恋人はいなくて友達もほんのわずか。それでも暮らせるだけの収入があり、大切な友達がいることに感謝できるならば、やがて運命の恋人と、本当に信頼できる友と、十分な豊かさを得ることになります。

勝負事や争いに勝つのは難しい時です。相手の守りは鉄壁です。決着がつきません。ただし、お互いに損することもないでしょう。

期待しなければがっかりすることもありません。何も期待していないのに、喜ばしい出来事があると、いっそう嬉しく感じるものです。

憧れの人から連絡が届く可能性があります。

〔全体運〕

穏やかな運気。ささやかに嬉しい出来事がありそう。欲張らなければ、もっとよいことがあります。感謝の心が大事です。

〔恋愛運〕

タイプでない人から告白される可能性あり。恋人募集中の人、運命の人は意外にも身近なところにいるのかもしれません。

〔金運〕

まずまずの金運です。お買い得品を手に入れられたり、ちょっとした景品が当たったり、ささやかに嬉しい出来事がありそう。

〔対人関係運〕

期待しない方がよい時です。一緒に遊ぶ約束をしても、どちらかがドタキャンしそうな可能性あり。友達も今はいろいろ忙しいようです。

〔仕事・学業運〕

地道に続けていけば最後には成功できます。すぐに成果を得ようと思わないことが大事です。勉強は人に頼らず自力でがんばらなくてはなりません。

〔開運の鍵〕

ゲーム。

〔占術例〕

自分が企画したイベントに友達を招待するか迷って占ってこの結果を得たら、とりあえず連絡するだけにとどめましょう。来なくてがっかりするより、期待しないでいて来てくれる方がずっと嬉しいからです。

右の証人「喜び」
左の証人「少年」

〔キーワード〕

今を楽しむ。

〔象意〕

「喜び」があなた側の証人で、周囲の状況の証人は、未熟さを表す「少年」。裁判官は何かを得る「獲得」です。

今を喜び、楽しく過ごしましょう。足りないものや未来の不安に目を向けるより、今この時を喜びましょう。明るい気持ちがさらなる幸せを呼び込みます。

明るく前向きに過ごすことが一番です。何かを長く続けていれば、いろいろな不満が出てくるのは仕方ないこと。ですが今はとりあえず、楽しく過ごせているはずです。

将来を憂《うれ》うより、今の楽しさを目一杯、味わっておきましょう。今のあなただからこそ、楽しいと思えることがあるはず。ライブやダンス、イベント、コスプレなど、遠慮も恥じらいも無用です。弾けて楽しみましょう。

短期決戦なら勝てる可能性があります。長くなるほど不利です。困った時には僧侶や聖職者が力になってくれます。

〔全体運〕

楽しく華やかな運気です。歌や踊りなどのお祭りや、若者むけのイベントや遊びが楽しめる時です。

〔恋愛運〕

異性と楽しく過ごせる時です。自分より年若い異性からもてはやされて、気持ちが若返ります。ただし、長くつき合うのは難しいかも。

〔金運〕

散財運。気持ちが盛り上がって大盤振る舞いをしてしまい、すっからかんに。とはいえ、友達や仲間と楽しく過ごせるので後悔はないでしょう。

〔対人関係運〕

友達は正直です。良いことも悪いことも、そのまま告げてくれます。友達のいうことをしっかり受け止めて吉。

〔仕事・学業運〕

楽しく仕事できますが、成果を残すのは難しいでしょう。学業も、面倒なことより、楽しいことに目が向きがちです。

〔開運の鍵〕

年下の友達。

〔占術例〕

資格を取得して転職できるかを占ってこの結果を得たら、それよりも、今の仕事を楽しく続けるにはどうすればよいかを考えるべきです。今からの資格取得と再就職は厳しいでしょう。

右の証人「少年」
左の証人「喜び」

〔キーワード〕

がんばって成長する。

〔象意〕

現状への不満と未熟さを表す「少年」があなた側の証人で、周りの状況は「喜び」。裁判官は何かを得る「獲得」です。

若さと積極的なチャレンジが、嬉しい収穫へとつながります。

今はまだ未熟であるために、不満や失敗や悔しさがたくさんあるはず。そのすべてが将来への糧となります。時間をかければかけるほど、熟成していきます。

現状に不満があってもやめてはいけません。前向きにがんばり続けることで、収穫があります。失敗をしても、そこで立ち止まらずに一歩でも前に進むことが大事です。

例えば、恋愛においては、お互いの未熟さからケンカしたり修羅場になったりするでしょう。それを乗り越えてこそ、本物です。

争いにはまだ勝てませんが、今が大事な所です。もう一踏ん張りしましょう。

〔全体運〕

苦労と不満が多くある時です。すべてが修業です。積極的なチャレンジを続けましょう。やがて大きな収穫を得る日がきます。

〔恋愛運〕

相手の欠点を受け入れられるかが運命の分かれ目となります。自分自身の度量が計られています。大きく成長できる時です。

〔金運〕

苦労が多い時ですが、ここを乗り越えれば大きな収穫があります。新しいチャレンジや転職、独立などは、最初は厳しいですが、がんばれば成功できます。

〔対人関係運〕

友達が見守っていてくれます。人に頼りたくないと思うでしょうが、友達は、あなたが声をかけてくれるのを待っています。

〔仕事・学業運〕

右肩上がりでよくなっていきます。最初は自分の未熟さが嫌になりますが、未熟な部分にこそ将来の可能性が秘められています。

〔開運の鍵〕

挑戦し続ける。

〔占術例〕

子育てに自信がなくなったことを占ってこの結果を得たなら、自信がなくて当たり前。毎日がチャレンジ、すべてが試行錯誤でよいのです。未熟でもいたらなくても、あなたのがんばりを、お子さんが一番よく知っています。今の苦労を懐かしく思い返す日が、やがてきます。

右の証人「悲しみ」
左の証人「赤」

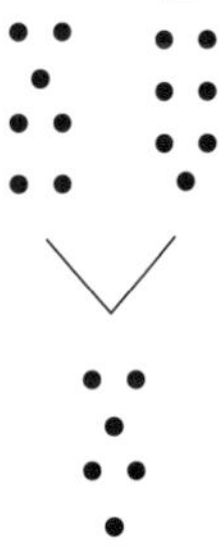

〔キーワード〕

悲しみを越えて強くなる。

〔象意〕

「悲しみ」があなた側の証人で、争いを表す「赤」が周囲の状況を表す証人です。裁判官は何かを得る「獲得」です。

予測できない不運と不遇に見まわれますが、争いと悲しみの中から、かけがえのないものを得ることになるでしょう。

悲しみを乗り越えなければ、手に入れられないものがあります。仕事でも、人間関係でも恋愛でも、苦しく辛い体験が、あなたを磨き、強くしてくれます。幸運の女神の気まぐれを当てにするのではなく、自力で幸運をつかみとるためのレッスンです。収穫の日はもうすぐです。

今は近くに味方がいませんが、あなたなら、一人で乗り越えられます。

「悲しみ」は、農業や建設業関連では手堅い吉シンボルとなります。すぐに成果は出ませんが、地道に続けていけば、やがて大きく発展していくでしょう。

〔全体運〕

不運と災難の時です。誰かに頼らずに、一人で悲しみに耐えましょう。これを乗り越えることで、あなたは強くなります。

〔恋愛運〕

恋愛に気持ちが向かない時です。自分のことだけで精一杯でしょう。パートナーがいる人は相手への気遣いを忘れずに。

〔金運〕

せっかく得たものを、誰かに横取りされてしまう可能性ありです。金銭トラブルの暗示もあるので、気をつけましょう。

〔対人関係運〕

今は身近に信頼できる人がいません。トラブルは他人が関わると余計に面倒なことになるので、自力で解決しましょう。

〈仕事・学業運〉

プロジェクトの中断や降格人事など、がっかりする出来事がありますが、逆境に耐えることで成長します。

〈開運の鍵〉

根菜。

〈占術例〉

結婚したいけれど相手が見つからず焦っているという件で占ってこの結果を得たら、まず自分の今の生活を充実させることを考えましょう。それから農業や建設関係のお相手を探せば、よいご縁につながりそうです。

右の証人「赤」
左の証人「悲しみ」

〈キーワード〉

飽くなき欲望。

〈象意〉

闘争心や争いを表す「赤」があなた側の証人で、「悲しみ」が周囲の状況を示す証人。裁判官は何かを得る「獲得」です。

何か手に入れてもまた次が欲しくなり、満足することがありません。欲しいと思い続けることが生きる原動力になっているのです。

ノルマ達成に血道を上げるようなエネルギッ

シュな場所が合っているようです。のんびりとした環境では、周りから浮いてしまうでしょう。どちらにしろ、最初は勢いよく積極的に活動できてもやがて辛くなってきます。

仕事にしても恋愛にしても、客観的には決して悪くない結果のはずですが、あなたとしては、まだまだ足りないのでしょう。

争いやトラブルには何が何でも勝ちたいという思いがあり、正当でない手段での勝利が暗示されています。いっときの勝利は得られますが、みんなを悲しませることになるかもしれません。

〔全体運〕

争いとトラブルの暗示。一時的には勝利を得ることになりますが、周りとの関係が悪化してしまいそう。わがままに注意。

〔恋愛運〕

不倫、三角関係など、訳ありの恋愛に関しては吉。恋人募集中の場合は、ガツガツしすぎて失敗しそう。パートナーがいる人はケンカに注意。何があっても、暴力は絶対にいけません。

〔金運〕

信じられるのはお金だけ、と思いたくなる時です。確かにお金は裏切りませんが、お金で人の心は買えません。

〔対人関係運〕

トラブルの暗示。そのつもりがなくても、あなたが相手を傷つけてしまうかも。言葉は慎重に選びましょう。

〔仕事・学業運〕

なかなか思うように進みません。人を押しのけて前に出るような強引さは、みんなから嫌われてしまいます。

〔開運の鍵〕

創意工夫。

〔占術例〕

結婚を相手の親に反対されて占ってこの結果を得たら、衝動的な行動をしてはいけません。ここはいったん引いて、機会を見て再チャレンジしましょう。

右の証人「少女」
左の証人「竜の尾」

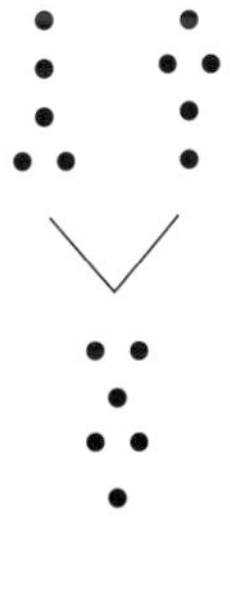

〔キーワード〕

楽しくきれいに完成する。

〔象意〕

あなた側の証人が愛情や美を意味する「少女」、周囲の状況を示す証人が終わりを表す「竜の尾」。裁判官は何かを得る「獲得」です。

美しく可愛らしい少女が願いを叶えてくれて、みんなが満足できる終わりを迎えるでしょう。美しい少女から連想されるものはすべて吉です。ファッション、アクセサリー、歌やダンスが喜びと富をもたらしてくれます。占うあなたが女性の場合は、女性らしさをアピールすることで願いが叶います。あなたが男性の場合は、若い女性がラッキーパーソンとなります。

「竜の尾」は吉凶なしの終わりを表すシンボルですが、この場合、吉シンボルと一緒に出ているので、喜ばしい終了、卒業や完成、到達を表します。

〈全体運〉

楽しく華やかに過ごせる時です。女友達からの誘いには乗ってみましょう。関わってきたプロジェクトは、無事に完成します。

〈恋愛運〉

片思いの人は両思いになれるでしょう。独身生活を終わらせて結婚に至る可能性も。特定の恋人がいない人は、衝動的な関係からよからぬ病気をもらわないよう注意。

〈金運〉

玉の輿に乗るか、女性のパトロンから出資してもらえるかも。商売は、若い女性を意識すると大繁盛します。買物では予算オーバーしがち。引き締めて。

〈対人関係運〉

女友達と楽しく過ごせる時です。今後は卒業や退社など環境が変わり、人間関係が変化していきそう。

〈仕事・学業運〉

仕事では女性が力になってくれます。学業では、集中力が途切れがち。だらだらと勉強するより、短時間に集中して。

〔開運の鍵〕

花柄の小物。

〔占術例〕

女性のあなたは結婚したいのに、恋人の男性が結婚に乗り気でない場合の対策を占ってこの結果を得たら、女性らしさを全面に出してアピールすれば結婚できるでしょう。泣き落としも効果的。女友達にも協力してもらえば、相手も独身生活を終わらせて、結婚しようという気持ちになるはず。

右の証人「竜の尾」

左の証人「少女」

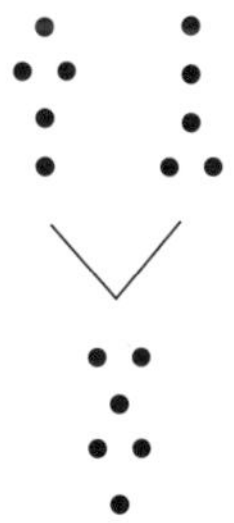

〔キーワード〕

完成させて満足する。

〔象意〕

あなた側の証人が終わりを意味する「竜の尾」で、周囲の状況が愛情と美を意味する「少女」。裁判官は何かを得る「獲得」です。

何かを終わらせ、完成させることで報酬や収穫を得ることになるでしょう。大金ではありませんが、満足はできるはずです。

仕事のプロジェクトは女性の協力を得て、無事完了するでしょう。

終わらせようか迷っていることは、終わりにするべきです。結果的に得します。

今から何かを始めようとしている場合、中断する可能性が高くなります。今、知り合った人とは、長く続かないでしょう。転職は上手くいかず、新しいプロジェクトは途中で終わってしまいそうです。運命は終わりと完成に向けて動いているのです。

旅行やイベントなど計画している場合も、中止になる可能性ありです。トラブルや争いに関しては、今は不利です。向こうの方が強いか、あるいは女性の味方がいるようです。

〔全体運〕

終了や卒業に向けて最後の仕上げの時です。喜ばしい大団円が待っています。今は新しく何か始める時期ではありません。

〔恋愛運〕

新しい出会いは期待できません。片思いは片思いのままでしょう。恋人がいる人は自然消滅的な別れの危機です。

〔金運〕

波乱運。結婚している場合、パートナーのリストラやギャンブル、借金などの可能性があります。冷静に対応しましょう。

〔対人関係運〕

噂されて嫌な思いをする可能性があります。人間関係の変わり目なので、つき合う人に入れ代わりがあるでしょう。受け入れる気持ちでいれば新しい縁もつながります。

〈仕事・学業運〉

何かを終わらせて次のステップに取り組むことになりそう。学業では、ある程度納得できる成果が得られます。

〈開運の鍵〉

デザート。

〈占術例〉

お見合い相手がケチすぎることに悩んで占ってこの結果を得たら、疑問に思うことすべてちゃんと聞いて確かめること。お互いに納得してお断りの返事ができるはず。

右の証人「白」
左の証人「竜の頭」

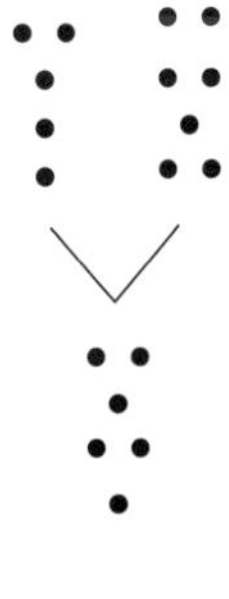

〈キーワード〉

真面目さへの評価。

〈象意〉

公正や正義を表す「白」があなた側の証人で、始まりを意味する「竜の頭」が周囲の状況を示す証人。裁判官は何かを得る「獲得」です。

正しく清くあることで、何かが始まり、望む結果を得ることになるでしょう。

自分が正しい、またはよいと思ってすることに関しては、すべて吉です。運命の後押しが得られるでしょう。逆に、後ろめたさを覚えるような卑怯な行為は、必ず相応の報いを受けることになります。

これから始まる新しいプロジェクトや、今後新しく知り合う人は、あなたの誠実さや真面目さを何より評価してくれます。

その場を上手くしのぐよりも、時間がかかっても不器用でも、正しくあることが大事です。トラブルや争いはあなたに有利な形で決着が付くでしょう。相手ともわかり合うことができます。毅然としていれば大丈夫です。

旅にもよい時です。楽しく気持ちのよい旅となるでしょう。

〔全体運〕

幸運期。周りにも協力してもらえて、楽しく嬉しい新しい何かが始まるでしょう。どんな分野でも最終的に成功できます。

〔恋愛運〕

素敵な恋が始まります。進展はゆっくりですが、お互いに惹かれ合い、いつしか似合いの恋人となっているでしょう。

〔金運〕

好調です。収入もアップし、着実に貯めていける時です。何かを書く仕事やデスクワークに幸運があります。

〔対人関係運〕

新しく人間関係が広がる時です。新しく知り合う人が、幸せとチャンスをもたらしてくれて、大切な友人となるでしょう。

〔仕事・学業運〕

真面目に一生懸命に取り組む姿勢が評価される時です。学業では、大きな成果を得ることができるでしょう。

〔開運の鍵〕

新しい友達。

〔占術例〕

パートナーの行動に浮気を疑って占ってこの結果を得たなら、心配いりません。くれぐれも携帯を盗み見たりしないように。無実の相手に対して、無用の負い目を作るだけです。毅然としていれば大丈夫。

右の証人「竜の頭」
左の証人「白」

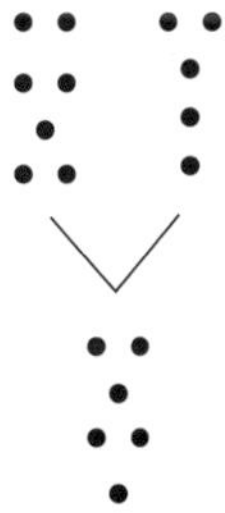

〔キーワード〕

チャレンジ精神が評価される。

〔象意〕

始まりを表す「竜の頭」があなた側の証人で、公正、正義を意味する「白」が周囲の状況の証人。裁判官は何かを得る「獲得」です。

新しく始めることはすべて、順調に真っ直ぐに育って、大きな収穫をもたらしてくれるでしょう。

新しく始めること、新しく知り合った人、新しい環境はすべて吉です。思い当たることがないなら、とりあえず何か始めてみては。

新規事業では、チャレンジ精神と勢いが大事です。損失を恐れて力やお金の出し惜しみをしないように。投資した分は、この先、大きな収穫となって返ってきます。

あなたの真面目さと公正さは必ず評価されます。

トラブルや争いは、迅速に解決するでしょう。やりとりは文書にして残しておきましょう。裁判は、お互いの権利が守られ、ダメージのない形で和解となります。

寺や神社、教会がラッキースポットとなります。それらの場所を巡る旅は、感動と不思議に満ちた素晴らしい思い出となるでしょう。

〔全体運〕

好調です。体力気力ともに充実していて、チャレンジ精神が幸運を呼びます。

〔恋愛運〕

恋い焦がれる人に思いが届き、両思いになれるでしょう。恋人募集中の場合、積極的なアピールから新しい恋が始まります。

〔金運〕

玉の輿運。また共同事業に吉運があります。副業や独立を考えている場合、信頼できるパートナーがいれば大丈夫です。

〔対人関係運〕

誠実で親切な人との出会いがあるでしょう。その人はあなたを助け、力になってくれて、教え導いてくれます。

〈仕事・学業運〉

新しい分野で活躍できる時です。試行錯誤のチャレンジが大きく当たります。学業では、よい先生と巡り会える時です。

〈開運の鍵〉

家計簿。家計ソフト。

〈占術例〉

海外旅行で高価なブランド品を買ってきてほしいと頼まれて迷ってこの結果を得たなら、お金を先払いしてもらえば大丈夫。あとあとまで感謝されます。

裁判官「喪失」の16種

何かを失うことを表す裁判官「喪失」は、損する残念な結果を表します。左右の証人が吉シンボルで、一見、喜ばしいように見えても、総合的に見ると、損することになるのです。逆さにした杯を表す「喪失」の象意通り、金銭や愛情や名誉がこぼれ落ちていきます。

あなたが納得するしないに関わらず、最後には手放すことになるのですが、それが結局は問題解決の一番よい方法だったのだと後から気づくこともあるでしょう。

右の証人が、警告とアドバイスを与えてくれますから、耳を傾けてみましょう。

右の証人「人々」
左の証人「喪失」

〈キーワード〉

手放して痛み分け。

〈象意〉

多くある状態を表す「人々」があなた側の証人で、相手や周囲の状況を示す証人と、加えて裁判官が「喪失」です。

今、あなたが持っている「何か」は多すぎるのです。手放さなくてはなりません。

一生懸命集めたコレクション、こつこつ貯めたお金、広すぎて混乱しそうな人間関係など、多すぎるものを整理する時です。

周囲の状況も喪失を示していますから、あなたが手放したものを、誰かが持っていくわけではありません。

トラブルでは相手も傷ついています。今はみんなで痛みを分け合うべきなのです。

ダイエットや整理整頓にはとてもよい時です。思い切ってモノを減らせばスッキリします。

リストラされたり、恋人を失ったり、失いたくない何かを手放さなくてはならないかもしれません。今は納得できなくても、やがて、「そうなるべきだった」と理解できる日が来ます。

欲深さへの警告となる結果です。

〈全体運〉

不運な時期。何かしようとしても、邪魔が入るか、失敗して失望しそう。身の回りの整理整頓にはとてもよい時です。

〔恋愛運〕

片思いの人は残念ながら失恋の予感。相手が引越しや転勤で離れていくかも。両思いの人は水辺への旅行で愛が深まります。

〔金運〕

残念な金運。出て行くお金は多く、入ってくるお金は少なく、計画通りになりません。高価な買物や投資は避けましょう。

〔対人関係運〕

気持ちがすれ違いやすい時です。お互いを思う行動が裏目に出たり、余計なお節介になったりしがち。何事も控えめに。

〔仕事・学業運〕

がんばる気持ちが空回りして失敗しやすい時です。目標は現状維持で十分。学業でも三歩進んで二歩下がるつもりで。

〔開運の鍵〕

リサイクルショップ。

〔占術例〕

友達から、あなたの悪口が書かれたメールが宛先間違いで送られてきた件を占ってこの結果を得たら、事を荒立てない方が賢明です。相手も後悔しています。少し時間を置くことで落ち着きます。

右の証人「喪失」
左の証人「人々」

【キーワード】

大損を覚悟。

【象意】

「喪失」があなた側の証人と、裁判官の両方に出ていて、周囲の状況は、事態を強調する「人々」です。

残念ですが、かなりの損を覚悟しなければならないようです。今持っている、お金や愛情や名誉など何かが失われる暗示です。

運命的には、整理整頓の時期なのです。溜め込んだお金を死蔵するより世の中に流通させてみてもよさそうです。また、腐れ縁やよどんだ愛憎関係をスッキリと断ち切り、身軽になりましょう。

たとえれば、病巣をばっさりと切除する大手術が必要だということでしょう。痛みや一時的な損は当然ありますが、それもこれも将来のためです。割り切って先に進むことがよりよい明日を引き寄せます。

争いやトラブルは敵が有利ですが、ヤケにならないように。モノやお金に釣られてプライドを捨ててはいけません。勝ち負けにかかわらず今回の問題をクリアすることで、人間的に強く大きく成長できます。

【全体運】

弱々しい運勢。何か始めるには力が足りません。モノをなくしたり落としたりしやすい時なので注意が必要です。

〔恋愛運〕

出会いは期待できそうにありません。パートナーがいる人は相手に対する不満が募ります。よい点に目を向けることも大事です。

〔金運〕

損失の可能性。無謀な投資や詐欺などでお金をなくしやすい時です。痛い教訓となって二度と繰り返すことはないでしょう。

〔対人関係運〕

トラブルの暗示。相手の親切や気遣いが余計なお世話と感じる時です。傷つけ合わないように距離を置く方がよさそう。

〔仕事・学業運〕

仕事に恋愛を持ち込むと失敗します。けじめはきっちりと。学業でも、集中できずに成績が下がってしまいそう。

〔開運の鍵〕

傘。

〔占術例〕

趣味の教室を開こうと思い立ち、どうなるかを占ってこの結果を得たら、考えが甘いようです。教室をオープンするには設備などの初期投資や人を集めるのに多額の資金がかかります。容易には回収できません。

右の証人「道」
左の証人「獲得」

〈キーワード〉

動いて失敗する。

〈象意〉

変化を意味する「道」があなた側の証人で、「獲得」が周囲の状況を示す証人。裁判官は「喪失」です。

見当外れな間違った行動で何かを失ってしまいそうです。親しい友達や恋人が離れていく可能性があります。気持ちが定まらずあれこれ手を出してはどれも中途半端に終わり、結果的に損をします。

何が大事なのか、どう行動すればいいのか、迷う時期です。損したくなければ動かないことです。動けば動くほど損します。

とはいえ将来への投資、薄給でも意義のある仕事、ボランティア活動など、今はお金にならなくても、今後のために必要な行動もあります。新しい事業は当面は持ち出しの方が多くても、いずれ豊かな富をもたらすでしょう。

旅行は、ゆっくりできない慌ただしい旅となりそうです。

トラブルや争いには負ける可能性が高いでしょう。深入りしない方が吉。

〈全体運〉

吉凶混合運。嬉しいことと、残念なことが交互にありそうです。大きく動くと損をするので、おとなしくしていたい時です。

〔恋愛運〕

恋人募集中の場合、目移りしてしまい、好きな人が定まりません。結局、誰ともつき合えないということになりそう。

〔金運〕

当面は厳しそうです。臨時支出もあり、なかなか貯められません。将来への先行投資も必要です。優先順位を決めましょう。

〔対人関係運〕

人間関係の入れ替わりがある時です。よい人との出会いも、悲しい別れもあります。旅先では一期一会の出会いを大切に。

〔仕事・学業運〕

チャンスがやってきますが、上手くつかめず残念な思いをしそう。失敗の経験が心を強く鍛えてくれます。

〔開運の鍵〕

来年の予定を立てる。

〔占術例〕

ゴールデンウィークの運勢を占ってこの結果を得たら、出かけずに家にいる方がよさそう。どこに行っても混んでいて、お金もかかり、疲れる上に損するだけのようです。

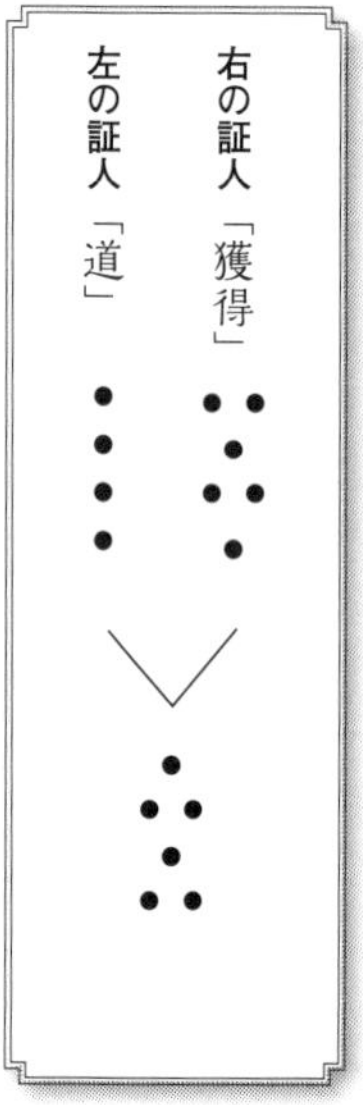

〔キーワード〕

差し引きゼロ。

〔象意〕

「獲得」があなた側の証人で、周囲の状況の左の証人は変化を意味する「道」。裁判官は「喪失」です。

自分だけ先に多く得ることで、結果的にバランスが崩れてしまい、失敗を招き寄せることが暗示されています。人より有利な地位、多い分け前、依怙贔屓などによって得をしても、先々のことまで考えると、そう喜んでばかりはいられません。

しばらくは好調に進むでしょう。しかし結婚や進路、独立開業など、これから長期にわたって影響を及ぼす問題の場合、トータルで見ると差し引きゼロとなりそうです。マイナスでなければよしとするのか、得るものがなければ駄目とするのかは、あなた次第です。

トラブルや争いでは、どうやら相手はかなり焦っている様子、こちら側が有利です。迅速な解決が望ましいでしょう。

〔全体運〕

当面は快調です。ただし将来の波乱の種が少しずつ育っている様子。早めの対応が必要です。受け身の姿勢で待っているだけでは解決になりません。

〈恋愛運〉

恋愛運は好調。異性と楽しい時間を過ごせるでしょう。ですが、結婚運には問題ありです。恋愛と結婚は分けて考えましょう。

〈金運〉

収入が増えて豊かになりますが、後から支出がどっと増えて、その割には収入が伸びずに苦しくなりそうです。今のうちに貯金を。

〈対人関係運〉

人間関係の入れ替わりがあります。あなたに喜びとチャンスをもたらしてくれる人との出会いがあります。嫌な相手とのつき合いは、長くは続きません。

〈仕事・学業運〉

活躍するチャンスが訪れます。それなりの成果を残せますが、あなた自身はまだまだ満足できないでしょう。

〈開運の鍵〉

積み立て預金。

〈占術例〉

パートナーの妹夫婦が何かと張り合ってくるのがうっとうしくて、対策を占ってこの結果を得たら、妹夫婦とは、あまり深く関わらない方がよいでしょう。下手に刺激すると、この先、もっと面倒なことになりそうです。

右の証人「つながり」
左の証人「小吉」

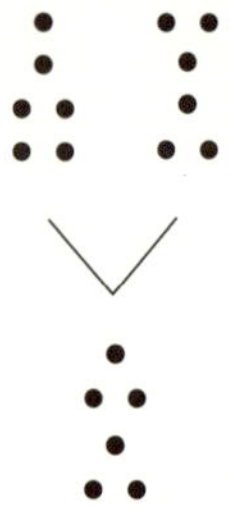

〈キーワード〉

実はただの石ころ。

〈象意〉

絆を意味する「つながり」があなた側の証人、周囲の状況の証人は小さな幸運の「小吉」。裁判官は「喪失」です。

今、あなたがダイヤモンドだと思って大事に抱え込んでいるものは、ただの石ころのようです。

愛情深く、こだわりが強いため、失うことへの恐れが強いのでしょう。客観的には決して悪くないのに、なくした過去への未練ばかりが募ります。思う通りの完璧な成果を上げることは難しいでしょう。ですが、多くを望まなければ今のままでも十分、幸せになれるはず。

恋愛や人間関係に関しては、強い引力が働いて、あなたの願い通りになります。ただし、引き替えに何かしら失うことになります。

例えば、愛情を得ればお金を失い、お金を得れば愛情を失います。

正しい選択をするためには、視野を広く持つことが大事です。その第一歩として、人のアドバイスをしっかり聞きましょう。

〈全体運〉

吉凶混合運。目の前のことしか考えられなくなっています。十年先の自分をイメージしながら、最善の道を選びましょう。

〔恋愛運〕

相手に対する強い思いと執着が、目を曇らせています。今のままで本当に大丈夫でしょうか。人の意見に耳を傾けて。

〔金運〕

吉凶混合。金運上昇させるには何かと引き替えとなります。何よりもお金を優先に、と思うなら、かなり豊かになれるはず。

〔対人関係運〕

特定の人に対する強い執着が、人間関係のバランスを危ういものにしています。耳に痛い意見こそ、取り入れるべき。

〔仕事・学業運〕

思うような成果を上げられないのは、視野が狭くなっているからです。物事を大局的に見るようにしましょう。

〔開運の鍵〕

散歩、ジョギング。

〔占術例〕

男性社員に媚《こ》びる同僚女性が目障りな件を占ってこの結果を得たら、気にしすぎという結果です。注意しても何の効果もないどころか逆効果です。目くじらを立てないで、スルーするのが大人というものです。

右の証人「小吉」
左の証人「つながり」

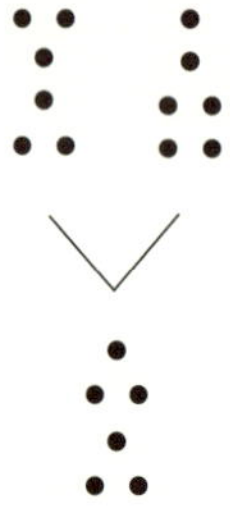

〈キーワード〉

妥協による幸せ。

〈象意〉

小さな幸運の「小吉」があなた側の証人で、絆を意味する「つながり」が周囲の状況の証人。裁判官は「喪失」です。

それなりに苦労や失敗もあるけれど、自分なりの幸せを得られるという結果です。

金銭的にはやや損することになりそうです。もっとがんばれば何とかなるのに、といわれることもあるかもしれません。人のために進んで損する可能性もあります。

人生の成功者になれなくても、幸せになることはできます。必要なのは勇気とユーモア、そして感謝の心。誰かと比べればきりがありません。人の意見を聞くことは大事ですが、最後に決めるのは自分。お節介なアドバイスは、聞き流しましょう。

トラブルや争いは勝ち負けにかかわらず、納得できる結果となるでしょう。大切な人とはケンカしながらも、仲良く過ごせます。

〈全体運〉

忙しいけれど、ささやかな幸せを感じられる時です。好きな趣味など打ち込む対象を持つことが、この時期を充実させるポイント。

〔恋愛運〕

自分の好みと違う人からアプローチを受けることになりそう。恋愛したいなら、ある程度は妥協することも必要でしょう。

〔金運〕

不安定な金運。おごられ運があります。出資してくれる人が現れそう。ただし長くはつき合えないかもしれません。

〔対人関係運〕

あなたによかれと思って、いろいろとうるさく言ってくる人がいそう。悪気があるわけではないので、さらりと聞き流して。

〔仕事・学業運〕

自分がやりたいことと望まれている内容のミスマッチに悩むかもしれません。お互いの妥協点を探りましょう。

〔開運の鍵〕

ゆっくり食事する。

〔占術例〕

自立して一人暮らししているのに、親から結婚を急かされてこの結果を得たら、今は一人暮らしが幸せなのだということを親にわかってもらいましょう。結婚しないという選択肢は、親にしてみれば心配なもの。感情的にならないで、説得するしかありません。

右の証人「拘束」
左の証人「大吉」

〈キーワード〉

動けなくてチャンスを逃す。

〈象意〉

動けない状態を表す「拘束」があなた側の証人で、「大吉」が周りの状態を表す証人。裁判官は、「喪失」です。

行動できないためにせっかくのチャンスを逃し、損して後悔するという暗示です。とはいえ、あなた側の証人は堅い守りを意味する「拘束」なので、大きな損にはなりません。ただし、もったいないことは確かです。めったにない好機を、他の誰かがさらっていくでしょう。あなたは事情があって、うごけなかったのでしょうか、勇気を出せなかったのでしょうか。

もともとの性格が慎重すぎるという可能性もあります。特に恋愛の場合、勇気を出してアプローチすれば両思いになれたかもしれません。傷つくよりは、何もしない方がマシ、と思っているのなら、チャンスを逃す方がもっと損なのだと、考えを改める必要がありそうです。

次にチャンスがやってきたら、今度こそ積極的に行動してみようと思えたら、今回の出来事から学びを得て成長したといえるでしょう。

〈全体運〉

自分に自信が持てない時です。チャンスが訪れますが、チャレンジできずに見送ってしまい、後悔しそうです。

〔恋愛運〕

最初からあきらめてしまっています。これでは出会いも恋の発展も全く期待できません。もっと自分に自信を持ちましょう。

〔金運〕

農業と工業、建築等の仕事が手堅い金運をもたらしてくれます。棚ボタ運はありませんが、こつこつ貯めるにはよい時です。

〔対人関係運〕

思っている以上に、周りの人達が心配してくれています。困った時は相談してみましょう。力になってくれます。

〔仕事・学業運〕

なかなか厳しい時です。すぐに成果は出ません。けれども、今、がんばったことはいずれ大きな収穫につながるでしょう。

〔開運の鍵〕

古い靴を処分する。

〔占術例〕

就職の内定が取れなくて悩んでいる時にこの結果を得たら、自信のなさが相手に伝わってしまっているようです。もっと積極的にアピールしてみましょう。

右の証人「大吉」
左の証人「拘束」

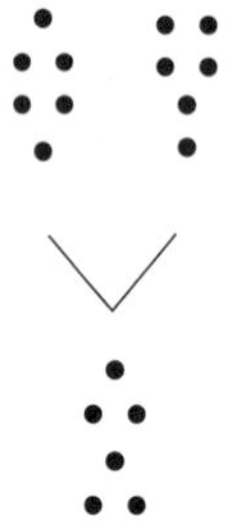

〈キーワード〉

調子に乗りすぎる。

〈象意〉

「大吉」があなた側の証人で、膠着や孤独を表す「拘束」が周りの状態を示す証人。裁判官は、「喪失」です。

大吉運で好調な時ですが、調子に乗りすぎて失敗しやすいので注意が必要です。失敗すると、これまでもてはやしていた周りの人達が、手の平を返したように冷たくなります。いざという時に周りからの助けは期待しない方がよいでしょう。

かといって、せっかくの好調期ですから、いろいろなチャレンジはしてみるべきです。金銭的な成功は難しいでしょう。部分的には確かに成功します。そこで慢心しないことが大事なのです。

上手くいっていることほど、注意深く丁寧に、慎重に取り組みましょう。そうすれば損害を最小限にとどめることができます。

そもそも、全く失敗しないチャレンジなどありません。不測の事態へ備えておくのはとても大切なことです。

〈全体運〉

絶好調のように見えますが、実は、吉凶混合運です。見かけの好調さにだまされて、気を抜かないように。細かいところまで手を抜かないこと。

〈恋愛運〉

一見、好調のようですが、お目当ての相手の心を得るのは難しいでしょう。相手には既に恋人がいる可能性もあります。

〈金運〉

大金が入ってくる可能性がありますが、その後、大きな出費がありそうです。交際費に派手に使うと後悔します。

〈対人関係運〉

周りからの協力を得られないとき。お金があるうちは人も集まってきますが、本当の友達は遠ざかってしまいます。

〈仕事・学業運〉

いくつかの大きな成果を上げますが、失敗もしそう。学業では、試験の成績にむらがある時です。油断はできません。

〈開運の鍵〉

キー、鍵。

〈占術例〉

自分の進路について両親ともめたのを占ってこの結果を得たら、その場の勢いで余計なことをいって、不信感を与えてしまったようです。冷静になり、時間をかけてしっかり話し合う必要がありそうです。

右の証人「喜び」
左の証人「白」

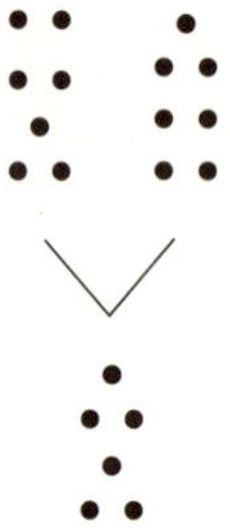

〈キーワード〉

損得を越えた幸せ。

〈象意〉

「喜び」があなた側の証人で、公正や潔癖を意味する「白」が周囲の状況を示す証人。裁判官は、「喪失」です。

左右とも吉シンボルですから、嬉しく喜ばしい時なのですが、裁判官が「喪失」なので、差し引きで考えれば損をするという意味になります。損得にこだわらなければ、楽しく過ごせます。

イメージとしては、大金かけてお祝いのパーティを開くのにも似た運勢です。持ち出しになっても、みんなが楽しく盛り上がるので大いに満足できるでしょう。

願いは叶います。健康状態もよく、意欲的に過ごせます。周りの人達も協力的で、お互いに信頼で結ばれています。

トラブルや争いでは、あなたの側が有利です。金銭がらみでは満額回答を得られなくても、相手よりはよい結果を得られるでしょう。

〈全体運〉

好調です。大きな発展はなくても、笑って楽しく過ごせます。健康に恵まれ、みんなから好かれて、満ち足りた毎日となります。

〔恋愛運〕

ときめく出会いがありそうです。ただし、一度会うだけで満足して終わってしまいそうなので、今後につなげるには、友達に協力してもらうとよいでしょう。

〔金運〕

サービス精神を発揮することで豊かになれます。自分自身が楽しみながら、相手にも満足してもらって収入につなげていくことができるでしょう。

〔対人関係運〕

とても信頼できる良い友人や仲間に恵まれています。喜びや悲しみをわかち合い、困った時には助けてくれます。

〔仕事・学業運〕

出世しますが、名誉職や名前だけの役職で、実利はあまりなさそう。けれどあなたはやる気も十分で、意欲的に仕事に取り組めるでしょう。学業でも、成績を伸ばせる時です。

〔開運の鍵〕

花束。

〔占術例〕

町会の役員に推薦されたのを占ってこの結果を得たら、無給の奉仕ではありますが、楽しく活動できます。周りも協力的なので、引き受けてみましょう。

右の証人「白」
左の証人「喜び」

〈キーワード〉

信じることをつらぬく。

〈象意〉

公正、潔癖を意味する「白」があなた側の証人で、「喜び」が周囲の状況を表す左の証人。裁判官は「喪失」です。

正しくあろうと思えば、損をすることもあります。誰も見ていなくても天に恥じない自分でありたいと思うあなたのことを、周りはちゃんと見て、喜んでくれています。

正義をつらぬく「白」は孤独になりがちなシンボルですが、この場合は、周りが好意的に温かく接してくれています。金銭的に損をしても、気持ちは明るく、満足できる結果となるでしょう。もっと長い目で見れば、金銭的にもやがて豊かになれるはずです。

周りに迷惑をかけてはいけないと思う気持ちもあるでしょうが、ぜひ協力してもらいましょう。みんなが、喜んで手を貸してくれるはずです。

トラブルや争いに関しては、無益な反目は止めて、前向きな和解を検討すべきです。将来にわたって友好的な解決となります。

〈全体運〉

快調です。よい仲間に恵まれて、公私ともに順調です。ボランティアや進んでみんなのために奉仕する心が、さらなる幸運を呼び込みます。

〔恋愛運〕

メールや手紙などでの告白が効果的です。両思いの恋人にも、普段はいえない感謝や愛情を、改めて伝えれば愛が深まります。

〔金運〕

支出が多く、なかなか貯められない時期ですが真面目に仕事をしていれば、これからどんどん豊かになっていきます。

〔対人関係運〕

嬉しいことをともに喜び、悲しいことをわかち合ってくれるよき友に恵まれています。何かあったら相談しましょう。

〔仕事・学業運〕

自分の才能や能力を生かした仕事で活躍できるようになります。自分自身を信じてがんばり続けることが大事。

〔開運の鍵〕

本。

〔占術例〕

税理士など、堅い資格を取りたいと思い立った時に占ってこの結果を得たら、かなりの難関でも、チャレンジする価値ありです。周りの協力を得て専門学校に通い始めるなど、相当のお金をかけることも必要でしょう。

右の証人「悲しみ」
左の証人「少女」

〈キーワード〉

不運を乗り越える工夫。

〈象意〉

「悲しみ」があなた側の証人で、愛情や美を意味する「少女」が周りの状況を示す証人。裁判官は、「喪失」です。

何かを失う悲しい出来事があるかもしれません。

全般的に不運で残念な状況です。仕事は重労働で益が少なく、望みは叶わず、恋愛では縁に恵まれません。待ち望む連絡は届かず、計画は途中で挫折しがち。とはいえ今回の失敗や不利益は、あなたのせいではないので、思い悩んでも仕方がありません。不測の事態への準備は、もちろんしておく方がよいのですが、過剰に怖がっては、運勢が萎縮《いしゅく》します。

身近な女性に相談を聞いてもらったり、女性的な気晴しの仕方、例えばおいしいものを食べたり、買物をしたり、友達とおしゃべりしたりするのが、立ち直るには最良の方法です。

体力が低下し、気分的にも鬱々としやすいときなので、無理せず休養を取ることも必要でしょう。

〈全体運〉

不運。失敗や、不測の事態で損することになりそうです。あらかじめ、準備できることがあれば進めておきましょう。

〔恋愛運〕

低調です。片思いの相手の前で失敗したり、両思いの相手とケンカしてしまったりしそう。女友達のアドバイスが役立ちます。

〔金運〕

不調です。一生懸命働いてもお金が貯まらず、ストレスが溜まるばかり。こんな時はお金のかからない気晴しが必要です。

〔対人関係運〕

楽しい時に一緒に遊んでくれる人はいても、苦しい時に助けてくれる友がいません。トラブルは時間をかけて解決を。

〔仕事・学業運〕

不運に耐えなければならない時です。学業でも辛い時ですが、ここを乗り越えれば大きな自信となります。

〔開運の鍵〕

愛らしいスイーツ。

〔占術例〕

家計が厳しいのでどうすればよいかを占ってこの結果を得たら、厳しくて辛いのはどうしようもないので、気晴ししてがんばりましょう、という結果です。友達とおしゃべりしてストレス解消しましょう。

右の証人「少女」
左の証人「悲しみ」

〈キーワード〉

きれいな花にはトゲがある。

〈象意〉

美と愛情を意味する「少女」があなた側の証人で、「悲しみ」が周りの状況を示す証人。裁判官は「喪失」です。

恋愛、色情がらみのトラブルに要注意という結果です。女性からの嫉妬、逆恨み、三角関係や不倫などにも注意が必要です。思い当たることがなくても、自分自身全く知らない間に巻き込まれている可能性もあります。

トラブルや争いでは、あなた側が不利です。何とかして和解に持っていくか、損を覚悟で相手と距離を置く方がよいでしょう。可能ならトラブルの元から離れることです。

今回、泣き落としは効果がありません。

女性がらみのトラブルになりがちな時ですが、助けてくれるのもまた、女性の可能性が高い時です。年齢が上か、社会的に地位の高い女性が力になってくれます。法律問題なら女性弁護士が強い味方になってくれます。

感情的になりすぎず、よく考えて冷静に対応することで、問題を最小限に抑えられます。

〈全体運〉

トラブル運。恋愛や女性関連での問題がありそうです。自力での解決は困難なので早めに専門家の力を借りて対処して。

〔恋愛運〕

波乱運。自分にそのつもりがなくても、誤解されやすい時です。不倫や内緒の恋愛をしている人は暴露されてしまいそう。

〔金運〕

低調です。結婚している人は、配偶者の金運に問題がある時です。内緒の借金などしていないか、注意が必要です。

〔対人関係運〕

不調です。あなたの不運につけこんでくる人がいるかもしれません。甘い話は信用してはいけません。

〔仕事・学業運〕

波乱運です。恋愛問題が本業に悪影響を及ぼしそう。仕事と私生活をしっかり分けましょう。学業も同様です。

〔開運の鍵〕

年配の女性。

〔占術例〕

職場の女性と話が合わず一緒のランチが苦痛。そんな時に占ってこの結果を得たら、仲よくするのは難しそうなので、距離を置くしかありません。女性上司がいれば相談してみるとよい助言が得られそうです。

右の証人「少年」
左の証人「竜の頭」

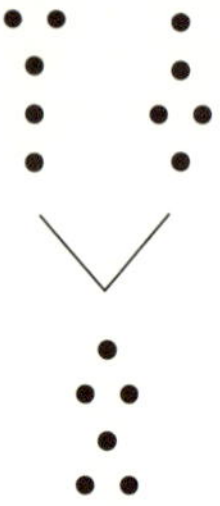

〈キーワード〉

失敗がチャンスにつながる。

〈象意〉

未熟さを意味する「少年」があなた側の証人で、始まりを意味する「竜の頭」が周囲の状況を示す証人。裁判官は「喪失」です。

未熟ゆえ失敗しますが、それが新しいチャレンジや、新しい出会いにつながります。

「禍福《かふく》は糾《あざな》える縄の如し」。失敗を恐れて何もしなければ、失敗の先にある幸運をつかむこともできません。

「少年」は未熟さや短気さを戒めるシンボルでもあるので、何かにチャレンジする際は、下調べなど相応の準備をして取り組む慎重さも必要でしょう。それでも駄目だった場合は、その失敗が次につながるきっかけとなります。

争いには勝つでしょう。ライバルのいる恋でも勝利します。ただ引き替えに何かを失う可能性ありです。

例えば、争いに勝つために、多額の弁護士費用がかかったり、親友と三角関係になったり、恋愛の勝利者となる代わりに親友を失ったりするなど、差し引きゼロの結果となりそうです。

〈全体運〉

勢いのある運勢ですが、失敗もあります。積極的かつ、慎重に進めていきましょう。戦いやトラブルには有利です。

〔恋愛運〕

強運。告白は、一度目は断られるかもしれません。ですが繰り返しアプローチすれば、やがて相手の気持ちも動きます。

〔金運〕

出入りが多くなる時です。ラッキーな入金もありますが、支出も多くなります。手元には残らないでしょう。

〔対人関係運〕

人間関係の入れ替わりがありそうです。あなたに害を為す人が離れていき、新しく知り合う人はよい人です。

〔仕事・学業運〕

始まってすぐにいろいろな問題が勃発《ぼっぱつ》しますが、一つひとつクリアしていけば最後には成功できます。学業も同様です。

〔開運の鍵〕

勇気。

〔占術例〕

噂好きの同僚に社内恋愛がバレて、困っている時にこの結果を得たら、むしろ噂になっていいのです。これを機に交際を公表してしまえば後が楽です。

右の証人「竜の頭」
左の証人「少年」

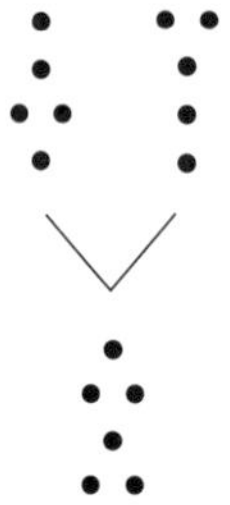

〈キーワード〉

始めはよくても終わりが残念。

〈象意〉

始まりを表す「竜の頭」があなた側の証人で、相手の状況を表す左の証人が未熟さを表す「少年」。裁判官は「喪失」です。

勢いと積極性があるのはよいのですが、肝心の詰めが甘くて失敗する暗示です。トラブルや争いは相手の方が強く、ずるがしこいので苦戦します。初めのうちはよくても後が続きません。大雑把《おおざっぱ》すぎる、勢いだけで中身がない、という印象です。仕事にしても恋愛にしても、しっかりした計画と粘りが必要です。

既に始まってしまっているプロジェクトに関しては、できるだけ早いうちに進めておくことで、損失を最低限に抑えられます。

事前準備の段階で計画を練り直すことができれば、なおよいでしょう。

旅行では、計画が甘くいい加減なため、大事なものを忘れてしまったり、電車に遅れたりなど、トラブルが発生しそうです。

〈全体運〉

最初はよくても、終わりが残念な結果となりそう。表面はよくても中身がない状態です。計画は練り直す方がよさそうです。

〔恋愛運〕

波乱運。出会いはありますが今後につなげていくのは難しいでしょう。もたもたしている間に誰かに取られてしまうかも。

〔金運〕

体力勝負の仕事がお金になる時ですが、長くは続きません。稼ぎたいなら短期集中で。また仕事によっては危険手当がもらえそう。

〔対人関係運〕

トラブル運。あなたに張り合ってくる人や、妬んでからんでくる人がいそう。相手にしないのが一番です。

〔仕事・学業運〕

危険な仕事に縁がありますが、労が多く、益は少ないので覚悟が必要。学業では成績は今一つでも、テストには強い時です。

〔開運の鍵〕

早起き。

〔占術例〕

希望していなかった大学に入ることになり、今後を占ってこの結果を得たら、やる気が続かず中退する可能性が高いでしょう。自分が本当にしたいことは何なのか、この機会に改めて考えてみることも必要です。

右の証人「赤」
左の証人「竜の尾」

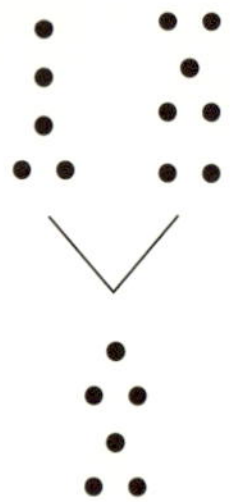

〈キーワード〉

欲深さと強引さが失敗を招く。

〈象意〉

闘争心や情熱を表す「赤」があなた側の証人で、終わりを意味する「竜の尾」が周りの状況を表す証人。裁判官は「喪失」です。

人より多くを欲しがって、結果的に何か大事なものを失うことになります。

欲深さと、欲望を達成するためなら手段を選ばない強引さが、失敗の原因です。不正行為を働いたり、力ずくで無理矢理奪い取ろうとしたりすると、大事な信頼や今まで積み上げてきたものをすべて失うことになってしまいます。

誰も見ていなくても、巧妙に仕掛けをしても、いずれ悪事は発覚します。また法的に問題なくても、不倫や人を押しのけての出世など、倫理的に問題ある行動をしてはなりません。まだ間に合います。考え直しましょう。

戦いやトラブルにはこちらが有利です。ただし勝っても、何かしら失うことになります。この結果が出た時は自分にとって大事なものが何なのか、選ばなくてはならないのです。

〈全体運〉

波乱運。あなたの欲深さから、トラブルに巻き込まれる可能性があります。不正や暴力はいけません。失うものが多すぎます。

〈恋愛運〉

モテる時ですが、トラブルも多い時です。二股やプロフィールの嘘などがバレると修羅場になる可能性が。自重しましょう。

〈金運〉

お金がらみの誘惑が多い時です。おいしすぎる話は詐欺の可能性が大。投資や金融商品も、軽々しく手を出してはいけません。

〈対人関係運〉

誰かとケンカして、そのまま疎遠になってしまう可能性ありです。本当に大事な友達ならすぐに謝りましょう。

〈仕事・学業運〉

ポジション争いに勝ったものの、仲間との絆を失うなど、対人関係でいざこざがありそう。学業でも、過剰なライバル視はトラブルの元です。自分は自分と割り切って。

〈開運の鍵〉

献血。

〈占術例〉

別れた恋人からよりを戻したいと連絡があり、占ってこの結果を得たなら、やめた方が賢明です。復縁しても、前よりもっと傷つくだけです。

右の証人「竜の尾」
左の証人「赤」

〈キーワード〉

不運による失敗。

〈象意〉

終わりを意味する「竜の尾」があなた側の証人、闘争心や争いを表す「赤」が周りの状況を示す証人。裁判官は「喪失」です。

あなたに力がなく、物事は停滞または途絶して、周りから非難されることになりそう。

不運とタイミングの悪さに悩まされる上に、あなたの気力も体力も足りません。運命的には終了へ向かっているので、今から何か新しく始めても徒労となってしまいます。

周りが協力してくれないどころか、敵対心を向けてくるのも辛いところです。問題やトラブルには自分一人で対処するしかありません。速やかに終わらせるか、トラブルの元から離れることです。

恋愛がらみのトラブルも暗示されています。破廉恥《はれんち》な噂を流されるなどの可能性もあります。激昂《げきこう》すれば向こうが喜ぶだけなので、無視しましょう。

痴漢《ちかん》などにも注意が必要です。遅い時間に一人で出歩かないなどの自衛策も必要でしょう。

〈全体運〉

不運。タイミングが悪く、物事が上手く進まない時です。無理矢理進めようとすると失敗します。時期を待ちましょう。

〔恋愛運〕

自分が好きな人は振り向いてくれず、好みでない人につきまとわれやすい時です。中途半端な対応は逆効果なので、その気がないなら、きっぱりと断るのが賢明です。

〔金運〕

当分は厳しいでしょう。貯金も使い尽くして無一文になる可能性も。けれどその後で、力強い回復が期待できます。

〔対人関係運〕

人に頼れない時です。人を頼ると相談した内緒の内容が暴露されて、嫌な思いをしそう。自分一人で対応しましょう。

〔仕事・学業運〕

徒労が多く、成果を出せない時です。もう少しすれば状況も改善するので、それまで何とか持ちこたえましょう。

〔開運の鍵〕

野菜ジュース。

〔占術例〕

特に好きではない異性から飲みに誘われたのを占ってこの結果を得たら、行っては駄目！　その気がないのに噂になったり、トラブルが生じたりする可能性があります。

5列、32種のジオマンシーについて

本書で紹介している、偶数か奇数×4列の16種のシンボルで占うのが、アラブ世界で生まれたジオマンシーの原型です。

実は、その他に、32種のシンボルで占うジオマンシーがあります。ナポレオンがエジプトで発見したという逸話を持つ、『運命の書』に掲載されている方法です。ペンと紙を使って偶数か奇数を得るところまでは、16種のジオマンシーと同じなのですが、その際、偶数と奇数を5回出すため、シンボルが32種となります。

さらに、「結婚運」「財運」「長生きできるか」「病気が治るか」などの具体的かつ細かい質問が32問用意されていて、質問とシンボルの組み合わせ表で吉凶を占います。

この『運命の書』の初版は1822年。ロンドンで出版され、その後、複数の出版社から改訂版が出てロングセラーとなっているため、少しずつ違うバージョンがあります。

日本では、1979年に『皇帝占運術』という名で出版され、1990年には改訂版が出ています（『「運命の書」入門』高木重朗著、ごま書房、1990年）。質問の一部を割愛した簡略版となっています。

32種のジオマンシーには、占ってはいけない「忌日」がある点も、他の占いと違う特徴でしょう。天候や気候と関係なく、毎月、1～7日程度が忌日として定められています。

第5章

ジオマンシーシンボルの護符

1 16のシンボルを護符として使用する方法

本章は、ジオマンシーのシンボルを護符として使用する方法をご紹介します。方法はとても簡単。各シンボルのエネルギーを表すシンプルな図形を紙に描き、エネルギーを注入する魔術儀式を行ってから、それを携帯するだけです。

ジオマンシーは、もともと魔術的な傾向の強い占術です。ルネサンス期のヨーロッパへ伝わった後も、ロバート・フラッドやコルネリウス・アグリッパをはじめとする高名な魔術師達や、魔術結社ゴールデン・ドーン（黄金の暁団）によって、さまざまなテクニックが開発されていきました。そうした偉大な先人達が練り上げた技のエッセンスを、一般の人にも実践できるような形にして、お伝えしたいと思います。

（1）事前の知識と注意事項

①他人の願いを叶えてあげることはできない

護符の力の作用範囲は、原則としてあなただけです。他人の願いを叶えてあげることはできません。また、他人を変えることもできません。

例えば、「あの人が振り向いてくれるような魅力的な人間になりたい」という願いを叶えることはできますが、「無理にでも、あの人を振り向かせたい！」、「片思い中の親友を両思いにしてあげたい」という願いは叶えられません。

②護符を使うと反動が生じる

護符を使うと、そこに宿った自然界の力を使うことになります。つまり自然界のパワーバランスを人為的に動かすわけです。すると、作用・反作用の法則に従って反動が生じます。

どのような反動が生じるかは、対になるシンボル（偶数・奇数の並びが逆、または形状の天地が逆になっているシンボル）が教えてくれます。112ページで対になるシンボルについて解説しています。404ページから護符が掲載されていますが、ページを開いた時に左右にあるものが、対になる組み合わせです。

あるシンボルを護符として使えば、願いが叶った後、対になるシンボルに象徴されるような出来事が起こります。

例えば、愛を「獲得」した人は、やがて愛を「喪失」することになります。反動の大きさは、叶えた願いの大きさに比例します。

こうした反動を緩和するためのアドバイスを各護符の解説に記載していますが、基本的には、対になるシンボルの象意を先取りするか、受け入れることです。

例えば、「人々」で安定を得たら、「道」が示すように何かを変えてみるのです。

③護符の有効期限は3か月

護符の効果は、遅くとも3か月以内に現れます。願望が叶っても叶わなくても、3か月が経過したら、いったん区切りをつけましょう。

「エネルギーの抜き方」の項目を実践して、護符を処分してください。その後、別なシンボルで新たに護符を作成しても大丈夫です。

（2）護符の作成法

名刺大の白い紙と、新品のペンを用意します。次ページからの「効果」と「処方箋《しょほうせん》」を読んで、あなたの願いに最もふさわしいシンボルを選び、白い紙に、護符の図形を新品のペンで描き写します。

護符は1シンボルにつき複数ありますが、直観的に気に入ったものを選びましょう。また、できれば「色」のカラーペンを使って描いてください。

（3）聖別とエネルギーのチャージ法

部屋中の窓と戸を開けて風を通して、よどんだ空気を追いだし、手に少量の塩をつけてから水で洗います。

指先で空中に「地の退去の五芒星《ごぼうせい》」を描いて、その場を清めます。

戸と窓を閉め、空中に「地の召喚の五芒星」を描きます。

作成した護符を手に持ち、周囲に指先で円を描き、「母なる大地よ、この護符に○○（各護符の【精霊】の名）の力を宿らせたまえ」と唱えます。この時、

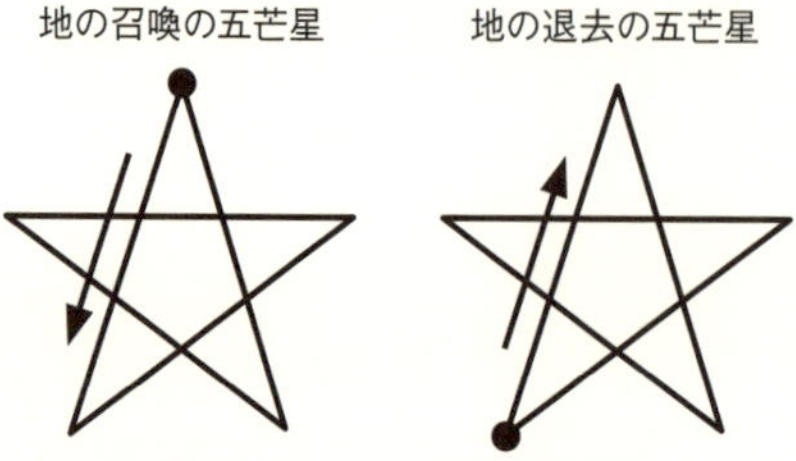

●を始点として↑の方向へ五芒星を描く

体がほんのり温かくなり、足元から体、そして手を伝わって、精霊の力が護符に注ぎ込まれていくのを感じます。

十分力が注ぎ込まれたら完成です。白い封筒に入れて携帯します。

（４）エネルギーの抜き方

部屋中の窓と戸を開けて風を通して、よどんだ空気を追い出し、手に少量の塩をつけてから水で洗います。

指先で空中に「地の退去の五芒星」を描いて、その場を清めます。

戸と窓を閉め、護符の上に「地の召喚の五芒星」を描きます。護符を手に持ち、「母なる大地よ、わが願いは叶えられたり。〇〇（各護符の【精霊の名）の力を解放したまえ」と唱えます。

手に持った護符が温かくなり、力が放出され、ただの紙に戻ったのを感じます。護符の上に、指先で「地の退去の五芒星」を描きます。

使用後の護符は、土に埋めるのが望ましいのですが、普通の紙ゴミとして処分しても構いません。

「人々」の護符

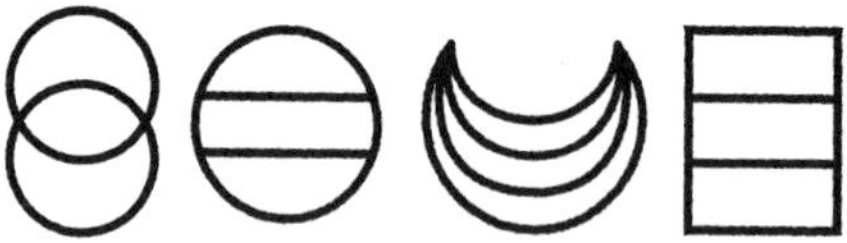

〔効果〕 人を集める、何かを増やす
〔色〕 緑、こげ茶
〔精霊〕 カシュモダイ
〔処方箋〕 増やしたい時やたくさん集めたい時に最適です。ズバリ、お金を増やしたいという願いを叶えてくれます。人を集めるという意味では、お客にたくさん来てもらいたい＝商売繁盛、イベントの人集め、サークルのメンバー集め、友達を大勢作る、人気者になるなどの効果があります。「選挙の票」も集まります。

護符を作る際に、「何」を増やしたいのか、集めたいのか、対象をしっかり決めておくことが大事です。

〔反動〕 集めたものもいつか離散していきます。対となる「道」の象意は変化ですから、がらりとイメージチェンジしたり、部屋の模様替えをしたりすることで反動が和らぎます。

大きな反動が見込まれる場合は、可能なら引越しや転職を。旅行も効果的です。

「道」の護符

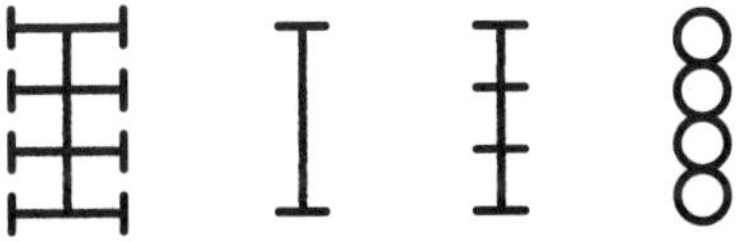

〔効果〕 自分を変える、行動力を増す

〔色〕 青

〔精霊〕 カシュモダイ

〔処方箋〕 強力な変化の力を持つ「道」は、自分を変えたい時や生まれ変わりたい時に使います。失恋したり、リストラされたり、人生が上手くいかなくて自分が嫌いになりそうな時こそチャンスです。他の誰とも違う、新しい自分に生まれ変わることができます。

　思うけれど行動できない時にも最適です。勇気と自信と行動力が体の底から湧いてきて、自力で未来を切り開いていくことができる「行動力の人」になれます。

〔反動〕 対となる「人々」の象意は多数派なので、いずれは自分の意見を曲げて多数派に屈しなければならない時が来ます。人がたくさんいるところにいって、みんなと同じ行動をすると反動が和らぎます。

「つながり」の護符

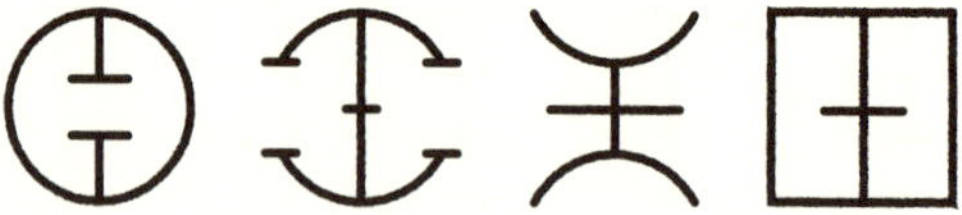

〔効果〕縁をつなげる

〔色〕紫、灰色

〔精霊〕タフサルサラス

〔処方箋〕恋愛結婚を望む人に最適な護符です。運命の人との縁をつなぐために使います。「つながり」は、それぞれの事情やあらゆる困難を超えて、あなたの運命の相手を引き寄せてくれます。

　護符を用いると、これまで出会ったことがない人と知りあったり、今まで行かなかったところに行くことになったり、運命がダイナミックに動きはじめます。恋愛結婚を望む人に最適な護符となります。

　また、運命の仕事や運命の住居など、人以外の「もの」との縁もつないでくれます。単なる好き嫌いを超えた、運命的な絆を結んでくれるのです。

〔反動〕対となる「拘束」は、つながりの負の側面とも言えるでしょう。つながるから、束縛したくなり、嫉妬に苦しみます。意識して一人の時間を作ることで反動が和らぎます。

「拘束」の護符

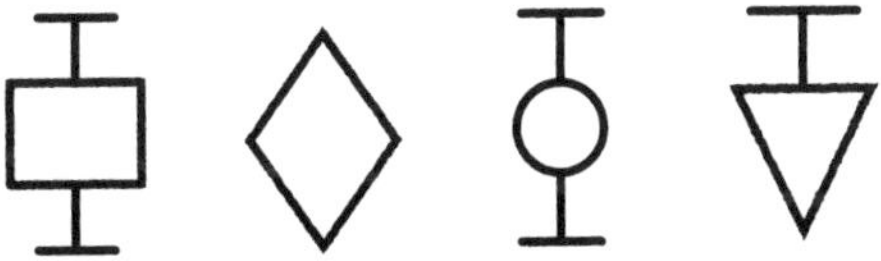

〔効果〕 拘束、防御

〔色〕 白、薄い茶

〔精霊〕 ザゼル

〔処方箋〕 2種類の異なる使い方があります。一つは浮気対策。「拘束」にはパートナーを拘束し、自分のもとにとどめる力があります。相手の心を囲い込んで、浮気させません。浮気相手のところに行ってしまったパートナーも帰ってきます。

　もう一つはあらゆる敵意からの防御です。「拘束」は鉄壁の防御力で、魔術的な悪意も含め、すべての敵からあなたをしっかり守る、最強のボディガードとなります。

〔反動〕 対となる「つながり」の象意はつなぐことなので、いつかは敵対する相手とも、手をつながなければならないでしょう。もちろん、いつまでも恋人を心理的に拘束しておくこともできません。自分と正反対のタイプの人とつき合うことで反動が和らぎます。

「大吉」の護符

〈効果〉 幸運を得る
〈色〉 緑、黄、金
〈精霊〉 ソラス
〈処方箋〉 あらゆる物事を成功させる、大きなパワーを持つ護符です。仕事での成功や金銭的な成功、恋愛、結婚、何かが欲しいなど、どんな願いも叶います。

たとえトラブルがあっても、信じられないような幸運が訪れ、タイミングもバッチリ、ここぞという場面で潜在能力100パーセント発揮できます。入学試験、入社試験、大事な舞台など、絶対に成功させたい試験やイベントに携行するお守りとしても最適です。

〈反動〉 対となる「小吉」の象意は、ささやかな日常、援助なので、手痛い反動がほとんどないのもメリット。大舞台が終われば、当たり前の日常に戻るのです。あなたの身近にいる人達への感謝の気持ちを持つことが大事です。感謝は行動で示しましょう。

「小吉」の護符

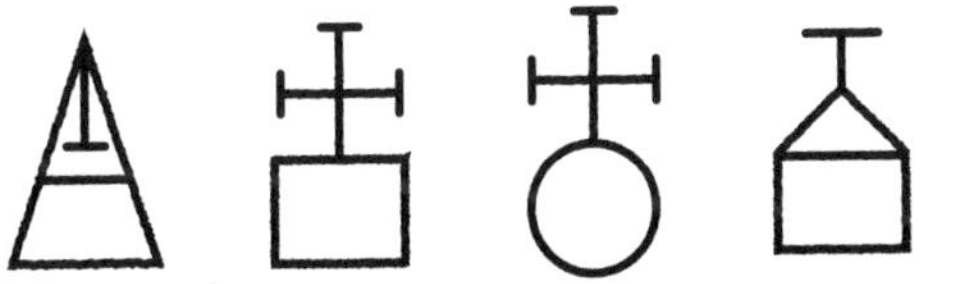

〔効果〕 ささやかな幸運

〔色〕 金、黄

〔精霊〕 ソラス

〔処方箋〕 ささやかな幸運と日常を与えてくれる護符です。例えば結婚するに当たって、平凡な毎日を楽しめるようになりたいと願う時に。あるいは、金銭トラブルや病気など、さまざまな難題を抱えている人が、ささやかな普通の幸せを得たいと願う時に。

　また、「小吉」は援助運をアップしてくれるので、何をする時も、みんなが祝福し、あるいは手を差し伸べ、あなたの力になってくれます。

〔反動〕 対となる「大吉」の象意は特別な幸運なので、ささやかな幸せに満ちた平凡な日々から一転、いつか選ばれた存在として大注目を浴びる時が来ます。自分に自信を持つことで、その日を気持ちよく迎えることができます。

「獲得」の護符

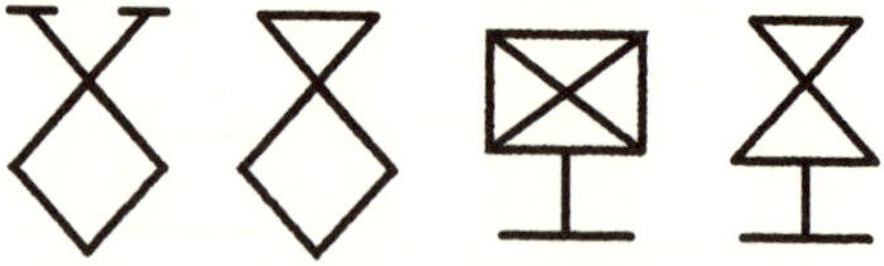

〔効果〕 お金、愛、地位などを得る

〔色〕 赤、黄、緑

〔精霊〕 ヒスマエル

〔処方箋〕 お金や愛情、地位、賞賛などを得たい時に最適です。護符は期間限定で効力を発揮するものなので、商売や勝負に大金が必要、今すぐ両思いになりたい、結婚したい、昇進したい、選挙で勝ちたいなど、目的が明確な時に使います。

「獲得」の護符を持つことで、人を惹きつけるオーラが備わり、普段通りに生活しているだけでお金や愛情など必要なものが引き寄せられて、心も懐も豊かになり、満たされるのです。

〔反動〕 対となる「喪失」の象意通り、いつかは持っているものを手放す時が来ます。その前に、時間や労力、お金などを進んで他人に提供することで、反動が和らぎます。寄付やボランティアなども効果的です。

「喪失」の護符

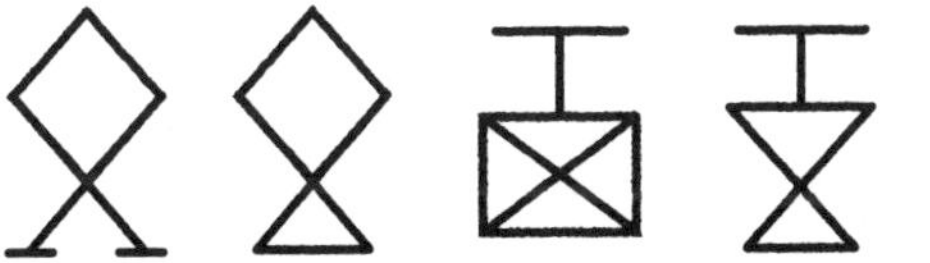

〔効果〕 減らす、妊娠

〔色〕 黄

〔精霊〕 ケデメル

〔処方箋〕 2種類の効果があります。

一つ目は、減らすというパワーを利用したダイエット。そもそも過剰な食欲は、愛情への欲求と深い関連があります。まだ足りない、もっと欲しいと思う心を、食べることで満たそうとしているのです。この護符を持てば、不毛な欲求がなくなり、食欲が自然に抑えられるでしょう。

二つ目は子宝を望む時です。「喪失」には「生命力を次世代に受け渡す力」があるのです。

〔反動〕 対となるシンボルは「獲得」なので、いつかは欲しくないものも受け入れなくてはならない時が来ます。また、「減らす」効果に頼って無理なダイエットをするとリバウンドにつながります。人が嫌がる役割や仕事を進んで受け入れることで、反動が和らぎます。

「喜び」の護符

〔効果〕 喜ぶ、笑う

〔色〕 薄い緑

〔精霊〕 ヒスマエル

〔処方箋〕 みんなで大きな喜びを得たい時、例えばイベントやお祭りを成功させたい時に最適です。この護符を持てば、友達や家族との旅行も最高に楽しいものとなります。結婚式や学園祭、発表会など、人生最高のイベントを成功させたい時に役立ちます。関わる人すべてがお腹のそこから笑い、楽しみ、喜びが弾けて素晴らしい時となるでしょう。

落語家や芸人など、笑いを生業としている人にとっては、大爆笑を得るための強力な護符となります。

　また、健康増強を望む時のお守りにもなります。

〔反動〕 対となるのは「悲しみ」なので、いつかは理不尽な悲しみを味わう日が来るでしょう。誰かの悲しみに共感し、寄り添うことで反動が和らぎます。

「悲しみ」の護符

〔効果〕魔術や占いの力を獲得する
〔色〕黄土色、スカイブルー
〔精霊〕ザゼル
〔処方箋〕魔術や占いなどオカルトの分野で劇的な力を発揮する護符です。魔術を欲しながら、どうしても一線を越えられなかった人の魔術的な潜在能力を覚醒させ、超感覚を開きます。直観が異様に鋭くなり、今まで見えなかったものが見えるようになります。心霊現象やUFOに遭遇するなど、超自然的な体験をすることになるでしょう。
魔術以外のものや現実の人間を遠ざける作用があるので、孤独を覚悟しておいてください。
〔反動〕対となる「喜び」の象意は笑いなので、いつまでも孤高の魔術師を気取っていると、普通の人達の嘲笑《ちょうしょう》を買うことになりかねません。ほどほどのところで現実の世界に立ち戻り、明るい振る舞いで笑いを提供することによって反動が和らぎます。

「少女」の護符

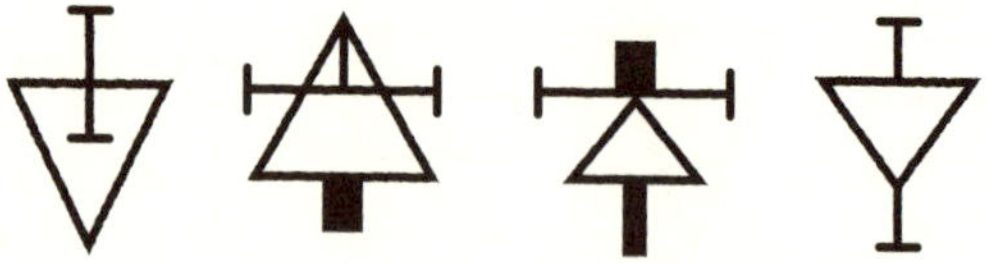

〔効果〕 美しくなる
〔色〕 緑
〔精霊〕 ケデメル
〔処方箋〕 美をつかさどる「少女」は、美しくなるための強力な護符となります。きれいになりたい、可愛くなりたい、人気者になりたいなどの望みが叶います。もちろん、男性にも使えます。もともと人はすべて、自分の中に男性性と女性性を持っています。二つのうち、美しくあるために重要なのが女性性です。

　護符に宿る精霊が、女性ホルモンの分泌を活発化し、異性の視線を集め、一目見ただけで愛さずにはいられないような、魔術的な吸引力を与えてくれます。

〔反動〕 対となるのは「少年」なので、反動が生じると男っぽくなり、言動が粗野、乱暴になってきます。必要な時は雄々しく戦うなど、活動的、かつアグレッシブに振る舞うことで反動が和らぎます。

「少年」の護符

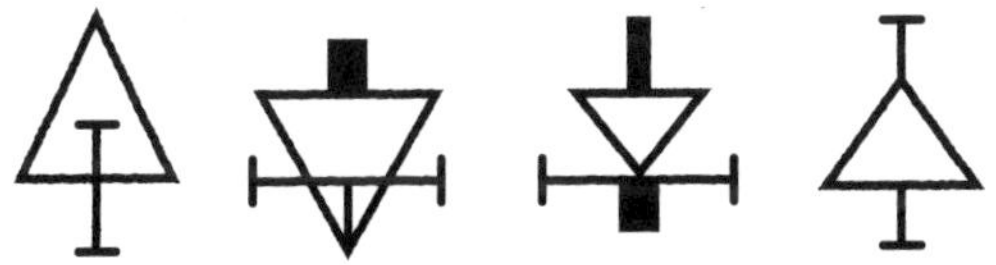

〔効果〕　戦いに勝つ

〔色〕　赤

〔精霊〕　バルツァベル

〔処方箋〕　古来、戦争に必ず勝利を収めるパワーがあるとされてきた「少年」の護符は、現代社会においても、競争や戦いに勝ちたい人のためのものです。どうしても負けられない試合やライバルとの勝負、スポーツや仕事、恋の戦いにも使えます。潜在能力を限界まで引きだし、臆病な心を封印し、ギリギリの戦いの場で、最大限の勇気と積極性を発揮させます。

昔から戦いでは、戦の神に愛された方が勝つと決まっているのです。ナポレオンもこの護符を使ったかもしれません。

〔反動〕　対となる「少女」の象意は争いを嫌う少女なので、せっかく得た勝利を自分から投げ出してしまったり、女性の邪魔が入ったりする可能性があります。ときには勝ち負けよりも、美や調和を優先することによって、反動が和らぎます。

「白」の護符

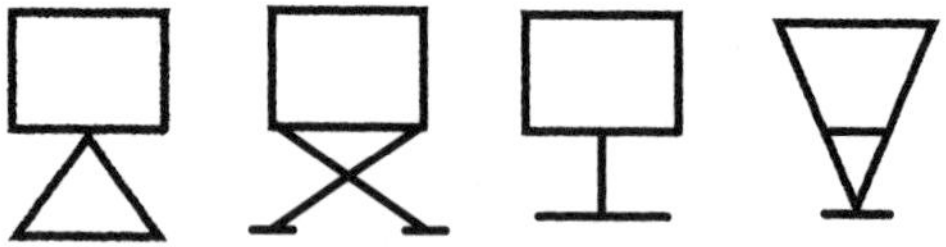

〔効果〕悟りを得る、知性を得る
〔色〕純白、シルバー
〔精霊〕タフサルサラス
〔処方箋〕すべての善きものを意味する「白」の護符は、悟りを得る手助けをしてくれます。ちょっとしたトラブルにすぐ動揺してしまう人、何にも惑わされない強い心が欲しい人、煩悩《ぼんのう》から抜け出せないと悩む人に最適です。瞑想をする際に使えば、世界の真理を直観的に得ることも可能です。
　また全知の象徴でもあるので、頭をよくしたいと思う人にもお勧めです。試験合格するなどの目的を達成するための知力が備わります。
〔反動〕対となる「赤」の象意は争いや不道徳なので、周囲の誰かから理不尽な危害を加えられたり、知らず知らずのうちに不正行為に巻き込まれたりするかもしれません。敵を許す寛大な気持ちを持つことが反動を和らげます。

「赤」の護符

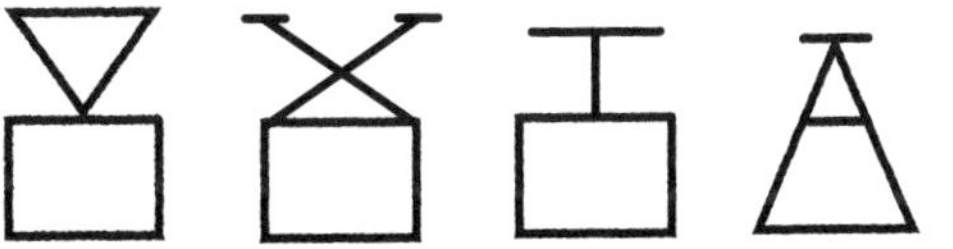

〔効果〕 敵に勝つ
〔色〕 赤
〔精霊〕 バルツァベル
〔処方箋〕 「赤」は、悪を吉とするシンボルです。もう少しソフトにいうなら、目的達成のためには悪事も辞さないという象意を持ちます。そんな「赤」の護符は、不倫をはじめ世間一般で「悪」とされる願いを通す場合に用います。よくないとわかっていても、どうしても譲れない時はあるもの。
　「赤」の護符は、あなたの心の呵責《かしゃく》をなくし、いわばリミッターを外した状態にしてくれます。護符を持てば、勝利への闘争心が掻き立てられ、潜在能力を最大限に発揮し、勝利を得ることができるのです。
〔反動〕 対となる「白」の象意は公平や平和なので、いつか悪事が露呈し、裁かれる時が来ます。自ら反省し、懺悔《ざんげ》し、弱者に進んで手を差し伸べることで反動が和らぎます。

「竜の頭」の護符

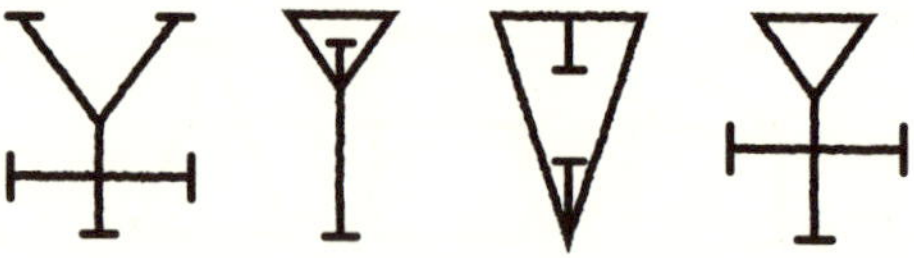

〔効果〕 新しい試みを成功させる
〔色〕 金、黄
〔精霊〕 ケデメルとヒスマエル
〔処方箋〉 新規開業や開店、独立、就職、入学、引越しなど、新しく何かを始める場合の、どのようなシチュエーションでも大成功できます。新しい環境で、最初の体験に立ち向かう勇気と積極性と、創意工夫して取り組む力を与えてくれます。初体験には失敗や困難がつきもの。

ですが、「竜の頭」の護符を持っていれば、力強く乗り越えて、トラブルをメリットに変えていくことができるのです。

〔反動〕 対となる「竜の尾」の象意は「終わり」ですから、始めたことはいつか終わりを迎えることになります。それを防ぐには、物事を惰性で続けないこと。定期的に見直して再スタートするなど、人為的に終わり（区切り）を設定すれば反動が和らぎます。

「竜の尾」の護符

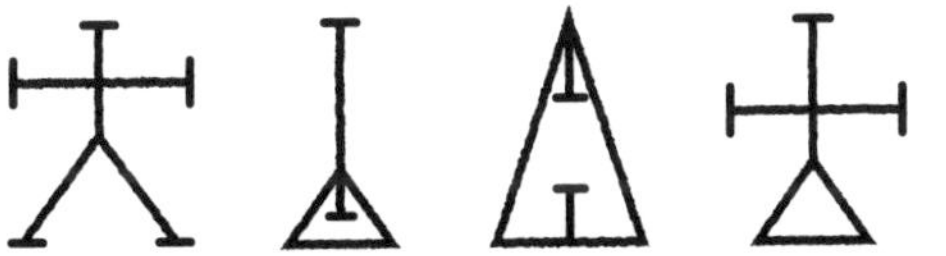

〔効果〕 縁切り
〔色〕 緑、白、暗赤色、薄い茶
〔精霊〕 バルツァベルとザゼル
〔処方箋〕 終わりを意味する「竜の尾」の護符は、相手との縁切りに最適。交際を終わらせたい時や離婚したい時、ストーカー的な恋人から離れたい時、しつこい相手から逃げたい時、問題のある人と縁を切りたい時などに使えます。

強制的な力が働いて、切りたい相手との関係が終わりとなるでしょう。それに限らず、何かを終わりにしたいのにできないという時は、この護符が力になってくれます。

〔反動〕 「やれやれ、やっと終わった」とばかりに気を抜いていると、対となる「竜の頭」によって、また同じような厄介な人間関係を始めさせられることになります。自分の欠点を改め、自分から進んで何かを始めることで反動が和らぎます。

現実にならなかった6万通りの可能性

ジオマンシーの奥義、シールドチャートは、15のシンボルを使って占います。

15のシンボルの中で、ペンと紙を使って求めるのは、最初の4つだけです。その4つから、計算によって残り11のシンボルを導き出すのです。

最初の4つ＝4人の母から、娘、姪、左右の証人、裁判官という11のシンボルが生成されていきます……つまり本書の第4章の128パターンの最終結果は、4人の母の並び順で決まるのです。

4人の母の組み合わせは、16種の4乗で、6万5536通りあります。

その4人の母から、同じ列のドットを抽出して、シールドチャートの一列目左側の4人の娘が導き出されます。母と娘の8つのシンボルの組み合わせは、8192通りとなり、姪、証人と生成していくにしたがって組み合わせの数は減っていき、最終的に、左右の証人と裁判官の3つが、128通りとなるのです。

4人の母から、6万通り以上の可能性が生まれ、娘、姪と生み出されていく過程で、収束されていき、最終的に8種類の裁判官＝現在に落ち着く。この数学的なプロセスをたどる点が、ジオマンシーシールドチャートの一番面白いところではないでしょうか。

古来、アラブ世界は、ゼロの概念を確立したとされるインドとともに、数学先進地域であり、特に11世紀頃は世界最高の学術水準にありました。

128パターンの最終結果の組み合わせを読む際に、4人の母の、現実にならなかった6万通りの可能性について、思いをはせてみるのもよいかもしれません。

「アラビアン・ナイト」のように情緒的なジオマンシーは、数学的技法を用いる論理的な占いでもあるのです。

第6章

ケーススタディと新しいジオマンシー

1 実占例

Cさんの仕事について占う

> Cさんは、美術関係の仕事をしています。今回、イベント出展のオファーが来ましたが、マスコミ取材などもあるため、上手くいくか自信がありません。この仕事を受けることで、メリットがあるでしょうか。

まずは、シールドチャートを作成します。

4人の母を求めたところ、1の母は「⁚⁚⁚⁚」（人々）、2の母は「⁚・⁚⁚」（赤）、3の母は「⁚⁚・・」（大吉）、4の母は「⁚・・⁚」（つながり）となりました。これをもとに、娘、姪、証人、裁判官を出していくと、次のチャートが出来上がりました。

Cさんのシールドチャート

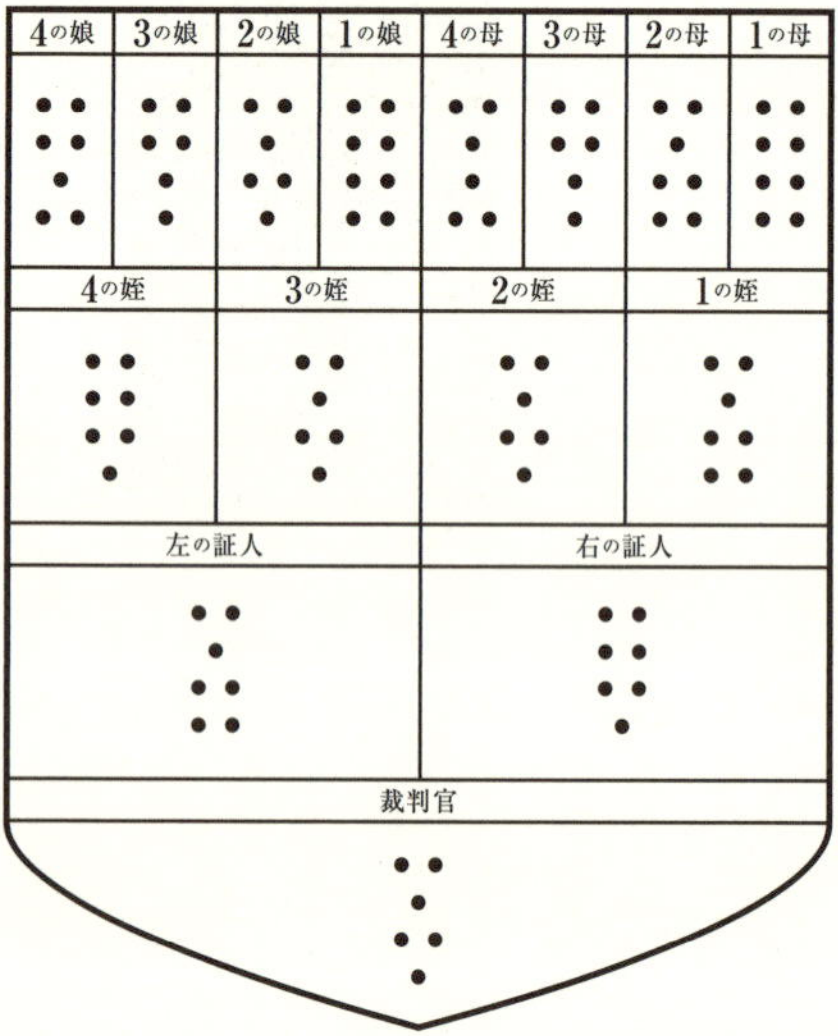

解読

第1トリプシティから読んでいきます。本人の過去を表す1の母の「人々」は、Cさんがこれまで多くの人と関わり、仕事上の経験を積んできたことを表し、本人の現在を表す1の姪と、未来を表す2の母の「赤」は、イベント出展で大勢の人の前で「赤っ恥」をかいてしまうのではないかという不安を表します。

第2トリプシティは今回の質問のイベント出展についてで、3の母が示す「大吉」が表すようにとてもよい仕事であり、4の母に出た今後の仕事上の「つながり」を得るだろうということが、2の姪の「獲得」に示されています。

第3トリプシティは、この問題を外部から見た状態を表します。1の娘の、意味を強める作用がある「人々」と、2の娘と3の姪の「獲得」から、客観的に見て、かなり大きな収穫のある仕事であることを表しています。

第4トリプシティは、さらに周りの人達との関連と今後の行方を見ていくので「大吉」の3の娘から、周囲からの期待が高まり、4の娘の完璧を表す「白」と、4の姪の「悲しみ」が、仕事が成功することでの本人のプレッシャーが強まると読めます。

それを踏まえた上で、左右の証人と裁判官を見ると、本人側の右の証人が「悲しみ」で周りの状況を表す左の証人は強引さを表す「赤」、そして最終結果は「獲得」なので、必ず得るものはあります。けれど、その分、プレッシャーがあることを覚悟し、「赤」が表すようなアグレッシブさも今後さらに必要になってくるという結果になりました。

後日、Cさんから報告をいただきましたが、まさに占いの通り、緊張しながらイベント出展を終えて、その後、大きな収穫があったということです。

2 新しいジオマンシー

前章まで、アラブ世界で生まれてヨーロッパで発展したジオマンシーのスタンダードを、ご紹介してきました。

本項では、ジオマンシーをもっと手軽に楽しむことができる、新しい使い方を提案します。ワンオラクルでの占いを覚えてから、奥義シールドチャートに至るまでの、その途中の練習にも使えるメソッドです。

シンプル・トリプシティ

まず、基本の方法で、シンボルを二つ出します。さらに、それぞれの同列のドットを足した偶数奇数で、三つ目のシンボルを出します。

この合計三つのシンボルを用いて解読します。

実例・Dさんの遠距離恋愛を占う

> Dさんには、遠距離恋愛の彼がいます。最近、Dさん自身の仕事が忙しくなり、なかなか彼に会いに行くことができません。二人の今後について占ってみます。

まず、第2章の、ペンと紙を使う方法で、二つのシンボルを求めます。

一つ目のシンボルは、「・・・:」（竜の尾）、二つ目のシンボルは「・:::・」（拘束）となりました。

> 一つ目「・・・:」（竜の尾）
> ＋＋＋＋（各列のドットを足す）
> 二つ目「・:::・」（拘束）
> ＝＝＝＝
> 「２３３３」（各列のドットの合計数）
> 「偶奇奇奇」

各列のドットを足すと、1列目から順に2（偶数：）、3（奇数・）、3（奇数・）、3（奇数・）となりました。偶数奇数を上から並べた「：・・・」（竜の頭）が三つ目のシンボルとなります。

この占術では、一つ目のシンボルを自分の状態、二つ目のシンボルを相手の状態や周囲の状況、そして、三つ目のシンボルをアドバイスとして読み解きます。

一つ目の「竜の尾」には、Dさん側の、このまま遠距離恋愛を続けていくのは難しいという現状が出ています。彼の状況を表す、二つ目のシンボル「拘束」は、カップルの場合は強いつながりを表しますから、彼の気持ちは変わらないと読めます。そして、アドバイスとなるシンボルの「竜の頭」は、二人の関係を前に進めていくよう、うながしています。始まりを示唆《しさ》するシンボルですから、きちんと話し合うことで、遠距離という困難を乗り越えて、二人は結婚することになるでしょう。

シンプル・トリプシティは、第4章のシールドチャートの最終結果の、「右の証人」「左の証人」「裁判官」の組み合わせと似ていますが、重要な相違点があります。

シールドチャートで、「裁判官」になるのは、合計ドット数が偶数のシンボルだけですが、（30ページの表を参照）シンプル・トリプシティの場合、16すべてのシンボルが、アドバイスとなる可能性があるのです。

右記の実例のアドバイスの「竜の頭」も、合計ドット数が5の奇数となるシンボルなので、「裁判官」になることはありません。しかし、シールドチャートの上部のトリプシティに出ることはあります。

シンプル・トリプシティは、シールドチャートのトリプシティを使った読み方を深める練習としても役立ちます。

偶然性と占い

占い師は、カードをシャッフルし、コインやダイスを振ります。

こういった、卜占と呼ばれる偶然性を用いる占いでは、人間の欲望、善意と悪意、期待も恐れも、人の意思と人為的な要因をすべて取り払って、完全なるランダム、偶然を得て占断結果とします。

アインシュタインはこの世に偶然はないという意味で「神はサイコロを振らない」といいました。

古来、人間はずっと、世界を形作っている仕組み＝秩序の法則を明らかにしようとしてきました。生命の不思議、気候や自然の変動、心のあり方から宇宙の果てまですべての物事の根本にある、共通の原理原則。その法則さえ明らかになれば、宇宙の始まりから終わりまで完璧に理解できると思われていたのです。

もちろん、原子の世界から宇宙的な力学までこの世のほとんどは、一定の法則に従っています。

けれど20世紀になり、物理学の最先端の量子論が明らかにしたのは、原子を形作る素粒子の位置と運動を両方同時に特定するのは理論的に不可能であるという事実でした。素粒子レベルでは、物事は確率でしか表せないのです。

つまり、世界の仕組みを究極まで突き詰めていくと、そこにあるのは、「完全なる偶然」なのです。

世界を完璧に理解することが無理ならせめて、できる限りの近似値を求めたいというのが、科学が向かっている方向であるなら、占いは、偶然に形作られている世界を丸ごとありのまま受け入れるという方法で、世界を理解しようとしているのではないでしょうか。

神はサイコロを振るのです。

カードをシャッフルし、サイコロを振り、人為的な意志を入れない、完全な偶然によって得た占いの結果は、そういう意味では正しく、神の意志であるといえるでしょう。

第7章

ジオマンシーのQ&A

Q&A

本書の底本となる『秘密のジオマンシー占い』（学研）が出版されてから、いただいた質問にお答えしていきます。

Q お天気について教えてください。

A 悪天候の日は占ってはいけないという点に、思っていた以上に多くの質問をいただきました。「晴れの日以外は占ってはいけないのか？」という質問にズバリお答えすると、「自分の体調で判断してください」となります。

人間も動物です。気温や湿度、気圧に、体調も精神も影響を受けます。気圧の変化で体調不良になるという敏感な方もいます。ジオマンシーは、直観を使う繊細な占いですから、悪天候で体調がすぐれない時には、正確な結果が出ません。逆に、ご自身で気にならないのならば、曇りでも雨でも占って構いません。

強調しておきたいのは、たとえ悪天候で占っても「恐れることは何もない」という点です。ただ単に、占いの命中率が下がるだけです。

繰り返しになりますが、ご自身の体調で判断してください。

Q 一日に何回まで占えるの？

A 同じ質問は一日に一回までです。けれど違う質問なら何度でも占うことができます。占い師はイベントで、一日に何十人もジオマンシーで占います。同じ人が、違う質問をするのも構いません。

同じ質問をしたい場合、例えば「彼と結婚できますか？」という質問を、何も状況が変わらないまま翌日しても、意味がありません。家族に会ったり、ケンカしたりなど、状況が変化したのなら、翌日でも占えます。

変化がないまま、全く同じ質問をしたいのなら、最低でも3日は空けてください。

Q 占ってはいけないことは？

A ジオマンシーだけでなく、すべての占いに共通する、占ってはいけないことがあります。それは「病気」と「死」です。

中世の占いのテキストには、当たり前のように死や病気の項目があります。中世だけでなく近代まで、死と病気は、誰もが最も知りたいことでした。

けれど、現代日本では、医師免許を持たずに他人の病気の診断をすることは法律で禁じられています。同様に死期を告げることも許されません。

もし、誰かに頼まれたら「法律で禁じられているから占えません」と答えましょう。

ただし病気に関して、「病院や医師との相性」や「転院する方がいいか？」、「セカンドオピニオンを受けるべきか？」など、病気を診断する以外のことなら占えます。

自分の死や病気を自分で占うことまでは禁止されていませんが、自己責任であることをくれぐれもご了承ください。

Q 時期の占い方を教えてください。

A まずお断りしておきたいのは、ジオマンシーだけでなく、カード占いや易占、ルーンなどの偶然性を使う占い（卜占）で、時期を当てるのは簡単ではない、非常に難しいということです。

卜占で時期を当てるには、実現可能性から「かなり先（1年以上）」「数か月先」「近いうち（1か月以内）」「すぐ（2~3日以内）」というざっくりとした範囲で判断するか、あるいはピンポイントで、「イベント当日」「夏」「誕生日」など、特定の期日が結果に出るかで判断するしかありません。

ジオマンシーの場合、まず、ワンオラクルは1か月以内、シンプル・トリプシティは3か月以内、シールドチャートは半年から1年以内の結果として読みます。

それとは別に、シールドチャートの場合「1の母」と「裁判官」とを足し合わせて生成する16番目のシンボル「調停者」を時期として読む、という方法もあります。その場合、「調停者」となったシンボルの星座、または惑星に対応する時期で読みます（調停者が必ず時期を表すわけではありません）。

（例） 422ページのCさんの場合、「1の母」の「人々（∶∶∶∶）」と「裁判官」の「獲得（∶・∶・）」を足して生成されるのは、「獲得（∶・∶・）」。「獲得」は木星と射手座に対応するため、木曜日か、太陽が射手座に入宮する11月22日~12月21日に実際に入金などの収穫があると判断します。

占いのお客様は「いつ」そうなるのかを知りたがりますが、時期をはっきりと特定したいのであれば、生年月日を使う占い（命占《めいせん》）を用いるべきです。

Q ジオマンシーと方角の関係について教えてください。

A ジオマンシーの方角対応は複数あるので、そのうちの二つをご紹介しましょう。

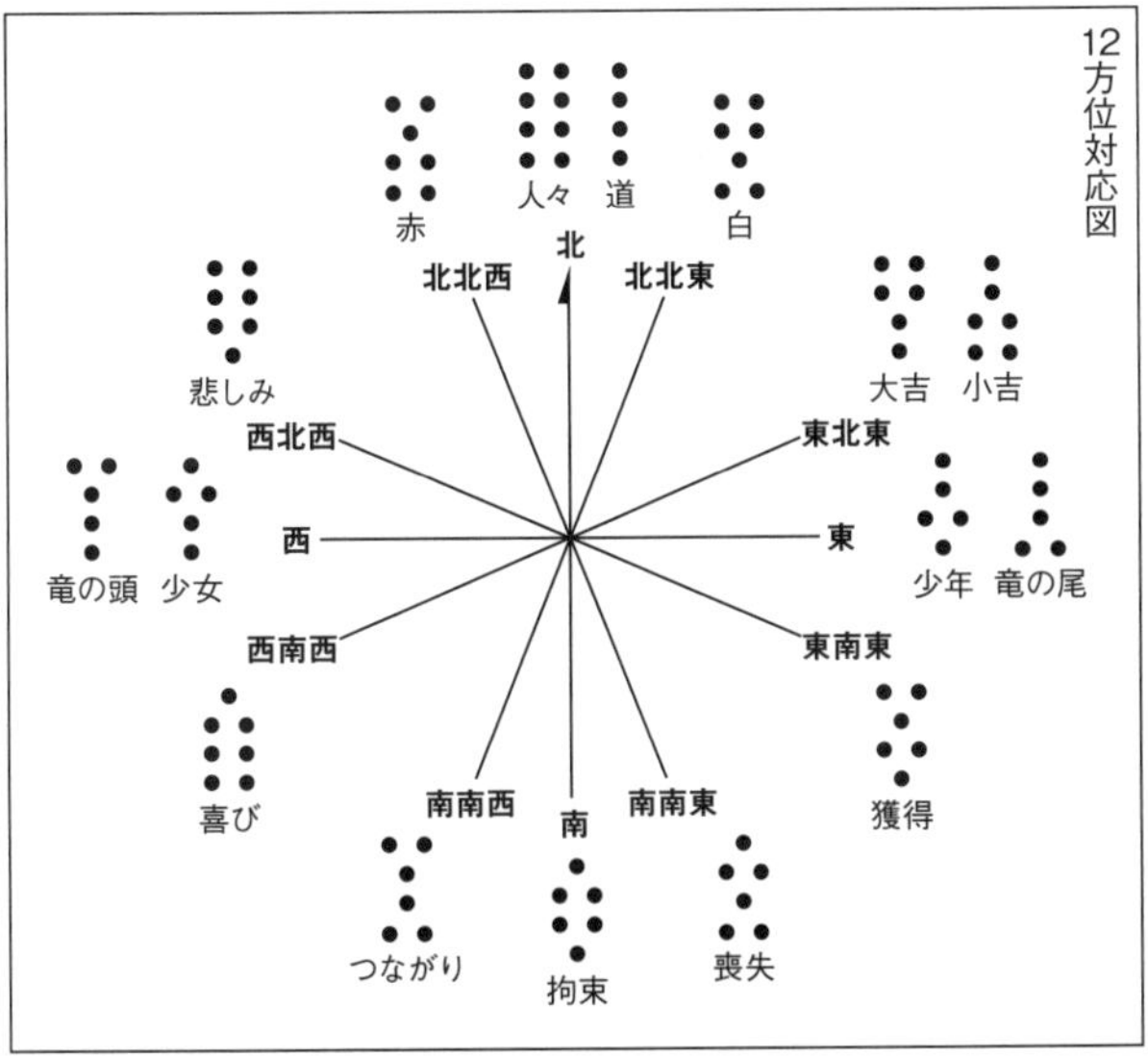

12方位対応図

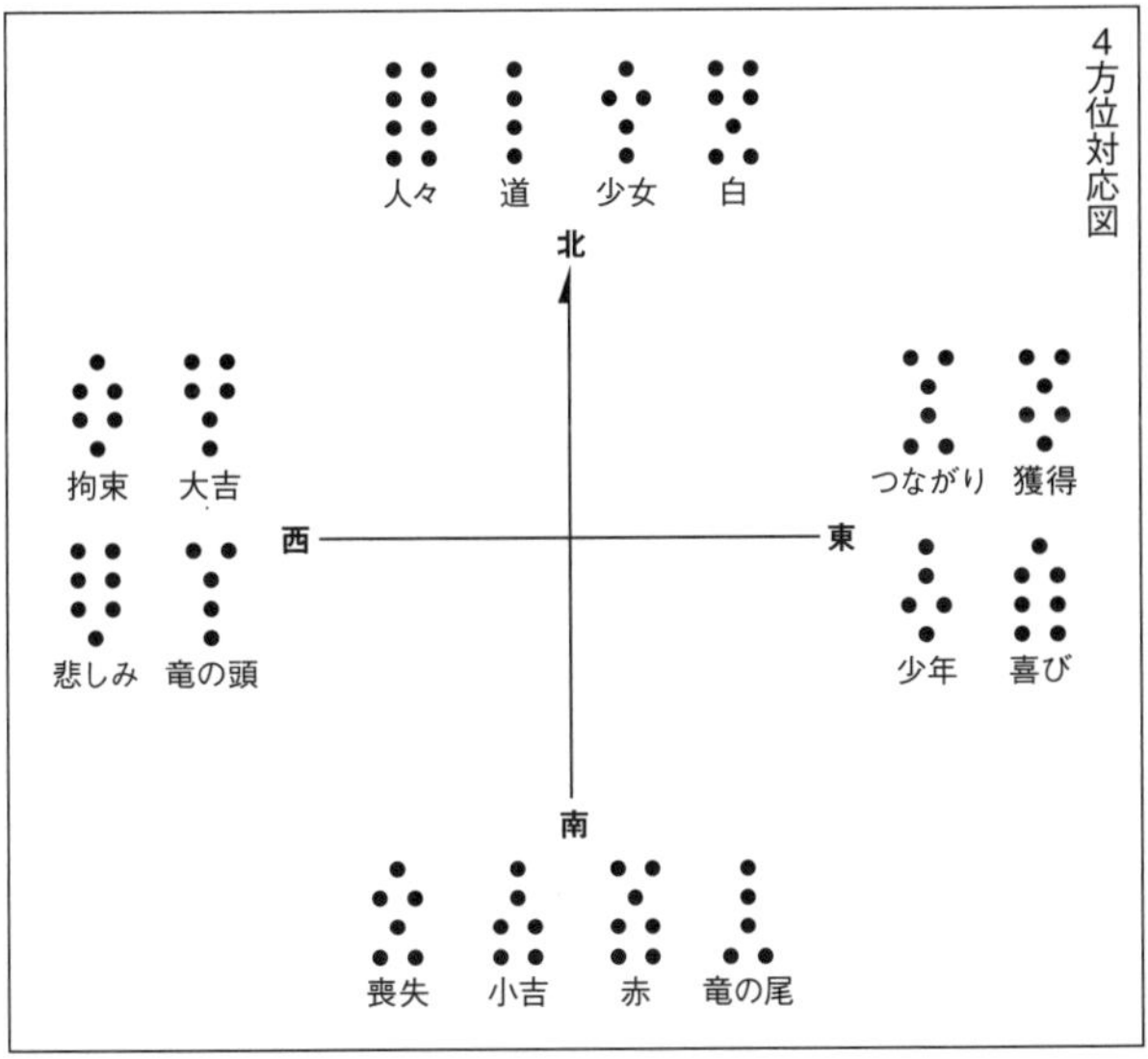

4方位対応図

Q どうしても点々を数えてしまいます。

A 本が出てからいただいた中で、最も多かったご意見です。ペンで打つ点々を数えないことが一番大事なのに、どうしても数えてしまうという人が、少なからずいるのです。

【数えないで点々を打つ方法いろいろ】
・歌いながら手を動かす。
・わざと「1・2・3」「1・2・3」とワルツのリズムで数える（偶数奇数がばらけるので）。
・点を打つことにではなく、いつ点を打つのを止めるかに意識を向ける。

【どうしても無理な場合】
・さざれ石やダイスやアプリを使う。

無理せず、自分に合った道具を使いましょう。

誰でもできる占い

本書の底本となった『秘密のジオマンシー占い』（学研）が出版されてから、ジオマンシー講座を各地で行って、あらためて思ったことがあります。

わずか16種のシンボル、2つずつ意味も形も対になっていますから、8対覚えるだけで占えます。占い方法は、ペンと紙の場合、多少慣れが必要ですが、ダイスやコインのアプリを使えば、簡単です。

そうです。ジオマンシーは、「今すぐ、誰にでもできる占い」なのです。

イエスノーがはっきりわかりやすく、現実的で使いやすい占いとして、ビジネス分野などで使われるようになっていくのではないかと、私はにらんでいます。

これまで占いは、「占いの専門家」のものでした。面倒な計算やたくさんのシンボルを覚えなければならず、解読も難しく、素人にはとても、手が出せなかったのです。

この「占いの専門家」と「素人」の垣根を越えた占いが、ジオマンシーなのだと実感しています。

もちろん、専門家にとっても、ジオマンシーはとても魅力的な占いです。

何よりまず、職業占い師にとっては的中率が高いことが一番です。さらに、素早く占えて、素早く結果が出る点も大きなメリットでしょう。

そして、第4章のシールドチャートを使った占い方法は、ジオマンシーを深く学んだ者に、神秘に触れる大きな感動を与えてくれます。

入口は限りなく広く、素人も気軽に占うことができて、そして、その奥は想像以上に深く、広く、豊穣な占い世界へとつながっている、それがジオマンシーの魅力なのだと思うのです。

おわりに

本書は、16種類のシンボルを用いたジオマンシーを日本で紹介する、初めての本です。近年、英語圏では、ジオマンシー関連の書籍が続けて出版されています。それだけジオマンシーに注目する人が増えてきているのでしょう。

それにしても、1200年以上も前にアラビア半島で生まれた占いが、時代や地域を越えて、果たして通用するのでしょうか？　その答は「イエス」だと思います。

人間は時代の変遷とともに大きく変わっているように見えて、根本のところでは全く変わっていません。成立時期がジオマンシーと重なる「アラビアンナイト」を読めばよくわかります。話す言葉、身にまとう衣装、宗教、生活習慣など、外側は違っていても、人を愛し、愛を得るために戦い、憎み合い、能力のある人を妬み、羨み、嘘をついたり、格好つけたり、悩んだり迷ったりしながら、未来を夢見て、毎日を精一杯生きていく登場人物達の様子は、現代日本の私達と、何ら変わるところはありません。

ジオマンシーという占いは、宗教や生活習慣といった人間の「外側」にではなく、もっと根本の部分に根ざしています。ジオマンシーのシンボルが表しているのは、愛や憎しみなどの感情やシンプルで根源的な欲望です。ですから、時代や国や文化を越えて、占いとして通用するのです。アラビア生まれのジオマンシーが、現代日本で、携帯を使って合コンでの出会いを占うツールとして使われていても、何の不思議もありません。

本書でご紹介したジオマンシーは、長い年月をかけて熟成した極上の美酒を、現代日本という新しい革袋に移したにすぎません。これから先も、そのときどきで変わっていく風俗や流行に合わせて、ジオマンシーのスタイルは変化していくでしょう。

本書をまとめるに当たり、昔は重要とされていた、現代にはそぐわない要素を大幅に割愛しました。中世のジオマンシーテキストには、寿命を占う項目や、死因を占う項目があり、自然死、脳卒中、熱病、溺死、殴殺、強盗殺人などなど、バラエティ豊かな回答があり、読んでいて創造力が刺激されて楽しかったのですが、死を占わないという現代の占い師の倫理に従って、本書には記載しませんでした。

また、第3章のシンボル解説ではできるだけアラビアの伝統的な解釈に沿うよう努めましたが、第4章の解説ではもっと踏み込んで、現代日本での状況に当てはめて解読してみました。そういう意味では、本書は、アラビアでもヨーロッパでもない、現代日本のジオマンシーテキストとなりました。

執筆に当たり、西洋魔術研究家のヘイズ中村先生に監修をお願いしました。ヘイズ先生には全般にわたってアドバイスいただき、特に歴史に関する部分ではアラビアからルネサンスにかけての魔術史についてご指導いただき、私の乏しい知識を補い、間違いを正してくださいました。私一人の力では、本書をこのような形で書き上げることはできませんでした。出版に関わってくださった方々に心より感謝しています。

ジオマンシーの解釈に関しまして間違い、偏り、不足がありましたらそれはすべて筆者の責任です。お気づきの点がありましたら、ご連絡いただければ幸いです。

私の望みはただ一つ。どうぞ、ジオマンシーを楽しんでくださいますように！

2013年　佳き春の日に

高橋桐矢

シールドチャート

4の娘	3の娘	2の娘	1の娘	4の母	3の母	2の母	1の母

4の姪	3の姪	2の姪	1の姪

左の証人	右の証人

裁判官

占断日　　　年　　月　　日

名　前

参考文献

●海外の文献（いずれも未邦訳、『』内はタイトルの和訳）

Heinrich Cornelius Agrippa von Nettesheim,Three Books of Occult Philosophy(Llewellyn,2009)『隠秘哲学論』

Aleistar Crowley,A Handbook of Geomanccy(Holmes Publishing Group,2005)『ジオマンシー手引書』

John Michael Greer,Earth Divination Earth Magic (Llewellyn,1999)『大地占術・大地魔術』

Johon Michael Greer,The Art and Practice of Geomancy(Red Wheel Weiser,2009)『ジオマンシー　その技芸と実用』

Franz Hartmann,Geomancy:A Method for Divination(Ibis Press,2005)『ジオマンシー占断法』

Hermann Kirchenhoffer,The Book of Fate(John McGowan,1822)『運命の書』

Stephen Skinner,Geomancy in Theory and Practice(Golden Hoard Press,2011)『ジオマンシー　理論と実践』

Robert Cross Smith & G.W.Graham,The Philosophical Meriln(Fargues,1822)『哲学的マーリン』

Donald Tyson,ed.The Fourth Book of Occult Philosophy(Llewellyn,2012)『隠秘哲学論第４章』

●国内の文献

イスラエル・リガルディー著、ヘイズ中村訳、竜野アイン訳『ザ・コンプリート・ゴールデンドーン・システム・オブ・マジック』トライアングル、１９９２年

イスラエル・リガルディー著、江口之隆訳、秋端勉編『黄金の夜明け魔術書』国書刊行会、１９９３年

朝松健著『高等魔術実践マニュアル』学研、１９８７年

高木重明著『「運命の書」入門』ごま書房、１９９０年

前島信次訳『アラビアン・ナイト別巻　アラジンとアリババ』平凡社、１９８５年

ダニエル・ジャカール著、遠藤ゆかり訳、吉村作治監修『アラビア科学の歴史』創元社、２００６年

赤尾芳男著『アラビア式魔法の計算術』幻冬舎、２００７年

伊藤俊太郎著『十二世紀ルネサンス』講談社、２００６年

アレイスター・クロウリー著　江口之隆訳『７７７の書』国書刊行会、２０１３年

イブン＝ハルドゥーン著、森本公誠訳『歴史序説』岩波書店、２００１年

『STUDIO VOICE』Vol.269 5月号発行インファス　１９９８年

著者紹介

高橋桐矢
(たかはし・きりや)

占い師兼作家。1967年、福島県生まれ。独学でタロット占いと西洋占星術を習得する。ヘイズ中村氏に師事し、ウエブや雑誌『ムー』(学研プラス) などで占い原稿や心理テストを執筆。2000年、第1回小松左京賞に努力賞入選し、小説家としての活動を始める。著書に『占い師入門』(雷鳥社)、『秘密のジオマンシー占い』(学研パブリッシング)、『あたしたちのサバイバル教室』『イジメ・サバイバル　あたしたちの居場所』(ポプラ社)、小松左京氏と共著の『安倍晴明　天人相関の巻』(二見書房) 他。監修サイトに、『ヴェリテ・ルノルマンカード』他。ジオマンシーとルノルマンカード占い普及のため、各地で講習を行う。他に使用する占術は、ルーン、ダウジング等。現在多忙のため、個人鑑定は行っていない。日本児童文学者協会会員。猫をこよなく愛す。

オフィシャルサイト：キリヤ・レポート
< https://kiriya-t.com/ >

説話社占い選書シリーズ創刊の辞

説話社は創業以来、占いや運命学を通じて
「安心できる情報」や「感動が得られる情報」
そして「元気になれる情報」をみなさまに提供し続けてきました。
「説話社占い選書シリーズ」は、占いの専門出版社の説話社が
「21 世紀に残したい占い」をテーマに創刊いたしました。
運命学の知恵の源である占いを、現代の生活や考え方に沿うよう、
よりわかりやすく、そしてコンパクトな形で編集してあります。

みなさまのお役に立てることを願っております。

2014 年　説話社

説話社占い選書 12

大地《だいち》からの16の神託《しんたく》ジオマンシー占《うらな》い

発行日　2018 年 6 月 2 日　初版発行
　　　　2022 年 7 月 7 日　第3刷発行
著　者　高橋桐矢
発行者　酒井文人
発行所　株式会社説話社
　　　　〒169-8077　東京都新宿区西早稲田1- 1- 6
　　　　電話／ 03-3204-8288（販売）03-3204-5185（編集）
　　　　振替口座／ 00160-8-69378
　　　　URL https://www.setsuwa.co.jp
著者写真　福島正大
デザイン　市川さとみ
カードイラスト　市川さとみ
編集担当　高木利幸
印刷・製本　中央精版印刷株式会社

ISBN 978-4-906828-43-2　C 2011

本書は高橋桐矢・著、ヘイズ中村・監修『運命の裁判官が告げる 128 通りの未来　秘密のジオマンシー占い』学研を加筆・修正を加えて再編集したものです。